Hans Hartmann

Die Edelherren zu Warberg

Im Spannungsfeld zwischen Kreuz und Welfen

appelhans Verlag

Die Deutsche Bibliothek – CIP-Einheitsaufnahme

Hans Hartmann:
Die Edelherren zu Warberg
Im Spannungsfeld zwischen Kreuz und Welfen
Hrsg. von Gerd Biegel
Braunschweig: Appelhans Verlag

ISBN 3-930292-43-2

Inhaltsverzeichnis

Vorwort

Das Braunschweiger Land, modernistisch inzwischen als Region Braunschweig vermarktet, ist eine Landschaft mit reicher Geschichte, Kunst und Architektur. Die Dome in Königslutter und Braunschweig stehen für die herausragende Architektur, die zugleich weltliche Macht und mittelalterliche Gläubigkeit dokumentieren, der Rammelsberg belegt Technikgeschichte und Wirtschaftsmacht, während die Pfalz Goslar und die Burg Dankwarderode in Braunschweig ebenso Herrschaftssymbolik wie Vergangenheitsträume des Historismus widerspiegeln. Der oftmals verkannte Reichtum dieser Kulturlandschaft, wie er sich in unzähligen Zeugnissen der Erinnerungskultur niederschlägt, ist zugleich Spiegelbild der Menschen und der geschichtlichen Ereignisse des Raumes. Ein unbestrittener Höhepunkt der Landesgeschichte und ihrer unmittelbaren Verwobenheit in die Reichs- und europäische Geschichte war die Zeit des Mittelalters. Mit den Brunonen und den Welfen waren zwei sächsische Familien hier ansässig und politisch bestimmend, die entscheidend im Konzert der Großen des Reiches mitspielten. Lothar von Süpplingenburg und Otto IV. hatten dabei das höchste Amt im Reich inne, und in ihrer jeweiligen Regierungszeit als Kaiser war der Schwerpunkt der mittelalterlichen Reichsgeschichte nach Norddeutschland verlagert, eine Tatsache, die die süddeutsche Regionalgeschichtsforschung, insbesondere im Umfeld der Staufer, bis heute nicht akzeptieren kann.

Nicht mit dem Amt, aber mit einer unerreichten politischen Machtfülle und Bedeutung für das Reich und Europa ausgestattet, war dagegen Heinrich der Löwe, der wie kein Zweiter Macht und Herrlichkeit der Welfen in Braunschweig, Deutschland und Europa verkörpert. Erst lange nach seiner Zeit wurde das Herzogtum Braunschweig-Lüneburg 1235 als Folge der Aussöhnung zwischen Kaisertum und Welfenfamilie gegründet, dennoch bestimmte der „Mythos des Löwen" die Geschichte des Landes bis zu seiner formellen Auflösung und wirkt heute noch in der regionalen Welfennähe identitätsstiftend weiter.

Grundlage von Macht und Wirkung herausragender Einzelpersönlichkeiten oder familiärer Dynastien war das Verhältnis zu den ortsansässigen Adelsfamilien. Zu diesen zählten auch die Angehörigen des Geschlechtes der Edelherren von Warberg, die bereits im 13. Jahrhundert als Begleiter und Kampfgefährten Heinrichs des Löwen urkundlich belegt sind. Auch im 14. und 15. Jahrhundert findet man bedeutende Vertreter der Familie in den Diensten der braunschweigischen Welfen, was nicht ausschloß, daß Mitglieder der Herren von Warberg auch im Dienste des Magdeburger Erzbischofs – in Konkurrenz zu den Welfen – standen, denn die Burg Warberg, der Stammsitz also, befand sich in einem engen regionalen Kräftefeld zwischen den geistlichen Fürsten in Magdeburg und Halberstadt sowie den weltlichen Herren in Braunschweig. Eine politische Fehleinschätzung und -entscheidung im 16. Jahrhundert führte zum Verlust der Burg als Familienbesitz, sie wurde Lehen der braunschweigischen Herzöge. Letztlich begann in dieser Phase der Familiengeschichte der allmähliche Niedergang, der wegen hoher Verschuldung im 17. Jahrhundert zum endgültigen Verlust der Burg führte.

Die Burg Warberg ist eines der herausragenden Beispiele der Burgengeschichte im Braunschweiger Land und zugleich monumentales Zeugnis einer vielfältigen und abwechslungsreichen Regionalgeschichte. Die historische und gegenwärtige Anlage der Burg Warberg zählt mit zu den beeindruckendsten Burgenbauten in Norddeutschland. Die Darstellung ihrer Geschichte und die Geschichte der Burgherren von Warberg ist daher zugleich ein bedeutsames Kapitel der braunschweigischen Landesgeschichte, das leider in keiner neueren Darstellung mehr allgemein zugänglich ist. Aufbauend auf den frühen Forschungen und Publikationen sowie ergänzt um eigene Archivstudien hat der Autor Hans Hartmann daher im Auftrag der heutigen „Burgherren" dieses Kapitel der Regionalgeschichte umfassend und gut verständlich ausgebreitet. Damit ist er dem Anliegen von Herausgeber und Verlag gerecht geworden, einen ersten Band einer allgemeinverständlichen aber auf solider Quellenarbeit beruhenden Buchreihe zur Regionalgeschichte des Braunschweiger Landes vorzulegen. Dafür gebührt ihm Anerkennung und Dank, ebenso dem Verleger Oliver Ruth, der erneut bereit ist, einen verlegerischen Beitrag zur Regionalgeschichte zu leisten und die weniger bekannten Ort der Landesgeschichte in Buchform zugänglich zu machen. Aus der Regionalgeschichte entstehen wichtige Bausteine der nationalen und europäischen Geschichte, und zugleich kann mit solchen „naheliegenden" Themen versucht werden, der zunehmenden Geschichtslosigkeit einer weitgehend sprachlosen Technokratieepoche entgegenzuwirken. Eine Region, die ihr historisches Gedächtnis aufgibt, gibt letzten Endes ihre Identität und damit ihre eigene Zukunft auf. Dem sollten die Historiker mit Macht entgegenwirken, der Geschichte, der Gegenwart und der Zukunft der Menschen verpflichtet.

Gerd Biegel, M.A.
Herausgeber

Grußwort
des Regierungspräsidenten
Dr. Axel Saipa

Der vorliegende Band „Die Edelherren zu Warberg" dokumentiert die lange und wechselvolle Geschichte der Burganlage zu Warberg und ihrer Bewohner. Er beschreibt damit in lebendiger und anschaulicher Weise ein bedeutendes Stück Vergangenheit unserer Region.

Trotz ihrer historischen Bedeutung waren große Teile der Burg, in erster Linie der Bergfried und der ehemalige Palas, lange Zeit vom Verfall bedroht. Schwierige Baugrundverhältnisse, statische Schwierigkeiten und Mauerwerksschäden ließen den Fortbestand dieses bedeutenden Baudenkmals gefährdet erscheinen. Seit einigen Jahren wird die Burg nunmehr auf der Grundlage eines Konzeptes, das Denkmalschutz mit einer vertretbaren Nutzung verbindet, saniert.

Als Vorsitzender des Braunschweigischen Vereinigten Kloster- und Studienfonds habe ich mich persönlich dafür eingesetzt, daß diese Stiftung des öffentlichen Rechts sich finanziell, neben vielen anderen Geldgebern, an der Sanierung beteiligt hat.

Die heutige Nutzung der Burganlage durch die Bundeslehranstalt Burg Warberg, die dort Lehr- und Fortbildungsveranstaltungen, sowie die Burg- und Chefgespräche, für die sie immer wieder herausragende Persönlichkeiten des öffentlichen Lebens gewinnen kann, durchgeführt, ist ein gelungenes Beispiel dafür, wie sich historische Gebäude in denkmalschutzrechtlich einwandfreier Weise einer sinnvollen Nutzung zuführen lassen. Insofern haben die Burg Warberg und ihre heutigen Nutzer Vorbildcharakter für viele Baudenkmäler, gerade im Osten unseres Landes, die stark vom Verfall bedroht sind.

Dr. Axel Saipa
Regierungspräsident

Einführung

Folgt man der Bundesautobahn 2, die den Westen Deutschlands mit Berlin verbindet, und die entlang der Trasse der alten Reichsstraße 1 führt, deren Ende einst in Königsberg lag, findet man nur wenige Kilometer südlich von Helmstedt am Rande des Elms die Burg Warberg. Hier in der nördlichen Mitte Deutschlands hat sich eine überraschend beeindruckende Burganlage erhalten. Schon ein kurzer Blick auf die noch heute vorhandenen mittelalterlichen und frühneuzeitlichen Baubestandteile dieser alten Festung läßt eine Ahnung von ihrer Bedeutung und der Wichtigkeit ihrer Bewohner aufkommen.

Die Familie der Edelherren von Warberg

Ein kurzes Verharren bei der Geschichte des hier einst residierenden Edelherrengeschlechtes bestätigt diesen Eindruck. Die Angehörigen dieser Familie, die in den Urkunden seit dem 12. Jahrhundert nachweisbar sind, gehörten zur Gruppe der Edelfreien oder Dynasten. Sie nannten sich seit dem 13. Jahrhundert nach ihrer jetzt entstandenen neuen Burg Edle von Wereberg, Werberch, Werbergh o.ä.[1] Später wurde daraus dann Warberg. Auch andere Schreibweisen haben sich erhalten, so daß bisweilen nicht immer eine gesicherte Zuordnung von überlieferten Nachrichten möglich ist. Erst um die Mitte des 17. Jahrhunderts endet die Geschichte dieser Familie, die damit eine der wenigen Familien uradliger Herkunft ist, die das Mittelalter überdauert hat.

Die Burg Warberg lag im Kräftefeld mächtiger Nachbarn, zu denen die Herzöge von Braunschweig-Lüneburg, die Markgrafen von Brandenburg und die Sächsischen Kurfürsten ebenso zählten, wie die Erzbischöfe von Magdeburg und die Bischöfe von Halberstadt. Auf der Grundlage eines ursprünglich weit ausgedehnten Eigenbesitzes, der sich später auf die Burg Warberg und ihre Umgebung konzentrierte, und einem zunehmenden Anteil an Lehen gelang es den Edelherren bis ins 16. Jahrhundert die Unabhängigkeit ihrer Stammburg zu behaupten. Zwar glückte es ihnen nicht, auf dieser Basis zur Bildung eines geschlossenen Territoriums fortzuschreiten und eine eigenständige Politik zu betreiben, die reichsweit von dauerndem Belang gewesen wäre. Dennoch war ihr Einfluß innerhalb der benachbarten Herrschaftsgebiete spätestens seit dem 14. Jahrhundert von großer Bedeutung. Dieser Einfluß konnte wiederum zum Nutzen der Edelherrenfamilie und ihres Besitzes eingesetzt werden.

Zu den bekanntesten Vertretern unserer Edelherrenfamilie gehörten zweifellos die beiden Halberstädter Bischöfe Heinrich und Burchard von

Die Umgebung Warbergs in einer Karte von 1842/43.

Warberg, die in der ersten Hälfte des 15. Jahrhunderts die Geschicke des benachbarten Bistums über fünfundzwanzig Jahre in ihren Händen hielten. Beide hatten, wie vor ihnen schon Hermann von Warberg, in der zweiten Hälfte des 14. Jahrhunderts das Amt des Dompropstes im Erzbistum Magdeburg bekleidet. Dieses Amt war mit der Übernahme der Regierungsgeschäfte im Erzbistum im Falle einer Nichtbesetzung des Bischofsstuhles verknüpft und damit das des zweitmächtigsten Amtsträgers des Staatswesens.

Der bedeutendste der Warberger Edelherren, die in den geistlichen Stand übergetreten waren, war der Hochmeister des Johanniterordens Hermann von Warberg, der um die Mitte des 14. Jahrhunderts als Statthalter des Großpriors in Deutschland die seit 1351 als selbständige Ballei nachweisbare Ordensprovinz Brandenburg regierte. Diese Ballei umfaßte ein Gebiet, das im Westen in der Nähe Warbergs an der oberen Aller und am Harz begann und sich weit bis in die Neumark und nach Ostpommern erstreckte. Zu diesem Zeitpunkt entwickelte es sich zu einem wirtschaftlich und politisch nahezu souveränen Gebilde.

Die engen Beziehungen der Edelherren zum Herzogtum Braunschweig-Lüneburg waren alt. Schon am Ende des 13. Jahrhunderts sehen wir Angehörige der Edelherrenfamilie an der Seite Heinrichs des Löwen in den Kampf ziehen. Aus dieser Beziehung entstammt der Anspruch, den die Warberger Edelherren auf Sommerschenburg, den ehemaligen Sitz der Pfalzgrafen, erhoben und der sie über fast drei Jahrhunderte in den Pfandbesitz dieser Festung des Magdeburger Erzbistums brachte.

Um die Mitte des 14. Jahrhunderts sind mit Gebhard und Burchard von Warberg zwei Edelherren als Amtmänner der Braunschweiger Herzöge damit beschäftigt, deren Kriegszüge zu organisieren. Als um die Wende zum 15. Jahrhundert zum ersten Mal ein Ratsgremium als feste Einrichtung bei den Herzögen nachweisbar wird, gehört ihm mit Ludolf v. Warberg ein Angehöriger unserer Edelherrenfamilie an. In den folgenden zweihundert Jahren finden wir immer wieder Warberger Edelherren in diesem Gremium von Räten, deren Position vielleicht mit denen von Ministern vergleichbar war. Zu diesen Räten wurden zumeist die Familienoberhäupter berufen, die auf Warberg residierten und damit auch über die Lehen verfügten, die von den Braunschweiger Herzögen herrührten. Zugleich waren diese Edelherren – und das war nicht unwichtig – in der Lage, den Herzögen immer wieder Kredite einzuräumen.

Mit Antonius d. Ä. besteigt am Ende des ersten Drittels des 16. Jahrhunderts der letzte der Warberger Edelherren die Bühne des Geschehens, der noch über die Burg als Eigenbesitz verfügt. Zu Beginn seines Regiments war die Reichsunmittelbarkeit der kleinen Herrschaft Warberg unangefochten. Seit 1505 besaßen die Braunschweiger Herzöge die Anwartschaft auf diese Herrschaft, falls die Warberger Edelherren aussterben würden.

Zu deren Besitz zählten neben dem Eigenbesitz der Warberger Lehensbesitz in etwa fünfzig Dörfern, der von Halberstadt herrührte und weitere Lehen in fast doppelt so vielen Dörfern und Ortschaften, die von Braunschweig herrührten. Bis zum Ende der 30er Jahre des 16. Jahrhunderts war auch Antonius d. Ä. Rat des Braunschweiger Herzogs Heinrichs d. J. Ein Zerwürfnis mit diesem Herzog im Zusammenhang mit dessen Politik, die als ein Ziel hatte, das mitten in seinem Territorium liegende Warberg in seinen Herrschaftsbereich einzugliedern, führte Antonius an den Hof des Brandenburger Markgrafen. Hier galt er ebenfalls schon früh als einer der wichtigsten Räte.

In den militärischen Auseinandersetzungen des Schmalkaldischen Krieges und den nachfolgenden Kämpfen gegen Heinrich d. J. zu Beginn der 1550er Jahre, an denen Antons Bruder Christoph mit großem militärischen und finanziellem Engagement beteiligt war, standen die Warberger letztlich auf der falschen Seite. Mit dem Sohn Herzog Heinrichs d. J. gelang Antonius dann zwar schnell eine Aussöhnung und die ehrenvolle Rückkehr an den Hof der Braunschweiger Herzöge. Der Preis dafür war allerdings hoch: die Burg wurde Lehen der Herzögen von Braunschweig-Lüneburg.

Die wenig glücklich agierenden Nachfolger konnten die während dieser Auseinandersetzung entstandenen Schulden nicht mehr tilgen, zumal sie ihren Lehensbesitz Stück für Stück verpfänden mußten und damit diese einst reichlich sprudelnde Einkommensquelle verloren. Ein freigiebiger Lebensstil tat sein Übriges. Der ständig größer werdende Schuldenberg brachte die Edelherren schließlich um die Mitte des 17. Jahrhunderts auch noch um ihren Familienstammsitz, die Burg Warberg.

Die Burg

Die noch heute vorhandenen Gebäude der beeindruckenden Burganlage untermalen diese Entwicklung. Dies gilt besonders für das „Neue Haus" der Oberburg. Die erhalten gebliebene Niederungsburg Warberg trat um 1200 an die Stelle einer alten Burg, deren ausgedehnte Wälle noch heute oberhalb des Ortes Warberg zu sehen sind. Der ersten Baustufe entstammt der aus mächtigen Mauern errichtete Turm der Oberburg. Die Errichtung dieses Wehr- und Wohnturmes muß in sehr kurzer Zeit erfolgt sein. Dies aber war nur möglich, wenn seine Errichter, die Edelherren, über zahlreiche Arbeitskräfte und erhebliche Reichtümer verfügten.

Über dem mit einem Kreuzgewölbe versehenen Keller, der sich links neben dem Turm befindet, entsteht in den folgenden beiden Jahrhunderten in zwei Bauphasen ein neues Wohngebäude. Die zweite Bauphase ist vermutlich dem letzten Drittel des 14. Jahrhunderts zuzuordnen, als die Burg nach einer Eroberung durch Truppen des Magdeburger Erzbischofs starken

Schaden gelitten hatte und erneuert werden musste. Zu diesem Zeitpunkt residierte auf der Burg der Magdeburger Dompropst und päpstliche Nuntius Hermann von Warberg als Vormund seiner Vettern.

Vermutlich Ende des 15. Jahrhunderts wird ein dreistöckiger Bau um den Turm herum errichtet, dessen Außenmauern die Außenmauern der heutigen Oberburg sind. Zu diesem Zeitpunkt waren die Eigenbesitzungen und Lehen der Familie, die durch die Inthronisation von Familienmitgliedern auf den Halberstädter Bischofsstuhl angewachsen waren, nach über zweihundert Jahren wieder in einer Hand vereint. Die umfangreichen Einkünfte, die aus ihnen flossen, machten eine solche kostspielige Baumaßnahme im Stil der Frührenaissance möglich. Das jetzt errichtete Archiv befand sich im Gewölbe rechts des Turmes und beherbergte auch Akten und Verträge der Braunschweiger Ritterschaft.

Im letzten Drittel des nächsten Jahrhunderts wird nach der Aussöhnung der Edelherren mit den Braunschweiger Herzögen der Bau um zwei Dachgeschosse aufgestockt und mit einem Renaissance-Erker zum Hof hin versehen. Diese Baumaßnahmen waren schon bald dem Verfall preisgegeben, da die finanzielle Lage einen Unterhalt nicht mehr möglich machte. Schon zu Beginn des 17. Jahrhunderts wird solch ein um sich greifender Verfall bei der gesamten Burganlage deutlich.

Fast alle Gebäude der Unterburg lassen aufgrund zahlreicher Überbauungen seit der um die Mitte des 17. Jahrhunderts beginnenden Domänenzeit Warbergs keine eindeutige Datierung zu. Sie werden in ihrem Kern im 17. Jahrhundert, vermutlich aber schon früher, vorhanden gewesen sein. Eine Ausnahme bildet das an der Treppe zur Oberburg liegende Gebäude, dessen Oberbau die Jahreszahl 1462 aufweist.

Darstellungen zur Geschichte der Edelherren

Die hier vorgelegte Arbeit ist nicht der erste Versuch einer Darstellung der Geschichte der Burg Warberg und ihrer Bewohner. Eine erste gedruckte Abhandlung zu diesem Thema legt Lenz schon um 1750 vor.[2] Er bemüht sich darum, ungesicherte Überlieferung und quellenmäßig Belegbares auseinander zu halten. Zwar kann auch er schon auf Bemerkungen zurückgreifen, die sich bei Maibom, Bünting, Harenberg und anderen älteren Historikern finden, eine wissenschaftliche Arbeit auf der Grundlage breiten Archivmaterials ist ihm allerdings nicht möglich. Am Ende des 18. Jahrhunderts bemüht sich der preußische Kammerrat und Pächter der Domäne Warberg Wahnschaffe erneut darum, die Geschichte der Edelherren unter Berücksichtigung der für ihn neuesten Veröffentlichungen niederzuschreiben. Seine Arbeit, die stellenweise hinter Lenz zurückfällt, führt allerdings zu keiner Veröffentlichung.[3]

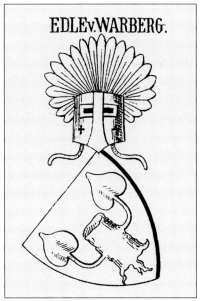

Das bis zum Ende des 15. Jahrhunderts ge-führte alte Wappen der Edelherren von Warberg.

1844 veröffentlicht Carl Bege seine „Geschichten einiger der berühmtesten Burgen und Familien des Herzog-thums". Auf Grundlage der für ihn zugänglichen Quellen bemüht sich Bege auf 39 Seiten, einen Überblick über „Warberg und die Edlen von War-berg" zu entwerfen. Nach einem knap-pen Eingehen auf Umfang und Geschichte der Herrschaft Warberg und den Niedergang des Geschlechtes finden wir bei ihm auf 34 Seiten „die Namen des Edlen Geschlechts in chro-nologischer Ordnung mit demjenigen, was von ihnen aufbewahrt worden und bemerkenswert scheint"[4]. Die Darstel-lung ist, soweit es Bege möglich war, um Zuverlässigkeit bemüht, und liefert einen auch heute noch in wesentlichen Zügen richtigen Stammbaum der Fami-lie. Die gewählte chronologische Ord-nung verzichtet aber weitgehend darauf, die Zusammenhänge, die der Ent-wicklung von Burg und Familie Warberg zugrunde liegen, deutlich werden zu lassen.

Über 70 Jahre blieb die Arbeit Beges das Standardwerk zur Geschichte der Burg Warberg und ihrer Bewohner. Erst die 1911 von Georg Bode veröffent-lichte geschichtliche Studie über „Herkunft und Heimat Gunzelins von Hagen, des ersten Grafen von Schwerin"[5], die dessen Herkunft aus der Fami-lie der Edelherren von Warberg nachweist, ließ die Frühgeschichte und die Bedeutung der Edelherren von Warberg deutlicher werden. Seine Annahme, der Wohnsitz der Warberger habe sich ursprünglich im Brunnental bei Helmstedt befunden, wurde in den 1960er Jahren durch Grabungen wider-legt.

Der Abschnitt, den 1915 Margarete Moll den Edelherren von Warberg in ihrem Aufsatz über die „Ritterbürtigen im Braunschweiger Lande" widmet, führt nicht über Bege hinaus[6]. Er enthält bei der Rekonstruktion der genea-logischen Zusammenhänge zudem Ungereimtheiten, auf die 1943 Berg auf-merksam macht.

In diesem Jahr veröffentlicht Arnold Berg eine nur wenige Seiten umfas-sende Arbeit über die Herren von Werberg im Archiv für Sippenforschung[7]. Seine Arbeit stellt die genealogischen Zusammenhänge der Edelherrenfami-lie in den Mittelpunkt. Wenngleich sie die seit der Veröffentlichung Beges erschienene Literatur, insbesondere die inzwischen zahlreichen gedruckt vorliegenden Urkundenbücher bei der Darstellung berücksichtigt, kann und will auch dieser Aufsatz nur allgemeine Entwicklungslinien der Geschichte von Burg und Familie skizzieren.

Neben den erwähnten Arbeiten zur Geschichte von Warberg erschien 1952 ein kürzerer Aufsatz von Ernst August Roloff, der ebenfalls nur einen knappen Blick auf die Geschichte der Edelherren und ihre Burg wirft. Einen kurzen systematisierten Überblick bietet das unveröffentlichte Manuskript von Paul Pini, das bedauerlicherweise weitgehend auf Belegstellen verzichtet.[8]

Gewichtiger ist die Studie Wilhelm Hensels über Leben und Wirken des Meisters des Johanniterordens Hermann von Warberg in der Mark Brandenburg.[9] Bedauerlicherweise werden in diesem Fall die von Autor verwandten Quellen nur pauschal am Ende der ansonsten überzeugenden Darstellung genannt.

Das Fehlen einer Gesamtdarstellung der Geschichte des Geschlechtes der Edelherren von Warberg gab Anfang der 80er Jahre den Anstoß dazu, sie im Rahmen einer Dissertation an der Universität Göttingen zum Gegenstand intensiver historischer Forschungen werden zu lassen. Der tödliche Unfall des Doktoranden beendete diese Arbeiten. Wohl hatten sie eine außerordentlich umfangreiche Materialsammlung als Ergebnis, ein zur Veröffentlichung geeignetes Manuskript hat uns der Bearbeiter nicht mehr hinterlassen können. Seine Regestensammlung ist im Staatsarchiv Wolfenbüttel erhalten.[10]

Nicht zur Veröffentlichung gelangte auch das umfangreiche Manuskript des pensionierten Warberger Lehrers Friedrich Smalian, der im zweiten Band seines „Warberger Heimatbuches" auf mehr als 150 Schreibmaschinenseiten auf die Geschichte der Warberger Edelherren und ihrer Burg eingeht. Das Manuskript erweist sich fast durchgängig als eine recht sorgfältige Sammlung von Textbelegen zu Einzelaspekten dieser Geschichte und eine chronologische Auflistung von Urkunden und anderen Quellen in Regestenform.[11]

Ebenfalls unveröffentlicht blieb das Manuskript von Rode, der sich mit der Erstellung einer Geschichte des Ortes Warberg befasste. Die Darstellung der Geschichte der Edelherren in diesem Rahmen ist zwar in manchen Teilen spekulativ, in anderen liefert sie jedoch eine recht brauchbare Umsetzung seines Bemühens. Dem mir vorliegenden Manuskript war ein vermutlich vorgesehener Fußnotenapparat nicht angehängt, so daß sich manche interessante Äußerung einer Überprüfung entzog. Auffällig ist das weitgehende Fehlen eines Eingehens auf die Entwicklung seit der zweiten Hälfte des 15. Jahrhunderts.[12]

Bemerkungen zur vorliegenden Arbeit

Anfang 1999 wurde mir die Aufgabe übertragen, neben bauhistorischen Recherchen über die Burg auch eine Darstellung der Geschichte dieser Festungsanlage und ihrer Bewohner, der Edelherren von Warberg, zu erstellen. Sie sollte einerseits nicht nur dem Fachpublikum, sondern einem breiteren Leserkreis verständlich sein, andererseits aber sollte sie wissenschaftlichen Kriterien genügen.

In dem vorhandenen zeitlichen Rahmen war es natürlich nicht möglich, die Geschichte der Edelherren in all ihren Dimensionen neu zu erforschen. Da, wo die Ergebnisse der bisher erschienenen Darstellungen plausibel waren, hat sie der Autor übernommen. Insbesondere für das 16. Jahrhundert aber wurden eingehendere Untersuchungen durchgeführt, da die vorliegenden Schriften angesichts der zur Verfügung stehenden Archivalien und Neuerscheinungen ein zu oberflächliches, oft verzerrtes Bild der Entwicklung boten.

Die Darstellung orientiert sich fast durchgängig an der Geschichte der jeweiligen Herren der Warberger Burg. Deren Handeln wird, soweit Wechselwirkungen belegbar sind, in die Geschichte der umgebenden Herrschaftsbereiche und des Reiches eingebettet. Nur in einem Exkurs wird auf die Sommerschenburger Linie der Edelherren eingegangen, wenngleich deren Bedeutung zumindest im ersten Jahrhundert nach der Trennung beider Linien die insgesamt gewichtigere gewesen sein mag.

Die Arbeit kann und will eine nach wie vor gebotene tiefgreifende wissenschaftliche Untersuchung einzelner Zeitabschnitte der Entwicklungsgeschichte der Edelherren von Warberg nicht ersetzen. Sie wird aber eine Gesamtschau der Entwicklung darbieten, die wesentliche Züge der Geschichte der Edelherren von Warberg und ihrer Burg deutlich werden läßt.

Mein Dank gilt all denen, die bei der Erstellung der vorliegenden Arbeit hilfreich mitgewirkt haben. Insbesondere danke ich Günter Oelschlegel, der stets bereit war als Kenner der Verhältnisse „vor Ort" das Entstehen dieser Arbeit mit Rat und Tat zu unterstützen. Für hilfreiche Hinweise bin ich Dr. Horst Rüdiger Jarck und Dr. Christof Roemer dankbar. Gedankt sei darüber hinaus den Mitarbeitern des Staatsarchivs Wolfenbüttel und der Herzog August Bibliothek Wolfenbüttel, des Stadtarchivs Hildesheim, des Stadtarchivs Braunschweig und der Landesbibliothek Hannover für ihre freundliche Unterstützung. Ohne den Einsatz von Peter Link schließlich, der eine Finanzierung dieses Projektes erst möglich gemacht hat, würde das Buch heute nicht in den Händen des Lesers sein.

Teil I

Die alte Burg Warberg – eine Waffenschmiede Heinrichs des Löwen

1. Die alte Burg jenseits aller Erzählungen

Der Ort Warberg liegt auf der Nordseite des Elms am Wege zwischen Schöningen und Königslutter. Hier befinden sich zwei Burganlagen. Weithin sichtbar ist auch heute noch der mächtige Turm der „neuen" Burg am Nordwestende des Ortes. Er war einst von einem prächtigen Renaissancegebäude umgeben, dessen Überreste sich noch heute auf dem oberen Teil des weiträumigen Burgkomplexes befinden.

Die „alte" Burg

Etwa 1700 m südwestlich des jetzigen Ortes befinden sich in einem Buchenhochwald die letzten Zeugen der „alten" Burg Warberg. Hier, am Rande des Elm, finden wir heute in einer Hanglage nur noch die Überreste von Erdwällen, die dieser Festung einst zum Schutz dienten.

H.-W. Heine beschreibt 1997 die Gestalt des noch erkennbaren Befestigungssystems: „Kern der Burg ist ein ca. 42 bis 46 m großes unregelmäßig rundes Plateau. Bis auf das nördliche Drittel wird es von einem doppelten Grabensystem umgeben. Der innere Graben ist 15 bis 20 m breit und ca. 3 bis 4 m tief. Der äußere Graben 8 bis 21 m breit und ca. 3 bis 3,5 m tief. Ihm vorgelagert ist ein ca. 1,2 m hoher Vorwall. Im Nordosten verläßt der Außengraben den Ring und setzt sich mit begleitenden Wällen im Westen fort. Mit einem leichten Schwung westlich einbiegend, läuft der Graben nach ca. 70 m aus. Im Norden und Nordwesten fehlt der Außengraben fast ganz. Lediglich ein Teilstück ist erhalten."[1]

Datierung

Die Ursprünge dieser „alten" Burganlage liegen im Dunkeln. Bis zum Anfang der 1960er Jahre hatte die neuere Forschung angenommen, diese Burg sei nach 1200 erbaut.[2] Eine militärische Eroberung und Zerstörung habe dann im 14. Jahrhundert zur Errichtung der neuen Anlage an ihrer heutigen Stelle geführt. Mit diesen Vorstellungen räumten archäologische

Untersuchungen in den Jahren 1962 – 1964 auf. Zu diesem Zeitpunkt erfolgten auf dem Gelände der „alten" Burg Grabungen durch Hans Adolf Schultz.

Sie lassen zum erstenmal eine genauere Datierung der Anlagen zu: Die aufgefundenen Metall- und Keramiküberreste weisen einen durchgehenden Nutzungszeitraum während des 11./12. Jahrhunderts nach, wobei die Länge dieses Zeitraums nicht genauer eingegrenzt werden kann. Für eine Nutzung schon im 10. Jahrhundert gibt es keine Hinweise. „Aus den Funden selber … spricht, daß diese Burg Warberg im Elm … vermutlich nur ein bis ein-einhalb Jahrhunderte bestanden hat. Auf keinen Fall reicht sie in die Zeit vor 1000."[3] Da sich auch Überreste aus dem 13. Jahrhundert nicht nachweisen lassen, ist vom Grabungsbefund her davon auszugehen, daß diese Burg um 1200 aufgegeben wurde.

Innerer Aufbau

Die Grabungen lassen auch einen Einblick in Art und Aufbau dieser Burganlage zu. Schulz schreibt 1964 in einem Grabungsbericht: „Durch … Flächenabdeckungen war ein wesentlicher Teil des inneren Burgaufbaus erkannt: Der starke Wohnbau mit Heizungsanlage, der Brunnen, der Torturm mit Einfahrt, ein Eisenschmelzofen und ein Backofen."[4]

Die Größe der Fläche und die Art der Bebauung weisen auf Macht und Wohlstand ihrer Bewohner hin. Während die in dieser Zeit entstehenden Wehrbauten von Adligen Türme sind, die unmittelbar von einem Wall umschlossen sind, umgibt das Wall-Graben-System hier ein Plateau mit einer Fläche von fast 1700 m² „Bemerkenswert ist das

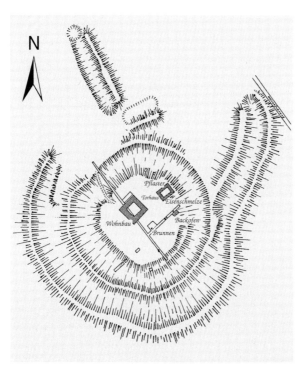

Lageplan der Turmburg (nach Schultz).

18

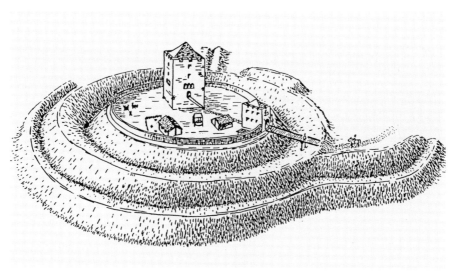

Rekonstruktionsvorschlag zur alten Burg (M. Brüggler).

Fehlen einer mottenartigen Überhöhung gegenüber der Umgebung. Umschlossen war das Burgplateau von einem Steinschuttwall oder einer schwachen Steinmauer."[5]

Der als Wohnturm identifizierte Gebäudeteil besaß eine quadratische Grundfläche mit einer Seitenlänge von 13 Metern und der enormen Mauerdicke von drei Metern. Die Mauerschalen bestanden aus sorgfältig geschlagenen Handquadern, deren Kern war mit Muschelkalkbrocken und Mörtel ausgefüllt. Folgt man den Angaben Schultzes, so war der Turm – zumindest in Teilen – durch zwei in einem Anbau befindliche Öfen beheizbar. Ein unerhörter Luxus in der damaligen Zeit.

Der gepflasterte Eingangsbereich der Anlage befand sich im Nordosten und war durch ein Torhaus mit einer Grundfläche von sieben mal neun Metern gesichert. In seiner Nähe fanden sich Hinweise auf einen Eisenschmelzofen. Schultz entdeckte hier „eine kugelförmige, rotgebrannte Erhöhung im Schichtverband, daneben viele Reste von Eisenschlacke."[6] Woher das Rohmaterial kam, das hier verarbeitet wurde, ist bislang nicht untersucht worden. Die Vermutung liegt aber nahe, daß es sich um Erze aus dem Harz gehandelt hat. Das Vorhandensein dieses Eisenschmelzofens, der der auf der Burg mit Gewißheit auch vorhandenen Schmiede das Rohmaterial liefern konnte, weist erneut auf die Bedeutung der Anlage hin.

Der Innenraum der Burg schloß nicht nur steinerne Bauwerke ein, sondern darüberhinaus eine Reihe hölzerner Gebäude, deren Lage von Schultz aber nicht untersucht wurde. Die Form der Burganlage läßt vermuten, daß der nördliche Bereich eine Vorburg gebildet hat. Auch hier fehlen weitere Untersuchungen.

Zur üblichen Bewaffnung der Burgbewohner gehörte noch der Bogen. Von den mit dieser Waffe verschossenen Pfeilen haben sich einige nagelartig lange Spitzen erhalten. Aber auch die um 1200 ausgesprochen neuartige Armbrust war der Burgbesatzung schon bekannt. Diese Waffe war erst im Gefolge der Kreuzzüge in unseren Raum gelangt. Neben zumeist langgestreckten vierkantigen Bolzenspitzen hat sich auch ein aus einem Geweihstück angefertigtes Armbrustschloß erhalten. Mit solchen langgestreckten Pfeil- und Bolzenspitzen konnten insbesondere die damals gebräuchlichen Kettenhemden durchbohrt werden. Gegen die spätere Plattenpanzerung waren sie weniger gefährlich. Zu den schmiedeeisernen Fundstücken auf dem Burggelände gehören auch Hufeisen für die Pferde und für die Berittenen Stachelsporen.

Beinschnitzerei (spätes 12. Jh.). Darstellung einer Turmhügelburg (?).

Weitere Indizien für den Wohlstand der Burgbewohner sind bei den Grabungen aufgefundene Knochenschnitzereien. Zu ihnen zählt die Darstellung eines mit Drachenflügeln versehenen Hundes, dessen Hinterleib schlangenförmig ausläuft. Er wird als Zierbeschlag für einen Kasten oder ein Kästchen gedient haben. Unter den Funden befand sich auch das Fragment einer aus drei Knochen zusammengesetzten Spiegelfassung mit der geschnitzten Darstellung einer Stadt oder einer Turmhügelburg auf der Rückseite. Von einigen Forschern wird die Darstellung als Bildnis der Warburg gedeutet. Auch ein erhalten gebliebener, teilweise mit Gold überlegter Zierbandschmuck zeugt vom Reichtum der Burgbewohner.

Die Bedeutung der Burg

Betrachtet man die Größe der Burgbefestigung und ihre Lage sowie die Grabungsergebnisse, so läßt sich feststellen, daß sich Ansehen und Macht der Burgbewohner beträchtlich über das der persönlich abhängigen Dienstmannen – sog. Ministerialer – und das der freien Inhaber von Lehen erhob. Angehörige dieser beiden Gruppen, die bald zum Ritterstand verschmelzen sollten, beginnen in Norddeutschland zwar um die Wende vom 12. zum 13. Jahrhundert ebenfalls, Turmburgen zu errichten. Die Besonderheiten der Anlage der alten Warburg lassen den Unterschied zu den Burgen der Bauherren aus diesen sozialen Gruppen deutlich werden. Müldner betont: „Nach den vorliegenden Befunden war die Alte Burg Warberg … eine typische Turmburg des hohe Mittelaltes, mit einem Wohnturm, der die Anlage optisch beherrschte sowie kleineren Nebengebäuden. … Auf der anderen Seite fassen wir im archäologischen Befund aber auch, daß die Erbauer der Warburg den Willen und die finanziellen und personellen Mittel hatten, um eine aufwendig gesicherte und prestigeträchtig gestaltete Anlage zu errichten. Davon zeugen die zahlreichen auf Steinfundamenten oder ganz aus Stein errichteten Gebäude, darunter der ungewöhnlich große und robuste Turm. … Das Bild vom „Prestigebau" Alte Warburg ergänzen auch der besondere Luxus einer Heizung sowie die zwar in traditionellem Stil errichtete, aber dennoch ungewöhnlich aufwendig wirkende Befestigungsanlage. Es scheint also, als sei die Alte Warburg zwar eine typische aber keine durchschnittliche Adelsburg gewesen."[8]

Die Lage der Burg ermöglichte ihrer Besatzung einen Überblick über das Geschehen im weiten Gebiet zwischen nördlichem Elm und Lappwald und die Sicherung von hier etwa vorhandenen Rechten und Besitztümern, da bei einer erkannten Gefährdung berittene Kräfte in kurzer Zeit vor Ort erscheinen konnten. Zudem war von hier aus eine Kontrolle und Sicherung der Salzgewinnung des nahegelegenen Schöningen möglich. Dies galt auch, weil ein als „Salzweg" bezeichneter Hellweg unterhalb der Burg vorbeiführte, der Schöningen mit Königslutter verband.[9]

Die Bedeutung der „alten" Burg stieg in der zweiten Hälfte des 12. Jahrhunderts durch eine Verlegung des Okerüberganges von Werla nach Braunschweig. Die Hauptverbindungslinie zwischen West und Ost zog sich jetzt nördlich des Elms über Braunschweig und Helmstedt nach Magdeburg hin. Auch diese wichtige Verkehrsverbindung war von Warberg aus kontrollierbar. – Und es bedurfte nur geringer Anstrengungen, sie zu gefährden.

2. Die Zerstörung der alten Burg Warberg

Frühjahr 1200: Zwei Könige kämpfen um die Macht. Dem tatkräftigen welfischen König Otto IV., einem Sohn Heinrichs des Löwen, steht mit Philipp ein entschlossener staufischer Gegenkönig gegenüber. Einer der Kriegsschauplätze ist das Gebiet zwischen Magdeburg und Braunschweig. Unversöhnlich bieten sich auch hier die Anhänger der Welfen und Staufer die Stirn.

Das letzte Weihnachtsfest im alten Jahrhundert hatte Philipp mit seinen Anhängern bei Bischof Ludolf in Magdeburg gefeiert. Hier hatte man allerlei Pläne geschmiedet. Unter anderem war auch ein Zug gegen die Stadt Braunschweig, das Herz der welfischen Macht, beschlossen worden. Diesem Feldzug war, so hat es den Anschein, Ottos Bruder Pfalzgraf Heinrich mit einem Zug gegen Calbe und dessen Eroberung zuvor gekommen.

Jetzt aber begann der lange vorher geplante Angriff des staufischen Heeres. Es hatte sich eine ungeheuer große Zahl an Kämpfern zusammengefunden. Zunächst trugen sie ihren Angriff gegen Helmstedt vor, dann wandten sie sich gegen Warberg, und nachdem auf diese Weise der Weg freigekämpft war, zogen sie gegen Braunschweig, die Hauptfeste der Welfen. Vom Feldlager gegenüber der Altewiek brandete jetzt Angriffswelle auf Angriffswelle gegen die Befestigungen der Stadt. Eine Eroberung Braunschweigs aber mißlang, so daß die Angreifer letzten Endes erfolglos abziehen mußten. Warberg aber lag in Trümmern.

Bothe überliefert dreihundert Jahre später in seiner Sachsenchronik: „In diesem Jahr um die Zeit der Sommersonnenwende (24. Juni) zog der König Philipp mit zwölf Landesherren und Rittern und Knappen ohne Zahl vor Braunschweig. Auf dem Weg verbrannten sie Helmstedt und eroberten und zerstörten Warberg bis in den Grund.“[10]

Und um deutlich zu machen, wie stark das Heer war, das plündernd und sengend ins Land einfiel, führt er sie alle auf, die ihre Banner gegen die welfischen Verteidiger führten: „Mit dabei waren Markgraf Otto von Brandenburg, Herzog Heinrich von Österreich, Landgraf Hermann von Thüringen, Graf Heinrich von Anhalt und Bischof Adelog von Köln und Bischof Konrad von Mainz und der Bischof von Trier und der Bischof Ludolf von Magdeburg und Bischof Barthold von Halberstadt und Bischof Hartbert von Hildesheim und Bischof (Rudolf) von Verden und Bischof Hartwich zu Bremen.“[11]

In der Begleitung des Königs befanden sich nach dieser Aufzeichnung nicht nur vier weltliche Herrscher, sondern gleich acht Bischöfe. Die Beteiligung dieser geistlichen Würdenträger an militärischen Auseinandersetzungen war im Mittelalter nichts Ungewöhnliches, allenfalls sahen sie davon ab, im Feldzug selbst das Schwert zu führen. Diese Aufgabe des Heerführers übertrugen sie dann anderen. Allein die Tatsache, daß sie geistliche und zugleich weltliche Herrscher waren, zwang sie in diesen Zeiten gegen militärische Gewalt gerüstet zu sein – und es hinderte sie keineswegs, diese Gewalt als erste auszuüben.

Von besonderem Interesse war dieser Kriegszug gegen Braunschweig, Helmstedt und nicht zuletzt die Burg Warberg offenbar für Erzbischof Ludolf von Magdeburg. Die Magdeburger Bischofschronik berichtet, auch er habe zu den Waffen gegriffen, „obgleich er ein schwerfälliger fetter Mann war, so daß man ihn auf einem Wagen fahren mußte.“[12] Diese Bemerkung der den Bischöfen wohlgesonnenen Chronik beabsichtigt keineswegs,

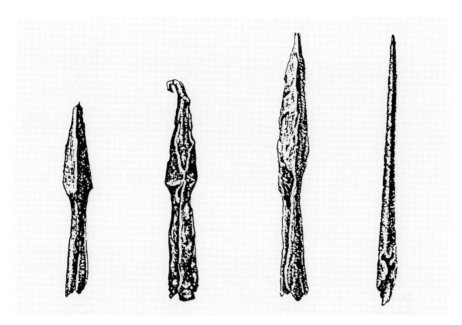

Funde von Bolzen und Pfeilspitzen vermutlich aus der Zeit des Kampfes um die Burg.

Ludolf lächerlich zu machen, sondern soll hervorheben, wie wichtig diese Sache doch für ihn gewesen sein mußte, da er sich solchen Strapazen unterzog. Man bedenke: befestigte Straßen gab es ja noch keine und bei einem Kriegszug ging die Fahrt oft querfeldein.

Daß die „alte" Burg Warberg diesem anrückenden mächtigen Heer nicht gewachsen war, ist letztlich nicht zu verwundern, waren seine Krieger doch zusammen gekommen, das ungleich stärkere Braunschweig zu erobern. Den in großer Zahl heranrückenden Gegnern gelingt es, das bestätigen die Grabungen, die stark befestigte alte Burg Warberg in ihren Besitz zu bringen, sie zu zerstören und einzuäschern. Die Pracht und das Wohlergehen der Burgbewohner fand damit ein jähes und gewaltsames Ende. Brandspuren u.a. im Wohnturm bezeugen den Untergang der Burganlage am Beginn des 13. Jahrhunderts: „Zur Zeit des Bestehens lag der Fußboden auf festgestampften Lehm im untersten Raum. Als die Zerstörung hereinbrach, wurden der hölzerne Einbau und das Gemäuer durch Feuer vernichtet. Einzelne Reste in Form von Holzkohle und Werksteinen zeigen dies deutlich an. Nachdem dies geschehen war, ruhte die zerstörte Anlage wahrscheinlich längere Zeit, so daß sich eine verhältnismäßig starke Einschwemmschicht bilden konnte."[13]

Dafür, daß diese Burg überhaupt zum Opfer des anrückenden Heeres wird, gibt es mehrere Gründe: Zunächst war es die strategische Lage. Die Burg Warberg in den Händen der welfischen Gegner hätte eine Bedrohung im Rücken der Belagerungstruppen vor Braunschweig bedeutet. Darüber hinaus ging es den Angreifern aber auch um die Durchsetzung von Rechten, die Bischof Ludolf von Magdeburg im Gebiet zwischen Sommerschenburg, Helmstedt und Braunschweig beanspruchte.

Ein Streitpunkt von nicht unerheblicher Brisanz zwischen dem Erzbistum Magdeburg und den Welfen war neben dem Konflikt um die von Heinrich dem Löwen ererbten Besitztümer des Grafen von Haldensleben die Auseinandersetzung um die Pfalzgrafschaft Sommerschenburg.[14] Diese Auseinandersetzung hatte 1179 begonnen, als Heinrich der Löwe den Eigenbesitz des eben verstorbenen letzten Pfalzgrafen Adalbert von Sommerschenburg an sich riß. Gleichzeitig hatte Gerberga, die erbberechtigte Schwester des Grafen, Äbtissin der Reichsabteien von Quedlinburg und Gandersheim, ihre Ansprüche an diesem Besitz der Magdeburger Kirche verkauft.

Offenbar gelingt es dem Erzbischof Wichmann, die von ihm erworbenen Güter nach der Verbannung Heinrichs des Löwen in seinen Besitz zu bringen. 1182 und 1184 läßt er sich diesen Besitz von Papst Lucius III. betätigen. Die Auseinandersetzungen um die Sommerschenburg aber dauern an. Nach dem Tode Heinrichs des Löwen kann Pfalzgraf Heinrich sie wieder in welfischen Besitz bringen. „De palßgreve [Heinrich] de wan Kalve, Lopene, Gutersleve unde buwede de Somerschenborch wedder, unde kam vele kriges."[15] Bei der Paderborner Erbteilung 1202 wird die Sommerschenburg dessen Bruder Kaiser Otto IV. zugesprochen.[16] 1208 verzichtet dieser jedoch für sich und seine Brüder zugunsten des Erzbistums auf alle Rechte an der Burg und ihrem Zubehör. Die Burg ihrerseits geht zu Lebzeiten Bischof Albrechts II. von Magdeburg für 1000 Mark in den Pfandbesitz der Edelherren von Warberg über.[17]

Die Zerstörung der Burg Warberg im Jahr 1200 sollte natürlich einerseits Otto IV. und seinen Bruder den Pfalzgrafen treffen. Zugleich sollten damit, so hat es den Anschein, auch andere Gegner des Erzbischofs getroffen werden, die spätestens seit 1179 Ansprüche an Sommerschenburg geltend machen konnten. In diesem Jahr hatte Heinrich der Löwe die Burg nach ihrer Eroberung und Zerstörung an einen Eckhard „de Warberg" übergeben, der sie wieder aufbaute. Dies überliefert zumindest die wesentlich später entstandene Chronik des Klosters Marienthal.[18]

Nun gibt es zwar für die Existenz eines Eckhard von Warberg keinen Beleg in den Quellen. Wohl aber ist die Existenz eines Edelherren Eckhard ohne weitere Bezeichnung durch zeitgenössische Urkunden tatsächlich belegt. Dieser Eckhard, wir werden es noch sehen, war vermutlich Vater jener Brüder Hermann und Konrad, die sich 1202 zum erstenmal in den Quellen „von Warberg" nennen. Vor 1200 wurde dieser Beiname auch von ihnen nicht geführt. So scheint die Bezeichnung erst später auf ihn übergegangen zu sein. Warum aber sollten die Magdeburger Erzbischöfe ausgerechnet ihren offenbar als sehr gefährlich eingestuften Feinden wenig mehr als ein Jahrzehnt nach der Zerstörung der Warburg die Festung Sommer-schenburg als Pfandbesitz überlassen?

Nun: die militärische Lage ermöglichte es diesem Eckhard und seinen Angehörigen offenbar zunächst, ihre Ansprüche auf die Sommerschenburg nach der Rückeroberung durch den Bruder Ottos IV. unter dem Schutz der Welfen auch gegen den Erzbischof von Magdeburg durchzusetzen. Aber erst als die Burg und ihr Zubehör 1208 auch durch den Erzbischof als welfisches Erbe anerkannt wurden, waren ihre Rechte gesichert. Dies galt insbesondere, als die Sommerschenburg mit allen Rechten und Verpflichtungen noch in diesem Jahr von Otto IV. an den Erzbischof von Magdeburg abgetreten wurde.

Im übrigen waren die Welfen wie im Falle der Sommerschenburg keines-wegs bereit, tatsächlich alle Rechte aufzugeben, auf die der Erzbischof Anspruch erhob. Selbst im Fall der Sommerschenburg fand sich Pfalzgraf Heinrich erst ein Jahrzehnt nach dem Verzicht seines Bruders Otto VI. mit dem Verlust der Burg ab. Es gelang den Magdeburger Erzbischöfen dagegen nicht, in Königslutter Fuß zu fassen, wiewohl Bischof Wichmann sich 1193 den Besitz an „Hof und Abtei Königslutter mit Burgwarden, Ministerialen, Hörigen und allem Zubehör"[19] von Heinrich VI. hatte schen-ken lassen. Auch Schöningen konnten die Welfen behaupten.

Daß auch Helmstedt neben Warberg und Braunschweig Opfer des Kriegszuges von 1200 wurde, hängt wohl damit zusammen, daß Heinrich der Löwe vom Abt des Klosters Werden schon 1180 mit der Vogtei belehnt worden war, die vorher der verstorbene Pfalzgraf von Sommerschenburg innegehabt hatte.

Das Kloster Werden hatte das Ludgerikloster gegründet und war Stadt-herr über Helmstedt. Die Vogtei des Klosters umfaßte das gesamte Immuni-tätsgebiet, d.h. sowohl das Stift als auch die Stadt selber. Damit besaßen die Welfen hier einen festen Stützpunkt gegenüber dem Erzbischof von Magde-burg, eine Festung, die dann Opfer der Brandpfeile des staufischen Heeres wurde.

3. Die Herren der alten Burg Warberg

Wer aber waren nun jene Bewohner der alten Burg Warberg, die im Jahr 1200 Opfer des Kriegszuges des Stauferkönigs Philipp wurden? Eine Edel-herrenfamilie, die sich nach ihrer Burg „von Warberg" nannte, gab es, das haben wir eben schon angesprochen, bis zum Ende des 12. Jahrhunderts nicht. War jener Eckhard, von dem die Chronik des Klosters Mariental berichtet, tatsächlich im Besitz der Warburg? Waren es erst seine Nach-kommen? In welche familiären Bindungen war er eingebettet?

Eine Urkunde läßt aufhorchen: 1200, im Jahr der Zerstörung der alten Burg Warberg[20], bestätigt der Halberstädter Bischof Gardolf, daß eine „domina Olhildis de Hagen", eine Edelherrin Olhilde von Hagen, 4 1/2 Mansen (= den Landbesitz von 4 1/2 großen Bauernstellen), die in den Orten Hodal, Schöningen und Barneberg gelegen sind, mit allem Nutzen und der Gerichtsbarkeit hierüber, der Kirche des Apostels St. Jakobus in Halberstadt überträgt. Mit diesen von ihr erblich besessenen Gütern war bislang die in Hagen errichtete Kapelle ausgestattet, „que … cum mansione sua penitus delata fuit."[21] Zu dieser Schenkung geben ihre beiden Töchter Luokardis und Cuonigundis ihre Einwilligung.

Bode erläutert die Bedeutung dieser Urkunde: „Wer etwas zwischen den Zeilen der alten Urkunden zu lesen versteht, dem tritt bei diesen einfachen Worten das schwere Geschick einer edlen Familie lebendig vor die Seele. In den ruhelosen, kampferfüllten Zeiten, – es rast der mörderische Kampf zwischen Welfen und Hohenstaufen, von dem gerade an der Wende zweier Jahrhunderte das Land am Elm am schwersten getroffen wurde, – ist die mansio, die Burg oder das Schloß eines edlen Geschlechts zerstört, Wehrtürme und selbst die Schloßkapelle sind niedergelegt; die Besitzerin des Schlosses aber, die vielleicht den Gatten im Kampfe um die Heimstätte verloren hat, zieht als Witwe traurigen Herzens in das sichere Halberstadt ein, um hier in den Klostermauern von St. Jacobi ihren Schmerz zu bekämpfen und sich dem Dienste der barmherzigen Gottesmutter zu widmen."[22]

Könnte das zeitliche Zusammenfallen der in dieser Schenkung angesprochenen Zerstörung einer offenbar umfangreichen Burganlage, mit der Zerstörung der alten Burg Warberg darauf hinweisen, daß in beiden Fällen von ein und derselben Burg die Rede ist, so irritiert doch der Name der Dame. „Olhildis de Hagen", von Hagen also. Auch spricht die Quelle von einer zerstörten Burg „Hagen". Hat Olhildis tatsächlich etwas mit den Edelherren von Warberg, hat sie etwas mit Eckhard zu tun?

Hermann und Konrad, die ersten Edelherren von Warberg und ihre Vorfahren

Zu einer ersten gesicherten urkundlichen Erwähnung von Angehörigen einer Edelherrenfamilie von Warberg kommt es erst in Urkunden, die in das Jahr 1202 datiert werden. Im Mai dieses Jahres wird dem St. Laurentius Kloster in Schöningen von Bischof Konrad von Halberstadt nachträglich die Übertragung von Besitz bestätigt. Folgen wir wiederum der Darstellung von Bode:

Der Edelherr Hermann und sein Bruder Edelherr Konrad, „*dominus Hermannus de Werberg et frater suus dominus Conradus, viri ambo nobiles et beate memorie*, haben dem Kloster S. Laurentii in Schöningen eine Hufe in *Baddenlove, x solidos solventem, pro remedio anime patris sui domini Ekkehardi* übereignet. Zu ihrem eigenen Seelenheil haben sie dem Kloster ferner 3 1/2 Hufen Land und 3 Höfe in Asbike dargebracht.

Die Zusicherung dieser Schenkung ist *biennio ante obitum domini Hermanni* [zwei Jahre vor dem Tode Hermanns] unter dem Versprechen erfolgt, dass der überlebende Bruder sie niemals anfechten, sondern sie vollführen werde. Als dann der *dominus Hermannus post duos annos asumptus est ab hoc seculo* [zwei Jahre später das Zeitliche segnet], sind die Güter dem Kloster samt 25 Mark Silber, welche er für den Todesfall zugesichert hatte, dem Kloster zugefallen, indem der dominus Conradus die Güter dem Bischofe Konrad, der sie aus seiner Hand empfing, dem Kloster übereignete.

Hiernach war der eine der genannten Brüder, der Edelherr Herrmann von Warberg, bereits längere Zeit vor Erlass der Urkunde verstorben. Der Aussteller der Urkunde, Bischof Konrad, hatte gar nicht mehr mit ihm verhandelt, und da Bischof Konrad als Nachfolger des Bischofs Gardolf († 21. August 1201) noch im Jahr 1201 als Bischof ordiniert wurde, so ist der Edelherr Hermann von Warberg zu Ende des Jahres 1201 schon verstorben gewesen, während sein Bruder Konrad von Warberg noch bis gegen den Mai gelebt haben kann; aber im Mai dieses Jahres, zur Zeit der Ausstellung der Urkunde, ..., war [auch] er bereits verstorben.

Sein Tod wird die Ausstellung der Urkunde veranlasst haben, da das Kloster bedacht sein musste, bei der Unsicherheit der Zeiten und Umstände den Erwerb für sich zu sichern. Man wird deshalb nicht fehl gehen, den Tod Konrads noch in den Anfang des Jahrs 1202 bis gegen den Mai hin zu setzen."[23]

Einigermaßen erstaunlich ist es schon, wenn Vertreter einer Edelherrenfamilie v. Warberg vor diesem Zeitpunkt in den Quellen nie auftauchen, waren sie doch immerhin so begütert, daß die zu ihrem und ihres Vaters Seelenheil über 100 Morgen Land zur Verfügung stellen konnten. Noch erstaunlicher wird dies, wenn nur wenige Jahre nach 1202 der Name sehr häufig auftritt, so „dass dieses Edelherrngeschlecht als das geradezu vorherrschende am Ostabhange des Elms und in der oberen Allerbörde erscheint."[24]

Wenn dies so ist, und wenn das Geschlecht in der Folgezeit zudem auf einen umfangreichen Allodial(Eigen-)besitz, zurückgreifen kann, scheint es plausibel, Bode zu folgen und anzunehmen, daß es hier zur Umbenennung einer uns schon bekannten – in diesem Bereich einflußreichen – edelfreien Familie oder eines Zweiges hiervon gekommen ist. Bode macht m.E. mit hoher Sicherheit deutlich, daß die in der Quelle genannten Herren Konrad und Hermann von Warberg dieselben Herren sind, die in den Quellen kurz vorher noch als Konrad und Hermann von Hagen erscheinen. Der Name des Vaters der beiden ist im übrigen auch in der oben genannten Quelle überliefert: er wird als „dominus ekkehardus" bezeichnet. Nach Bode finden wir ihn schon 1145 als Zeuge bei der Beurkundung eines Gütertausches zwischen dem Kloster Hillersleben und dem Stift Walbeck durch Bischof Rudolf von Halberstadt, und 1160 als er im Güterverzeichnis des Klosters Werden als „Ekkehardus nobilis vir" bezeichnet wird.[25]

In welchem Verhältnis stand nun die oben genannte Edelherrin Olhildis von Hagen zu den beiden Brüdern Konrad und Hermann von Hagen/Warberg? Sicher ist, daß der 1202 noch lebende Konrad weder ihr Sohn, noch ihr Ehemann gewesen sein kann. Weder Ehemann noch irgendwie vorhandene Söhne mußten der Güterübertragung nach Auskunft der Quelle zustimmen. Denkbar ist aber, daß der verstorbene Hermann ihr Ehemann gewesen ist. Der von Bode entworfene Stammbaum läßt diese Möglichkeit offen.[26] In diesem Fall wäre Hermann während der Eroberung der Burg schwer verwundet oder getötet worden. Die Familie der Edelfreien von Warberg hätte sich dann in den Söhnen Konrads fortgesetzt, während Olhildis nur Töchter hatte.

Der erste urkundlich bezeugte Angehörige dieser Edelherrenfamilie „von Hagen" ist mit hoher Wahrscheinlichkeit ein Konrad von Hagen. Dieser war am 17. Juni 1129 unmittelbar vor dem Hoftag zu Goslar als Zeuge bei einem unter Königsbann vollzogenen Gütertausch des dortigen Augustinerchorherrenstiftes Riechenberg anwesend, der in Gegenwart König Lothars III. zustande kam. Da aus der Quelle nicht eindeutig zu erschließen ist, ob der genannte Konrad tatsächlich ein Edelfreier ist, formuliert Petke vorsichtig:

„War … [der genannte Konrad] ein Edelfreier, dann wäre seine Zuordnung zu derjenigen sächsischen Familie möglich, welche sich nach einem noch nicht lokalisierten Hagen nennen ließ, von der jedoch sicher ist, daß sie bei Helmstedt am Elm begütert war und daß ihr Gunzelin von Hagen, der erste Graf von Schwerin entstammte. Obwohl andere Belege für dies Geschlecht erst 1154 einsetzen, dürfte ihm der 1129 erwähnte Konrad von Hagen bereits angehören, zumal die anderen Zeugen ….[in diesem Dokument] ebenfalls aus Sachsen stammen. Offenbar wird er noch einmal 1162 in einer Urkunde Pfalzgraf Adalberts von Sommerschenburg erwähnt. Daß er personengleich ist mit jenem Edelfreien Konrad, der am 5. Februar 1131 in Goslar und am 12. April 1134 in Allstedt unter sächsisch-thüringischen Standesgenossen an Lothars Hof genannt wird, ist wahrscheinlich.[27]

Aus der 1162 erstellten Urkunde des Pfalzgrafen Adalberts erfahren wir, daß Konrad eine Schwester namens Othilhilde besaß, die als „conversa" dem Kloster Hamersleben angehörte. Diesem Kloster hatte Konrad – vermutlich zwischen 1146 und 1149 – drei Hofstellen mit ihrem Land in Warsleben für seine Schwester übertragen.[28]

In welcher Beziehung der Vater der Gebrüder von Warberg/Hagen zu diesem Konrad stand ist unsicher. Möglich ist, daß der 1145 und 1160 in den Quellen auftretende Ekkehard einer seiner Söhne war, wie auch Smalian meint.[29] In den Quellen wird er zudem zu unserem Bedauern immer nur ohne Beifügung eines Zunamens als „dominus" oder „nobilis" erwähnt. So können wir von hier aus den Beweis nicht führen, die von Hagen hätten sich in „von Warberg" umbenannt. Erst die Chronik von Marienthal spricht, wie schon erwähnt, für 1179 von einem Edelherren Eckehard, dem sie aus der Rückschau den Zunamen „von Warberg" anhängt.

Gunzelin von Hagen, Graf von Schwerin, und Ekkehard von Hagen

Zu den herausragenden Angehörigen der Familie von Hagen gehört, folgt man Bode, Gunzelin von Hagen, der spätere Graf von Schwerin. Zu seinen Lebzeiten scheint sich auch eine Aufteilung des Allodial(Eigen-)besitzes der Familie vollzogen zu haben. In zahlreichen urkundlichen Zeugnissen wird er 1150 in Halberstadt erstmalig als „Gunzelin von Hagen", 1164 zu Verden als „Guncelinus de Zverin" und 1167 als „Gunzelin Comes de Zverin" erwähnt. Schon in relativ jungen Jahren wird er von Heinrich dem Löwen als Statthalter im gesamten unterworfenen Obotritenland eingesetzt. 1172 beteiligt er sich an der Fahrt Heinrichs ins Heilige Land. Nachdem es 1176 zum Zerwürfnis Herzog Heinrichs des Löwen mit Kaiser Friedrich Barbarossa gekommen war, und es anschließend zu Kämpfen zwischen den Anhängern beider Herren kommt, sehen wir Gunzelin von Schwerin als treuen Gefolgsmann des Herzogs. 1180 beginnt Friedrich Barbarossa einen Reichskrieg gegen Heinrich, der das Ziel hat, die Aberkennung seines Herzogtumes durchzusetzen. Schon 1179 hatte er die Acht über Heinrich den Löwen erklärt. 1181 muß sich dieser unterwerfen. Vier Jahre später stirbt Gunzelin von Hagen. Er wird im Dom von Schwerin bestattet.

Im Verlauf des Jahres 1180 kommt es zu einem massenhaften Abfall der Ministerialen und Vasallen von dem gestürzten Herzog. Grafen und edelfreie Herren waren von dieser Bewegung ebenso erfaßt wie auch zahlreiche Angehörige der Dienstmannschaft Heinrichs. Als dieser sich gegen Ende des Jahres in den Norden seines Herrschaftsbereiches zurückziehen mußte, blieb ihm hier zum Schluß seines Kampfes „... von den drei Grafen im Kolonisationsgebiet östlich der Elbe nur Gunzelin fortan ein unbedingter Gefolgsmann des Welfen."[30]

Ekkehard von Hagen, der ein Zeitgenosse Gunzelins war, und sein Vetter, vielleicht sogar sein Bruder gewesen sein könnte, kämpfte mit ihm an der Seite Heinrichs des Löwen – wenn man der Marienthaler Chronik Glauben schenkt. In dieser Zeit stand offenbar die mächtige alte Hagenburg der Edelherren dem Welfen zur Verfügung. Je schwieriger die Zeit für Herzog Heinrich wurde, um so größere Bedeutung gewann sie für ihn, bestand doch hier auch die Möglichkeit, Eisen zu schmelzen und Waffen zu schmieden. Die Hüttenwerke und Schmelzöfen Goslars befanden sich in den Händen seiner Gegner. Zudem sicherte die Burg die östliche Einfallsschneise nach Braunschweig gegen Bischof Wichmann von Magdeburg, Heinrichs bedeutendstem Gegner in dieser Region.

Die Übertragung der Sommerschenburg und ihres Zubehörs an Dörfern und Hörigen an Ekkehard und seine Familie, der ja auch Gunzelin angehörte, läßt sich als Belohnung für dessen Einsatz, aber auch den Einsatz Gunzelins gegen Heinrichs Widersacher ansehen. Sie band zudem Ekkehard und Gunzelin noch enger an den Löwen. Nicht zuletzt ermöglichte es diese Besetzung Heinrich, einigermaßen sicher sein zu können, daß die Rechte an Sommerschenburg nicht ohne ernstzunehmenden Widerstand aufgegeben wurden.

4. Das Familienstammgut
der von Warberg, von Hagen und von Schwerin

Georg Bode hat in einer Untersuchung des (jeweils nachweisbaren) Allodialbesitzes der Edelherren von Warberg, von Hagen und der Grafen von Schwerin bislang unwiderlegt nachgewiesen, daß deren Angehörige tatsächlich einer gemeinsamen Familie angehören. Den diesen Familienzweigen gehörenden umfangreichen Besitz lokalisiert er am Elm und an der oberen Aller.

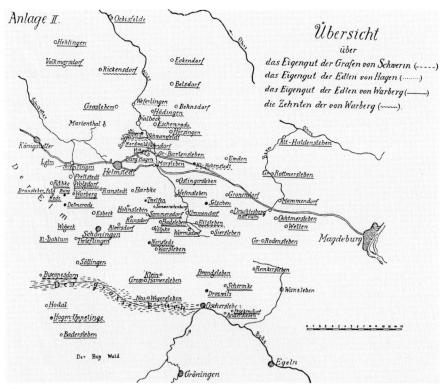

Übersicht über das Eigengut der Grafen von Schwerin, der Edlen von Hagen und der Edelherren von Warberg (Bode).

Er findet sich in einem Gebiet wieder, das die Größenordnung eines Landkreises besitzt. Bode verdeutlicht, „ dass dieses also begrenzte Landgebiet ein auf der Ostseite etwas verschobenes, nach Westen zu abgeschrägtes Viereck bezeichnet, das westlich einen grossen Teil des Elmlandes mit seiner östlichen Abdachung, insbesondere die Landesteile um Schöningen und Helmstedt, etwas weiter nördlich auch den Dormwald zum grossen Teile, namentlich seine Ostseite umfasst, dass ferner die Allerbörde in ihrer ganzen Ausdehnung, von Ursprung der Aller bis Öbisfelde, mitumfasst wird. Es gehören zu diesem Gebiete mithin die alten Archidiakonatsbezirke Oschersleben, Seehausen, Gehringsdorf, Hamersleben, Selschen, Schöningen und Eschenrode ganz, Alvensleben und Ochsendorf nahezu ganz. Ausserdem gehört zu diesem Bezirke östlich ein kleiner Teil des Sprengels von Magdeburg mit Gr. Rodensleben, Ochtmersleben und Mammendorf, sowie südlich ein kleiner Bezirk von dem alten Halberstädter Archidiakonate Dardesheim mit Badersleben.“[31]

Weiter führt er aus: „Wenn wir nun auf dem so umgrenzten Gebiete die Lage derjenigen Ortschaften in Rücksicht ziehen, an welchen altes Stammgut der Edelherren von Hagen und der Grafen von Schwerin aufgefunden ist, so ergibt sich als beachtenswerte Tatsache zunächst, dass die Stammgüter dieser Familien in demselben Bezirke liegen wie die der Edelherren von Warberg lagen. ...“[32]

Bode weist dann sogar nach, daß diese Familien Eigenbesitz an Grundstücken und Herrschaftsrechten an denselben Orten besaßen „so dass sie als ein den einzelnen Zweigen einer einstigen Gesamtfamilie abgeteilter Erbbesitz für jede der 3 Familien aufzufassen sind.“[33]

Mindestens ebenso bedeutend wie der Nachweis, daß die untersuchten Familien tatsächlich Zweige ein und derselben Gesamtfamilie sind, ist die im Rahmen seiner Untersuchung sichtbar gewordene Größe des Stammbesitzes dieser Familie, wenngleich er nur da faßbar geworden ist, wo Veränderungen beurkundet wurden. In Wirklichkeit wird er ein Mehrfaches der hier genannten Besitzungen in rund 70 Orten umfaßt haben.

Mit der Größe des Besitzes und damit der Macht der Familie korrespondiert die Größe der alten Burganlage. Bode vermutete die alte Familienburg, die „Hagenburg“ im Brunnental bei Helmstedt. Er befand sich damit im Gegensatz zu den älteren Überlieferungen, die als Stammburg der Edelherren von Warberg die alte Burg Warberg ansahen. Seine Ausführungen in diesem Punkt beeindrucken noch Roloff und Smalian. Seit den Grabungen Hans Adolf Schultzes sowohl an der von Bode im Brunnental bei Helmstedt vermuteten Stelle als auch auf dem Gelände der alten Warburg können wir sicher sein: eine Burg „Hagen“ im Brunnental hat es nie gegeben. Die alte Burg Warberg war die 1200 zerstörte „Hagenburg“.

5. Das Sonnenlehen

In den ersten erhaltengebliebenen Quellen, die auf die Edelherren von Warberg Bezug nehmen, werden sie als „domini", als Herren, bezeichnet. Später folgt das Attribut „nobiles", Edle Herren. Familien, die zu dieser Gruppe gehörten, bestanden aus Angehörigen einer Schicht des untitulierten freien Uradels, adligen Herren, die nicht mit Rechten versehen waren, wie sie etwa die Grafen im Auftrage des Königs ausübten. Wenn sie auch nicht Herzöge oder Grafen waren, so erhoben sie sich doch weit über den aus unfreier Geburt abstammenden Dienstadel, über die Ministerialen.

Ihre gesellschaftliche Position war durch den Besitz von mehr oder weniger ausgedehntem Eigentum an Land und Leuten sogenanntem Allodialbesitz fundiert, der von keinem anderen Herren abgeleitet war. Er mußte wie im Fall der Edlen von Warberg kein geschlossenes Territorium markieren, sondern setzte sich häufig auch aus Streubesitz zusammen. Im Fall der Edelherren von Warberg läßt sich dieser Allodialbesitz gehäuft in einem Bereich nachweisen, der – wie gesehen – dem eines Landkreises entspricht. Schenkungen und Verkäufe verringerten allerdings den Allodialbesitz stetig. Umgekehrt stand diesem Verlust aber der Erwerb von Lehen und Pfandlehen gegenüber.

Solche Allodialbesitzungen, zu denen auch die auf ihnen errichteten Burgen der Edelherren zählten, wurden mit dem Begriff „Sonnenlehen" versehen. Dieser Ausdruck sollte verdeutlichen, daß die Edelherren diesen Besitz von niemandem außer der Sonne zu Lehen hatten. Erst im Falle des Aussterbens der Familie fiel der Besitz an das Reich. Der König oder Kaiser verfügte dann über die weitere Verwendung der Besitzungen.

Die Unabhängigkeit der Edelherren von einem Lehensverband bedeutete aber nicht, daß einzelne Bewohner auf diesem Besitz nicht der Gerichtsbarkeit anderer Herren als der des Allodialherren unterliegen konnten. Nur für diejenigen Bewohner, die auf dem Allodialbesitz als Leibhörige arbeiteten, kann das in der Regel ausgeschlossen werden.

Auch für die Burg Warberg und ihre Zubehörungen, zu denen im 17. Jahrhundert die Dörfer Warberg, Wolstorf, Räbke und die wüstliegenden Siedlungen Groß und Klein Kißleben sowie Rode gerechnet wurden,[34] läßt sich zu diesem Zeitpunkt die Verwendung des Begriffes „Sonnenlehen" nachweisen.

Zum Warberger Sonnenlehen existiert eine Sage, die Ballenstedt 150 Jahre nach dem Aussterben der Edelherren überliefert hat: „Danach soll der Senior des Geschlechts gleich bei Antritt seiner Regierung frühmorgens vor und gegen Sonnenaufgang zu, sobald sie zum Vorschein gekommen, mit entblößtem Degen dreimal kreuzweis gegen dieselbe und durch die Luft gestrichen haben, und damit hätte die Lehnsempfängnis ihre Richtigkeit gehabt. Darauf wären den Armen reichliche Spenden ausgeteilt!"[35]

Ausführlicher und stellenweise verändert ist die Version, wie wir sie von Eggebrecht und Kleinpaul kennen: „Zur Zeit der Sommersonnenwende sattelten die Edlen von Warberg vor Tau und Tag ihr bestes Pferd und ritten hoch gerüstet zur Burg ihrer Väter hinauf. Auf freier Waldblöße wendeten sie nach Ost, um mit erhobener blanker Waffe die Sonne im Aufgehen zu begrüßen. Sodann fochten sie mit dem Schwert dreimal durch die Luft, dabei einen Kreis um sich beschreibend, zum Zeichen dafür, daß sie auf eigenem Grund und Boden als unabhängige und freie Herren saßen, die keinem Menschen auf der Welt untertänig zu sein brauchten und sich deshalb von der Sonne bescheinen und belehnen ließen."[36]

Handelt es sich bei der ersten, der älteren Überlieferung um die Beschreibung des Rituals, mit dem das jeweils neue Familienoberhaupt den Allodialbesitz in seine Hände übernahm, so steht in der zweiten Erzählung eine anscheinend alljährlich zur Sommersonnenwende vorgenommene rituelle Handlung, die einen Zusammenhang der alten Burg mit den Bewohnern der neuen in der Niederung gelegenen Festung herstellte. Nach dieser Tradition begründet sich dieser Zusammenhang zwischen den Bewohnern der alten Burg und den die neue Burg innehabenden Edelherren durch die Vorfahren, die die alte im Wald gelegene Befestigung schon als Allodialbesitz, als „Sonnenlehen" in ihrem Besitz gehabt hatten. Möglich ist, daß beide Rituale nebeneinander ausgeübt worden sind. Mir scheint allerdings, daß die erste Überlieferung diejenige ist, der man mehr vertrauen kann. Sie liegt immerhin einhundert Jahre näher am Geschehen.

Teil II

Die Edelherren von Warberg –
Herren zweier Burgen

1. Die neue Burg Warberg

Die Errichtung der Turmhügelburg

Innerhalb kürzester Zeit werden die Herren von Warberg die neue Burg aus dem Boden gestampft haben. – Wenn wir davon ausgehen müssen, daß ihre alte Burg, die möglicherweise nach der Art ihrer Befestigung „Hagen" oder „Hagenburg" genannt wurde, Anfang des Jahres 1200 zerstört worden war. Wenn wir weiter berücksichtigen, daß der Name „von Warberg" zum erstenmal 1202 auftaucht, wenn also jetzt die Benennung nach einer zu diesem Zeitpunkt bereits existierenden neuen Burg erfolgt, dann muß diese zwangsläufig in der kurzen Zeit von weniger als zwei Jahren entstanden sein.

Um die neue Burg „Warberg", die in ihrem Kern eine Turmhügelburg ist, zu errichten, war es zunächst erforderlich, einen Graben in einem solchen Umfang auszuheben, daß eine hinreichend hohe künstliche Erhebung für den Aufbau des Turms vorhanden war. Die Untersuchung des Turmfundaments der Oberburg hat in der Tat die Lage auf einer durch Anhäufung entstandenen Lößschicht ergeben.[1] Für diese möglicherweise noch im Jahr 1200 durchgeführten Arbeiten war der Einsatz einer großen Zahl von Arbeitskräften erforderlich. Üblicherweise wurde hierfür auf abhängige Bauern zurückgegriffen. Die müssen in diesem Fall in großer Zahl zur Verfügung gestanden haben, was noch einmal die Bedeutung und den Einfluß der Herren von Warberg/Hagen unterstreicht.

Zu diesem Zeitpunkt verfügten die Edelherren von Warberg über persönlich unfreie Dienstmannen sog. „Ministerialen" in der unmittelbaren Umgebung der „Burgbaustelle". Namentlich bekannt sind fünf von ihnen, da sie 1202 als Urkundzeugen der Edelherren von Warberg auftreten. Es sind die Herren: Stephan von Helmstedt, Conrad Vogel von Esbeck, Jordan von Wolstorf, Arnold von Kißleben und schließlich Dietrich von Rode.[2]

Diesen war ursprünglich die Aufsicht über das Ableisten der Dienste und das Einkommen der Naturalabgaben in den Orten, nach denen sie sich nannten, übertragen worden. Auch die Rechtsprechung über die jeweils vorhandenen Leibhörigen konnte ihnen zugewiesen worden sein. Schließlich mußten sie mit und für ihre Herren an Feldzügen teilnehmen.

Die Macht dieser Ministerialen erstreckte sich vornehmlich auf die jeweils am Ort vorhandenen leibhörigen Bauern. Vermutlich waren diese in unserem Fall, wie dies seinerzeit üblich war, in einem oder mehreren Fronhofsverbänden organisiert. Ein Nachweis hierfür ist aber bislang nicht zu erbringen. Aus dieser Gruppe der Leibhörigen werden die Erbauer des Hügels, auf dem die neue Burg Platz finden sollte, gekommen sein.[3]

Für die Errichtung des Turmes konnte man auf die vorhandenen Steine der soeben zerstörten alten Burg zurückgreifen. Die mußten allerdings von der etwa 1,5 km entfernt liegenden alten Burgstelle erst in die Niederung herabgeschafft werden. Auch dies war noch eine Arbeit, die zwar arbeitsintensiv war, die aber durch bäuerliche Arbeitskräfte bewältigt werden konnte. Die Errichtung des Turms, dessen Seiten ein Geviert von 64 Quadratmetern umschließen und der eine durchschnittliche Mauerdicke von über zwei Metern aufweist[4], war indes nur unter Anleitung von Fachkräften zu bewältigen. Das Setzen der zweischaligen Mauern und der Einsatz eines Drehrades etwa, das die Funktion eines Kranes beim Bau der oberen Geschosse erfüllte, gehörte zu solchen um 1200 außerordentlich anspruchsvollen Aufgaben. Woher die Edelherren diese für die Errichtung des Turmes so kurzfristig erforderlichen qualifizierten Bauleute nahmen, ist heute nicht mehr erklärbar.

Fest steht aber eines: die Errichtung der Turmburg an der neuen Stelle als Wasserburg ist eine auch heute noch staunenswerte bauliche und logistische Leistung. Wieviel mehr wird sie es um die Wende vom 12. zum 13. Jahrhundert gewesen sein! Zumindest macht diese Leistung allein schon deutlich, warum die Bauherren sich nach dieser neuartigen, von Wasser und Sumpfgelände umschlossenen Burg nannten. Hierbei ist es gleichgültig, ob man die Bezeichnung Warberg, wie ältere Historiker dies taten, als „wehrhafte Burg" oder – wie es neuere Arbeiten nahelegen – als „Niederungs-/Wasserburg" übersetzt.[5] Der Stolz auf das trotz oder gerade wegen der Zerstörung des alten Familiensitzes geschaffene Werk, der Stolz darauf, nicht aufgegeben zu haben, wird ein Argument für die Annahme des neuen Namens gewesen sein.

Der Turm und die Oberburg

Der jetzt entstandene wuchtige Turm ist noch heute als Bebauungskern der Oberburg erhalten geblieben. Er besaß eine äußere Seitenlänge von 8 mal 8 Metern. Die Mauerdicke betrug im Erdgeschoß 2,5 Meter, verjüngte sich aber stufenweise bis zum obersten Geschoß auf 1,75 Meter. Der durch diese Mauern umschlossene Innenraum besaß mit einer Größe von durchschnittlich 16 Quadratmetern die Fläche eines recht ansehnlichen Wohnzimmers. Zumindest vier, wahrscheinlich aber fünf oder mehr solcher Ebenen mit einer Raumhöhe von etwa 2,90 m erhoben sich über dem Kellergeschoß.

Der Turm.

Das heutige oberste Geschoß sowie zumindest eine weitere im 19. Jahrhundert abgetragene Ebene können in ihrem Kern Bestandteil des ersten Baus gewesen sein.[6]

Der Zugang zu dem von Wasser umschlossenen Verteidigungs- und Wohnbau befand sich aus Sicherheitsgründen nicht zu ebener Erde, sondern im ersten Turmobergeschoß. Hier vermutet ihn die 1994 von Bauhistorikern erstellte Baubeschreibung an der Stelle, an der sich der heutige Turmzugang befindet. Erreichbar war der Eingang „über einen außenseitig angelehnten hölzernen Treppenlauf". Die einzelnen Ebenen waren im Inneren des Gebäudes mit Treppen verbunden und durch hölzerne Decken voneinander getrennt. Der ebenerdige Zugang zum Keller, der als Gefängnis diente, und das diesen nach oben abschließende Gewölbe sind erst später entstanden.[7]

Als Hinweise auf die militärische Funktion des Gebäudes haben sich Überreste von Schießscharten bis heute erhalten. An der Südwand des ersten Obergeschosses findet sich außen eine Öffnung, die eine Höhe von 70 und eine Breite von 20 cm besitzt. Die innere Nische weist eine Breite von 80 cm bei einer Höhe von 1,40 m auf. Die Hälfte der Höhe diente als Brüstung. Auch im zweiten Obergeschoß finden wir direkt über der eben beschriebenen Maueröffnung in der hier vorhandenen Fensternische im Boden Konturen einer weiteren Schießscharte mit einer inneren Breite von 1,09 m. Im Geschoß darüber weisen zwei Baufugen innerhalb des Turmes ebenfalls auf eine solche ursprünglich vorhandene Öffnung hin.[8]

Auch auf der Westseite befanden sich vermutlich solche Schießscharten: „Auffällig ist, daß die ... [vermutlich erst Ende des 15. Jahrhunderts] eingebauten Fensteröffnungen in der Turmwestwand in allen drei Geschossen den Schießscharten in der Südwand entsprechend exakt übereinander und konsequent wandmittig angeordnet sind; d.h. die für diese Turmseite wohl ebenfalls

Überreste einer Schießscharte an der Südseite des Turmes.

vorhanden gewesenen Schießschartenöffnungen konnten von den größeren Fensteröffnungen überformt worden sein," stellen die Bauhistoriker fest[9].

Haben wir so im Osten den Turmzugang, der ja im geschützten Innenbereich der Burg gelegen haben muß, so befürchteten die Erbauer einen Angriff des Gegners von Süden und Westen her. Hier steigt das außerhalb des Burggrabens gelegene Gelände an. Hier befinden sich die Schießschartenöffnungen, die von Bogen- und Armbrustschützen zur Verteidigung genutzt werden konnten.

Mit der Errichtung des Kellers im Südteil des heutigen Gebäudes, über dessen ursprünglich vorhandener Balkendecke sich ein vom Turm getrenntes separates Gebäude erhob, verloren die Schießscharten an der Südseite – sie deckten vermutlich den ursprünglichen Zugang zur Oberburg – ihre Berechtigung[10]. Die Verteidigung muß zu diesem Zeitpunkt weiter an den Rand der Befestigung gerückt sein. Vielleicht war das neu errichtete Bauwerk über dem südlichen Keller Teil dieser Verteidigungslinie. Eine Verteidigung an der Grabenseite erfolgte nach wie vor durch die vermutlich an einen Gebrauch durch die modernen Armbrüste angepaßten Maueröffnungen.

Auf der Ostseite zum Innenhof können sich ursprünglich auch größere Fensteröffnungen im oberen Turmbereich befunden haben. Nachweisbar sind sie nicht mehr.

Erstaunlich ist das Fehlen von Öffnungen an der Turmnordseite auf den Ebenen, auf denen wir im Westen und Süden die Schießscharten finden. Dies kann sowohl bedeuten, daß hier gleichzeitig mit dem Turm Bauwerke entstanden, die ein freies Schußfeld verhinderten und selbst mit Verteidigungsanlagen ausgerüstet waren, oder daß die Angriffsmöglichkeit auf dieser Seite als so gering angesehen wurde, etwa wegen des vorhandenen Grabens und einer weitreichenden Versumpfung des Vorfeldes, daß man darauf meinte verzichten zu können. Auch der später entstandene Mauerring weist hier eine Lücke auf.

Die Unterburg

Dieser halbkreisförmige Mauerring beginnt an der Südwestseite der Burg, da wo die der Festung gegenüberliegende Seite des Burggrabens verhältnismäßig hoch liegt. Sie zieht sich im Süden in nahezu gerader Linie bis zum Geländeabfall an der Südostecke der heutigen Burg hin.

Wann genau diese Mauer entstanden ist, die nicht nur für die Oberburg, sondern auch für die Vorburg, die heutige Unterburg einen verstärkten Schutz bot, ist ungeklärt. Bislang nicht untersucht ist auch, welcher Schutz im Osten und Norden der Vorburg vorhanden war. Möglicherweise gab es hier oberhalb des Geländeabfalls, der im Bereich der Burg vermutlich künstlich verstärkt worden ist, einen Palisadenzaun. Wann in diesem Bereich das erste steinerne Bauwerk errichtet wurde, wissen wir genausowenig, wie wir sagen können, ob auch hier zunächst nur eine Mauer errichtet wurde.

Ungeklärt ist auch die Lage der Kapelle, die es sicher von Anbeginn an gegeben hat, die aber erst zu Beginn des 14. Jahrhunderts aktenkundig wird. Zu diesem Zeitpunkt scheint sie in der Unterburg gelegen zu haben. Wir werden auf sie noch später einzugehen haben.[11]

Die Burg wird eine beständige Verstärkung und Erweiterung der Befestigungen noch im 13. und später im 14. Jahrhundert erfahren haben, die vermutlich in diesem Zeitraum auch zu einer Erhöhung und Vergrößerung des Hügels um den Turm geführt hat. Pini vermutet darüberhinaus, daß die Burg von einer Reihe von Warten umgeben war, die die Funktion der militärischen Sicherung des Burgvorfeldes hatten, deren Türmer gleichzeitig aber auch die Burgbewohner bei möglichen direkten Angriffen frühzeitig warnen konnten.[12]

1356 kommt es zu einer Zerstörung dieser neuen Niederungsburg, von der der Turm in seinen Umfassungsmauern weitgehend verschont bleibt, aber davon später.

2. Herren zweier Burgen

2.1 Konrad III. –
Kreuzritter und Pfandinhaber der Sommerschenburg

War der wohl Anfang des Jahres 1202 verstorbene Konrad II. von Warberg/Hagen einerseits Zeuge des Endes der alten Burganlage, so haben wir in ihm andererseits auch den Initiator für den Bau der neuen Turmhügelburg Warberg zu sehen.

Der ihm nachfolgende Konrad III. von Warberg, der nach Freytag von Loringhoven zwischen 1202 und 1220 nachweisbar ist, scheint sein oder der Sohn seines Bruders Hermann gewesen zu sein.[13] Gewiß war auch er maßgeblich am Vorantreiben der Bauarbeiten beteiligt. Zumindest wird er als erster die Ausweitung der Befestigungsanlage über den unmittelbaren Bereich des Turmes hinaus in Angriff genommen haben.

Über diesen Konrad wissen wir nur sehr wenig: Zweimal ist er als Zeuge des Abtes Heribert von Werden-Helmstedt überliefert. 1209 ist er anwesend, als der Abt einen Streit zwischen dem Konvent des Helmstedter St. Ludgeri Kloster und dessen Ministerialen wegen eines Waldes in der Nähe von Helmstedt schlichtet. Um 1220 finden wir ihn erneut als Zeuge, als Heribert von Werden über Propsteigüter des Klosters verfügt.[14]

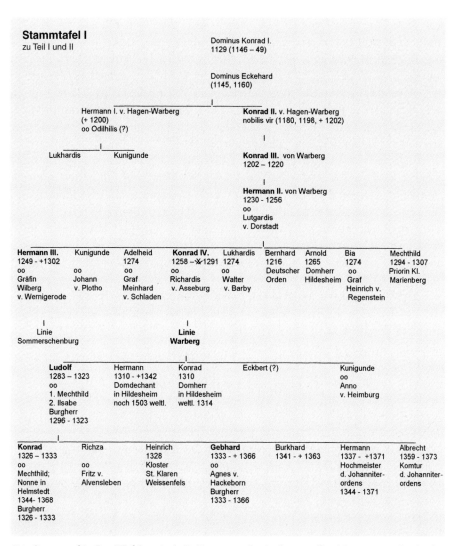

Stammtafel I
zu Teil I und II

Dominus Konrad I.
1129 (1146 – 49)

Dominus Eckehard
(1145, 1160)

Hermann I. v. Hagen-Warberg
(+ 1200)
oo Odilhilis (?)

Konrad II. v. Hagen-Warberg
nobilis vir (1180, 1198, + 1202)

Lukhardis   Kunigunde

Konrad III. von Warberg
1202 – 1220

Hermann II. von Warberg
1230 - 1256
oo
Lutgardis
v. Dorstadt

| Hermann III. 1249 - +1302 oo Gräfin Wilberg v. Wernigerode | Kunigunde oo Johann v. Plotho | Adelheid 1274 oo Graf Meinhard v. Schladen | Konrad IV. 1258 – ✶1291 oo Richardis v. Asseburg | Lukhardis 1274 oo Walter v. Barby | Bernhard 1216 Deutscher Orden | Arnold 1265 Domherr Hildesheim | Bia 1274 oo Graf Heinrich v. Regenstein | Mechthild 1294 - 1307 Priorin Kl. Marienberg |

Linie
Sommerschenburg

**Linie
Warberg**

| Ludolf 1283 – 1323 oo 1. Mechthild 2. Ilsabe Burgherr 1296 - 1323 | Hermann 1310 - +1342 Domdechant in Hildesheim noch 1503 weltl. | Konrad 1310 Domherr in Hildesheim weltl. 1314 | Eckbert (?) | Kunigunde oo Anno v. Heimburg |

| Konrad 1326 – 1333 oo Mechthild; Nonne in Helmstedt 1344- 1368 Burgherr 1326 - 1333 | Richza oo Fritz v. Alvensleben | Heinrich 1328 Kloster St. Klaren Weissenfels | Gebhard 1333 - + 1366 oo Agnes v. Hackeborn Burgherr 1333 - 1366 | Burkhard 1341 - + 1363 | Hermann 1337 - +1371 Hochmeister d. Johanniter- ordens 1344 - 1371 | Albrecht 1359 - 1373 Komtur d. Johanniter- ordens |

Die Stammtafeln I – III folgen i. d. R. Freytag v. Loringhoven. Abweichungen werden in der Darstellung begründet.

In beiden Fällen geht es darum, zu verhindern, daß die Ministerialen des Klosters sich Rechte aneignen, die den Klosterbrüdern zukommen. Im ersten Fall wird diesen das fragliche Waldstück als Lehen übertragen. Es gelingt den Ministerialen des Klosters in dieser Auseinandersetzung, die Rolle unfreier Dienstmannen zu verlassen und wie freie Lehensleute behandelt zu werden.

Möglicherweise ist unser Konrad auch identisch mit jenem Konrad von „Wardenburg", der 1211 an einem Kreuzzug des Deutschen Ordens in Livland teilnimmt: Hucker berichtet über das in diesem Jahr gegen Livland aufgebrochene Kreuzfahrerheer: „ An seiner Spitze standen die … Bischöfe von Paderborn und Verden sowie der von Ratzeburg ‚mit ihren Rittern‘, sodann die Edelherren Helmold III. von Plesse und Konrad von Wardenburg.“[15] 1211 oder 12 unterzeichnet dieser „Conradus de Wardenberge“ eine Urkunde über die Teilung Livlands. In den Überlieferungen wird er auch von „wardberge“ oder „vardenberge“ genannt.[16] Hucker weist darauf hin, daß Conrad zur Gruppe der welfischen Parteigänger gehört, die sich erst seit 1209 verstärkt an Kreuzzügen beteiligen. Auch dies ist ein Indiz dafür, daß wir einen Angehörigen unserer Edelherrenfamilie vor uns haben.[17]

Auch bei einer 1202 also etwa gleichzeitig aufgerichteten Erbteilung der Welfen ist von einem „wadenburg“ die Rede. Es handelt sich hierbei um einen der Grenzpunkte, die für die Aufteilung der jeweiligen Interessensgebiete der drei beteiligten Brüder zu Hilfe genommen werden. Mit dieser Materie befaßte Historiker lokalisierten dies „Wadenburg“ in dem Gebiet, in dem sich die Burg „Warberg“ befindet.[18]

Ein 1216 genannter Deutschordensritter Bernhard von Warberg gilt als Konrads Bruder. Er ist zugegen, als der Orden zwei Hufen zu Lucklum erwirbt.[19] Es liegt auf der Hand, daß Konrad und Bernhard, wenn sie tatsächlich zu den Teilnehmern des Livlandkreuzuges gehört haben, mit ihrem Anteil an der Kriegsbeute zur Vergrößerung des Familienreichtums beigetragen haben.

Ein ebenfalls 1216 als Zeuge einer Schenkung an das Braunschweiger Ägidienkloster erwähnter Theodericus von Warberg[20] könnte zwar auch zu den Brüdern Konrads gehört haben. Wahrscheinlicher ist aber, daß er einer der Burgmannen unserer Edelherren war, da er in der Urkunde unter den ministerialischen Zeugen aufgeführt ist. In diesem Fall könnte er mit dem 1202 nachweisbaren Dietrich von Rohde identisch sein, der demnach auf der Burg Warberg residiert hat.

Wir sind oben schon darauf eingegangen, daß die von Heinrich dem Löwen an Ekkehard von Warberg übertragene Sommerschenburg zwar zunächst in die Hände des Magdeburger Erzbischofs Ludolf gelangte, nach der Paderborner Erbteilung 1202 aber Otto IV. zugesprochen worden war. Der hatte 1208 auf seine Rechte an der Burg zugunsten des Magdeburger Erzbischof Albrecht II. verzichtet.[21] Nach der Überlieferung in der Chronik des Klosters Marienthal hatte schon Erzbischof Ludolf von Magdeburg den Edelherren von Warberg die Sommerschenburg für die nicht geringe Pfandsumme von 1000 Mark wieder überlassen.[22] Da Ludolf aber schon 1205 verstarb, wird die Burg erst von seinem Nachfolger Bischof Albrecht II. (1205 – 1232) nach 1208 als Pfandbesitz an Konrad übergeben worden sein.

Das Verhältnis zwischen Otto IV., der inzwischen Kaiser war, und dem Magdeburger Bischof hatte sich schon 1211 wieder dramatisch verschlechtert. Über mehrere Jahre hinweg kommt es erneut zu erbitterten militärischen Auseinandersetzungen. Wieweit Konrad von Warberg an diesen Kämpfen zwischen den alten Kampfgefährten auf der Seite der Welfen und den Kriegern seines neuen Pfandherren teilnimmt, entzieht sich unserer Kenntnis. Tatsache ist, daß schon zu Beginn der Auseinandersetzungen die Sommerschenburg erneut in die Hände der Welfen fällt. Maßgeblich ist dafür die Übergabe der Festung durch Erich von Wanzleben, der möglicherweise schon von Konrad von Warberg als Burgmann eingesetzt worden war. Erst im Frieden von 1219 gibt Ottos Bruder, Pfalzgraf Heinrich die Ansprüche der Welfen an der Sommerschenburg auf.[23] Nachdem Bischof Albrecht II. von Magdeburg die Burg an Konrad von Warberg übergeben hatte, sollte die Festung fast 300 Jahre im Besitz der Warberger Edelherren bleiben.

2.2 Hermann II. (1230 – 1256) – Herr über zwei Burgen
Die Edelherren von Warberg auf dem Höhepunkt ihrer Entwicklung?

Zwischen 1230 und 1256 ist Hermann Edelherr von Warberg als Familienoberhaupt und Inhaber der Burg anzusehen. Wann genau er seinem mutmaßlichen Vater Konrad III. folgt, läßt sich angesichts fehlender Nachrichten über dessen Tod nicht sagen. Lutgardis, die Gemahlin Hermanns, war mit großer Wahrscheinlichkeit Lutgardis von Dorstadt, eine Tochter Bernhards von Dorstadt.[24] 1235 hat sie ihren Wohnsitz auf der Sommerschenburg.[25]

Die Sommerschenburg befand sich zu diesem Zeitpunkt mit Sicherheit im Besitz der Edelherren von Warberg. Zudem war sie in einem Zustand, der ihren Bewohnern einen Aufenthalt ermöglichte, der an Annehmlichkeiten dem auf der Burg Warberg nicht nachstand. Da es sich um den alten Pfalzgrafensitz handelt, ist eher davon auszugehen, daß er als der wesentlich angenehmere und bedeutendere Wohnort angesehen wurde. Vermutlich befand sich hier in der folgenden Zeit sogar der Aufenthaltsschwerpunkt der Edelherrenfamilie.

Smalian wertet aus der Perspektive der nachfolgenden Generationen die Zeit, in der Hermann dem Hause Warberg vorsteht, als Höhepunkt der Entwicklung der Familie: „Wenn wir von den zahlreichen Schenkungen und Verkäufen in …[der folgenden Zeit] lesen, so können wir uns des Eindrucks nicht erwehren, daß das Aufsteigen zu Macht und Glanz vorüber ist. Wir meinen, daß das Familiengut offensichtlich verschleudert wird. Der Höhepunkt scheint um 1250 unter dem Edlen Hermann erreicht gewesen zu sein."[26] Smalian folgt hier den Ausführungen Bodes.[27]

Im Gegensatz zu seinen Vorgängern tritt mit dem Edelherrn Hermann von Warberg ein Familienmitglied auf die Bühne des historischen Geschehens, dessen Handeln in einer verhältnismäßig großen Anzahl von Urkunden belegt ist. In den meisten dieser fast 40 Quellen wird er als Zeuge genannt. Die Urkunden zeigen eine große Nähe des Warbergers zu seinen mächtigen Nachbarn, den Herzögen von Braunschweig und dem Erzbischof von Magdeburg. Um als Urkundszeuge genannt zu werden, muß Hermann sich bei der Ausstellung der jeweiligen Schriftstücke jeweils im Gefolge des Ausstellers befunden haben.

Zehn Mal zeugt er für den Erzbischof Willbrand von Magdeburg, der dem 1232 verstorbenen Albrecht II. im Amt folgte. In dessen Zeugenliste wird er fast durchgängig unter den ersten drei der nach ihrer Bedeutung aufgeführten Edelfreien genannt. Fast ebensooft ist er als Zeuge für Herzog Otto von Braunschweig und Lüneburg (1235 -1252) überliefert, wobei Hermann sich für den Herzog zum Bedeutendsten unter den Edelfreien entwickelt.

Vom vierten Platz unter den aufgeführten freien Herren rückt er bald auf den ersten vor. In dieser Position finden wir ihn auch fast durchgängig bei dessen Sohn, dem Herzog Albrecht von Braunschweig.

Die Tatsache, daß Hermann sowohl bei den Braunschweiger Herzögen, mit denen die Familie der Edelherren traditionell gute Verbindungen pflegte, als auch bei den Magdeburger Erzbischöfen hohes Ansehen genoß, zeugt davon, daß ihm der Spagat zwischen beiden oft in Widerstreit stehenden Lagern gelang. Dieser Spagat wurde ihm nicht zuletzt durch den Pfandbesitz der erzbischöflichen Festung Sommerschenburg aufgezwungen. Es ist zu unterstellen, daß Hermann hierbei ein nicht geringes Maß an Verhandlungsgeschick an den Tag legte. Die Quellen zeigen, daß er es auch sonst nicht missen ließ.

Als die Grafen von Everstein 1235 im Beisein der Markgrafen Johann I. und Otto III. von Brandenburg mit Herzog Otto von Braunschweig ein ewigwährendes Freundschaftsbündnis eingehen, ist der noch junge Edelherr Hermann bei den Verhandlungen zugegen und wird nach dem Grafen von Regenstein und seinem Schwiegervater Bernhard von Dorstadt an dritter Stelle der Zeugenliste genannt.[28]

1238 erscheint Hermann als Beisitzer im Grafengericht Bischof Ludolfs zu Halberstadt.[29] 1247 weilt er mit Herzog Otto von Braunschweig in Lüneburg, als dieser der Stadt das Stadtrecht bestätigt.[30] Bei dieser Gelegenheit ist er auch zugegen, als Mechthild, die Gemahlin des Herzogs, alle ihre in dieser Stadt lebenden Leibeigenen frei läßt und diese Freiheit auch für deren Nachkommen erklärt.[31]

1249 finden wir unseren Edelherrn Hermann von Warberg in Liegnitz unter den Begleitern des Magdeburger Erzbischofs, als der mit dem Herzog von Schlesien und Polen die gemeinsame Grenze in einem Dokument festhalten läßt[32] Zwei Jahre später übergibt das Magdeburger Domkapitel 40 Mark Silber an Hermann, um das vorher entweder auf Wiederkauf oder als

Pfand an die Warberger gelangte, im Osten von Magdeburg gelegene, Schloß Loburg einzulösen.[33]

Im gleichen Jahr wird er vom Abt des Godehardiklosters zu Hildesheim wegen gemeinsam mit anderen Rittern begangener Übergriffe gegen das Ägidienkloster in Braunschweig angeklagt.[34]

Als Herzog Albrecht von Braunschweig 1256 ein gegen den Hildesheimer Bischof gerichtetes Bündnis mit Rat und Bürgern der Stadt Hildesheim und denen der Städte Braunschweig, Goslar und Hannover eingeht, ist Hermann ebenfalls als Zeuge anwesend.[35]

Familienbande

Eine Ursache für den von Smalian als nachfolgenden Niedergang der Edelherrenfamilie interpretierten Veräußerungen/Schenkungen von Eigenbesitz ist auch in dem Kinderreichtum Hermanns zu suchen. Aus seiner Ehe mit Lutgardis, der Tochter des Bernhard von Dorstad[36] sind nicht weniger als neun Kinder hervorgegangen, die entweder am Familienerbe beteiligt oder abgefunden werden mußten.

Eine zeitgemäße Familienpolitik ließ es zwar nur zu, daß von den vier Söhnen Hermann, Konrad, Bernhard und Arnold die ersten beiden diesen Besitz übernahmen. Bernhard wurde Deutschordensritter, Arnold Domherr in Hildesheim. Aber auch diese beiden Kirchendiener hatten, selbst wenn ihnen eine Heirat untersagt war, aus dem Familienerbe Abfindungen zu erhalten. Vier der fünf Töchter konnten standesgemäß verheiratet werden, zwei von ihnen, Adelheid und Bia(=Beatrix) heirateten mit Meinhard Graf von Schladen und Heinrich Graf von Regenstein in Grafenfamilien hinein. Lukhardis war mit dem Edelherrn Walter von Barby liiert. Kunigunde war, folgt man Freytag von Loringhoven, mit Johann von Plotho vermählt. (Dies ist allerdings umstritten. So wird Kunigunde bei Bode[37] nicht genannt und Johann von Plotho als erster Gatte von Bia angesehen.) Bei allen vieren wird die Mitgift nicht unerheblich gewesen sein. Auch bei Mechthild, die schließlich Priorin des Klosters Marienberg wurde, ist davon auszugehen, daß die Familie diese Tochter mit einer angemessenen materiellen Mitgift in das Klosterleben einführte.

2.3. Hermann III. (1249 – 1302) und Konrad IV. (1258 – 1291) Zwei Brüder – zwei Burgen: Anfänge der Aufteilung zweier Linien des Hauses Warberg

1256 ist Hermann II. Edler von Warberg zum letzten Mal nachweisbar.[38] Nach seinem Tode verwalten seine Söhne Hermann III. und Konrad IV. den

Familienbesitz offenbar gemeinsam. Bei Geschäften, die den Besitz der Edelherren betreffen, urkunden entweder beide gemeinsam, oder es befindet sich in der Urkunde der ausdrückliche Hinweis auf die Zustimmung des jeweils fehlenden Bruders.

Diesem gemeinsamen Handeln steht eine sich anscheinend allmählich herausbildende Aufteilung der jeweiligen Lebensmittelpunkte gegenüber. Während Hermann die Sommerschenburg zum Zentrum seines Handelns macht – nur selten ist er auf Burg Warberg nachzuweisen – scheint Konrad spätestens in den

Abdruck des Siegelstempels Hermanns von Warberg 1274.

1280er Jahren seinen ständigen Aufenthalt auf den alten Familienstammsitz verlegt zu haben.

1259, nur kurze Zeit nach dem Tode des Vaters, überträgt er dem Pfarrer zu Sommersdorf einige Hufen Landes und Höfe unter der Bedingung, die Messe zu lesen.[39] In dieser Urkunde wird er noch als Cord (= Konrad) von Warberg wohnhaft zur Sommerschenburg bezeichnet. Nach einer langen Zwischenzeit von mehr als zwanzig Jahren, in der die Quellen eine Zuordnung entweder zum Pfandbesitz Sommerschenburg oder zum alten Familiensitz Warberg nicht möglich machen, besitzen wir seit Beginn der 80er Jahre Gewißheit über den Wechsel des Wohnsitzes.

Auf der Burg („castrum") Warberg urkundet er nicht nur 1282[40], sondern auch in den Jahren 1284, 1285, 1289 und 1290.[41] Im Jahr 1290 entstanden bei ein und derselben Transaktion, einem Tauschgeschäft mit Berthold von Wackersleben, am gleichen Tage, dem 27. Juni, zwei Urkunden mit demselben Inhalt. Eine von ihnen ist von Konrad auf Burg Warberg („in castro werberge"), die andere von Hermann auf Sommerschenburg ausgestellt worden. Deutlicher kann uns die Trennung der Aufenthalts- und Zuständigkeitsbereiche nicht vor Augen geführt werden. Mit der Trennung wird es auch zu einer Entfremdung zwischen beiden Brüdern gekommen sein. Es ist nur natürlich, daß auch deren Familien getrennte Wohnsitze einnahmen. Eine Aufteilung in zwei Familienzweige zeichnet sich schon jetzt ab. Ein Jahrzehnt später sollte sie auch rechtlichen Charakter bekommen.

Von Hermann III. Edelherr von Warberg hat sich ein nur wenig beschädigter Siegelabdruck erhalten. Er zeigt 1274[42] das bis ins beginnende 16. Jahrhundert geführte Familienwappen: zwei aufwärts gerichtete Blätter, die aus einem mit drei Wurzeln versehenen abgebrochenen Stamm herauswachsen. Der Stamm ist mal als zu einer Haselwurzpflanze, mal zu einer Linde gehörig identifiziert worden. Warum die Edelherren gerade ein Giftkraut, wenngleich es am Burghügel vorkommt, zu ihrem Symbol wählen sollten, scheint unverständlich. Die Blätter entsprechen in der Tat eher denen einer Linde. Berg beschreibt das Wappenbild als „einen beschnittenen Lindenstock mit drei Wurzeln und zwei Blättern"[43]

Interpretiert man die Abbildung als ein „sprechendes Wappen", so läßt sich in dem abgebrochenen Stamm die Zerstörung der alten Familienburg wiedererkennen. Die Blätter stehen dann für die beiden neuen im Familienbesitz befindlichen Burgen: die Sommerschenburg und die neue Burg Warberg und möglicherweise für die zwei an diese beiden Burgen gebundenen Familienzweige, deren Trennung sich gerade herausbildete.

Für die Verteidigung der beiden Burgen konnten die Edelherren jeweils auf eine Reihe von Burgmannen zurückgreifen. Darunter hat man Ritter und Knappen zu verstehen, die diese militärische Aufgabe zunächst als Ministeriale, später dann als Gegenleistung für die Vergabe von Lehen übernahmen. Häufig wohnten sie mit ihren Familien auf der Burg. Zumindest mußte hier aber eine angemessene Unterkunft vorhanden sein. Einige dieser Burgmannen werden im letzten Viertel des 13. Jahrhunderts für uns zum ersten Mal auch namentlich greifbar:

Am 1. Mai 1288 übertragen Hermann und Konrad dem Kloster Marienborn u.a. drei Hufen, eine Mühle, ein Schwein (!) und fünf Hofstellen in dem Dorf und der Feldmark von Belsdorf, die vorher die Brüder Berthold und Albrecht von Baddeleven innegehabt hatten[44]. Hierbei sind als Zeugen acht Burgleute der Edelherren („castellani in somersenburg et in werberghe") zugegen.

Genannt werden die Ritter („milites") Berthold von Schöningen, Berthold von Wackersleben, Arnold von Ummendorf, Dietrich von Wolstorf, Hermann Rappe und die Knappen („servi") Wasmodus von Wackersleben, Johannes von Hornhusen und Jordan von Wolstorf. Mit diesen fünf Rittern und drei Knappen ist aber nur ein Teil der Burgmannen erfaßt, die Hermann und Konrad von Warberg zur Verfügung standen.

Für Hermann treten 1285 bei einem Verkauf von Rechten an sechs Hufen in Wolsdorf und sieben Hufen in Morsleben an das Kloster Marienberg insgesamt neun Ritter als seine Zeugen auf. Darunter sind wieder die eben schon erwähnten Berthold (Beteke) von Schöningen, Arnold von Ummendorf und Wasmodus von Wackersleben, sowie Johann von Hornhusen[45]. Der gleichnamige Vater des eben genannten Johann von Hornhusen wird 1276 als Vogt zur Sommerschenburg erwähnt[46].

Als ein Jahr zuvor der in der Aufzählung von 1288 als Burgmann genannte Dietrich von Wolstorf dem Stift Marienberg ¹/₂ Hufe übergibt, die sein Sohn Rappo diesem Kloster verkauft hatte, beurkundet unser Edelherr Konrad diesen Akt auf Burg Warberg.[47] Zu den als Ritter bezeichneten Zeugen gehören Dominus Rappo (= Hermann Rappe?), Johann Croppenstedt, Borchard von Neustede die Brüder Arnold und Dietrich von Rode (= de novalis), Nicolaus Syerleven, Hugold von Etzen (Esbek?) junior, Berthold von Neudorf und dessen Sohn Johannes.

Bei einer weiteren von Edelherrn Konrad im folgenden Jahr ausgestellten Urkunde, die wiederum einen Verkauf Dietrichs von Wolstorf an das Kloster Marienberg festhielt, zeugen die Ritter dominus Rappo und Thidericus von Hoghenstedt sowie Berthold von Neuendorf, Arnold von Rode und Johann Croppenstedt.[48]

Die meisten der in den letzten beiden Urkunden erfaßten Ritter und Knappen aus dem Gefolge Konrads werden als Burgmannen der Burg Warberg anzusehen sein, auch wenn sie nicht schon an anderer Stelle ausdrücklich so bezeichnet wurden. Es ist aber davon auszugehen, daß deren Zahl noch größer gewesen ist. Auch Conradus de Buskeste, ein noch 1290 nur als Knappe bezeichneter Zeuge Konrads, wird wenige Jahre später als Burgmann bezeichnet.[49] Insgesamt wird die Burgbesatzung im Verteidigungsfall aus zumindest 12 Rittern und Knappen und darüberhinaus natürlich dem vorhandenen Dienstpersonal bestanden haben. Angehörige der Familien von Wolstorf und Rode sind uns übrigens schon 1202 als Ministeriale der Edelherren von Warberg begegnet.

Zu den frühen Dokumenten der „Regierungszeit" Hermanns und Konrads gehört 1261 die Übergabe von einigen Eigenleuten zu Grasleben an das Kloster Mariental. Es handelte sich hierbei um eine Buße für Schäden, die die Leute der Warberger Edelherren den Meiern des Klosters Eilslebens zugefügt hatten.[50] Schon 1259 hatten die Brüder dem Kloster Maiental 9 ¹/₂ Hufen in Emmerstedt mit der Vogtei und dem „jus litonum", dem Recht an den Liten, persönlich unfreien Bauern, verkauft, einen Besitz, den sie selbst als Lehen des Klosters Werden innehatten.[51]

Beide Urkunden verdeutlichen noch einmal, daß die Bauern der Warberger Edelherren zu einem sicher nicht geringen Teil noch immer zur Gruppe persönlich abhängiger Liten gehörten, die vermutlich auf Fronhöfen ihre Arbeit verrichteten. Demgegenüber besaß das genannte Kloster Eilsleben bereits persönlich freie und selbständig wirtschaftende Meier. Zu diesem Zeitpunkt wurde das starre Fronhofssystem zunehmend vom flexiblen Umgang mit freien oder freigelassenen Meiern abgelöst, Bauern, die ihren

Hof in eigener Regie bearbeiten konnten und so eine erheblich höhere Arbeitsmotivation besaßen.

Waren Dörfer, die ehemals von Liten bewohnt waren, durch Kriege, Seuchen oder aus anderen Gründen entvölkert, so besaßen sie für die Grundherren nur einen geringen Wert. Diese Herren hatten sich um die Ansiedlung neuer Bauern zu kümmern. Das aber war eine schwierige Angelegenheit, wenn nicht genügend Eigenleute zur Verfügung standen, und freie Meier aus welchem Grunde auch immer fehlten. Vielleicht war auch dies ein Motiv für die Verkäufe des zum Allodialbesitz gehörenden wüsten Nienstede und von Beendorf, das ursprünglich wohl ein von Slaven bewohntes inzwischen verlassenes Dorf gewesen war[52], Slaven, die – so kann man annehmen – persönlich unfreie Liten waren.

1262 wird das eben erwähnte wüst gewordene Nienstede von Hermann und Konrad an das Kloster Mariental verkauft.[53] Zwölf Jahre später, am 12. Juni 1274 veräußert Konrad mit dem angeblichen Einverständnis seiner Mutter und seiner Geschwister das Familienstammgut Beendorf an das Kloster Marienberg. Für 240 Mark wechselte das Dorf mit allen zugehörigen Rechten, Nutzungen und Früchten, mit den dazugehörigen Wäldern, Hölzern, Hofstellen, Wiesen, Weiden, Fischereien, Mühlen, Wegen und sonstigem Zubehör, auch mit dem Kirchenpatronat den Besitzer. Dieser Vertrag trägt die Siegel der Brüder Konrad, Hermann und Arnold, der Mutter Lutgardis, sowie der Schwestern Lukhardis, Adelheid und Bia.[54]

Am selben Tag entsteht ein zweites Vertragsdokument, in dem Konrad unter Handschlag und unter Beitritt seines Bruders Hermann in diesen Vertrag, sowie unter Verbürgung einiger weiterer Verwandten zusichert, daß sowohl die Mutter Lutgardis, als auch Hermann selbst und Bruder Arnold sowie die Schwestern Lukhardis, Alheid und Bia unter Beitritt ihrer Ehemänner, des Edelherren Walter von Barby, des Grafen Meinhard von Schladen und des Grafen Heinrich von Regenstein auf alle ihre Rechte an den verkauften Gütern verzichten.[55]

Schon die doppelte Bekräftigung des Verkaufs zeigt, daß diese Veräußerung von Familiengut nicht unumstritten war. Tatsächlich trat bald seine mit den Grafen von Schladen verheiratete Schwester Adelheid auf und behauptete, das Dorf Benendorp gehöre zu dem Gut, mit dem sie vom Allodialgut der Familie abgefunden worden sei. Es schließt sich ein langer Rechtsstreit an, der erst nach dem Tode der beiden Brüder Konrad und Hermann sein Ende findet. Schließlich kann das Dorf für weitere 100 Mark Silber und 200 Schafe, die der Graf von Schladen erhält, im Jahr 1300 in den Klosterbesitz übergehen.

In den nächsten Jahren muß das Kloster noch einmal insgesamt 17,5 Mark für Nebengüter, 5,5 Mark für Fischteiche und den Steinbruch und schließlich noch einmal 42 Mark für die Wälder, den Hagen und den Nordwald, als weitere Abfindungen an die Familie bezahlen.[56] Auf diese Weise

Der im Kloster Marienberg vermutlich zur Amtszeit der Priorin Mechthild von Warberg (1294 – 1307) entstandene Margaretenbehang zeigt eine erste bildliche Darstellung des Wappens der Edlen von Warberg.

gelangte der große Marienbergische Klosterforst aus dem ursprünglichen Allodialbesitz der Edelherren von Warberg in die Hände des Klosters.[57] Wieweit dieser Verkauf mit der Tatsache zusammenhängt, daß Mechthild von Warberg (1294 – 1307 nachweisbar) im Kloster Marienberg Priorin wurde, läßt sich nur vermuten. Gewiß bekräftigte er aber das enge Verhältnis zwischen diesem Kloster und den Edelherren von Warberg, die das Kloster als Familiengrablege nutzten.

Für Bode sind die Verkäufe von Nienstede und Beendorf deutliche Indizien für den Niedergang der Familie. „Das bedenklichste Zeichen vom Verfall einer Familie ist es aber, wenn sozusagen die Verschleuderung des Stammgutes im Grossen betrieben wird, wenn Hauptgüter, auf deren Besitze der Glanz und die Macht eines grossen Geschlechtes wesentlich fussen, veräussert werden, die den Kernpunkt auch für das zerstreut in der Landschaft liegende Einzelgut abgeben."[58] Als Grund für den Niedergang vermutet er: „Nicht zum wenigsten werden hierzu neben den Teilungen des Familienguts die Repräsentationspflichten an den Höfen der Herzöge von Braunschweig und der Erzbischöfe von Magdeburg und die notwendige Beteiligung an Kriegszügen und Fehden beigetragen haben, die die Aufwendung bedeutender Geldmittel erforderten."[59]

Zu den militärischen Auseinandersetzungen, in die auch die Edelherren von Warberg einbezogen wurden, gehören die Kämpfe, die nach dem Tode des Braunschweiger Herzogs Albrechts unter seinen Söhnen ausgebrochen waren.

Die hatten ihr Erbe 1285 in die drei Fürstentümer zerlegt. Herzog Heinrich erhielt Grubenhagen, Albrecht wählte Göttingen/Oberwald und Wilhelm schließlich wurde Braunschweig/Wolfenbüttel zugeschlagen. Nachdem zunächst alle drei gemeinsam gegen Bischof Siegfried II. von Hildesheim zu Felde gezogen waren, trennten sie sich schon kurze Zeit später. Wilhelm und Albrecht verbündeten sich mit ihrem ehemaligen Gegner und traten gegen ihren Bruder Herzog Heinrich an, der auch „der Wunderliche" genannt wurde.

1288 zogen die Verbündeten in Herzog Heinrichs Gebiet und belagerten Helmstedt, das schon 1279 eine Belagerung durch Markgraf Albrecht von Brandenburg überstanden hatte. Es liegt auf der Hand, daß diese Kriegszüge auch die Gegend um Warberg nicht unberührt gelassen haben. Als nach harten Kämpfen deutlich wurde, daß die Stadt auch diesmal nicht fallen würde, kam es zu Verhandlungen zwischen beiden Parteien, in deren Verlauf eine Gesandschaft der Belagerer in die Stadt hineingelassen wurde. Die verbitterten Bürger von Helmstedt verschlossen die Tore und töteten 12 der Unterhändler. Diese Tat trug ihnen die Reichsacht ein. Unter den auf diese Weise ums Leben gekommenen befand sie auch der Stadtherr, der Abt von Werden/Helmstedt. Dieser Abt Otto II., der 40. Abt von Werden, trug den Namen Otto von Warberg. Ob er tatsächlich unserer Edelherrenfamilie angehörte, und wenn er dies tat, in welchem Verhältnis er zu den Brüdern Hermann und Konrad von Warberg stand, ist bislang ungeklärt.[60]

Daß auch Hermann und Konrad an den Kämpfen teilnahmen, ist naheliegend, standen sie doch dem Welfenhause nahe und waren von den Herzögen mit Lehen ausgestattet. Unklar ist nur, auf welche Seite sie sich geschlagen haben. 1291 beteiligt sich Konrad an den Kämpfen um die Burg „harlingeborch" bei Wöltingerode im Harz. Hier standen sich erneut der inzwischen mit kaiserlicher Unterstützung versehene Bischof Siegfried II. von Hildesheim und seine Verbündeten und Herzog Heinrich von Braunschweig-Grubenhagen gegenüber.

„Auf kaiserlichen Befehl traten die Fürsten und Edelleute Sachsens, die kurz zuvor 1289 dem König Rudolf in Erfurt den Landfrieden beschworen hatten, zum Bunde gegen Heinrich zusammen und belagerten den Harlingsberg. Mit fünf kleineren Trutzburgen wurde die Feste umsetzt. Schleunig eilte der wunderliche Herzog zum Entsatze seiner Festung herbei, unterlag jedoch am 16. August 1291 in heißem Treffen seinen Gegnern und mußte die Burg übergeben."[61] Bei diesen Kämpfen fiel auch Konrad Edelherr von Warberg.[62]

Hermann von Warberg auf Sommerschenburg verzichtet 1296 auf seine Rechte am Haus Warberg.

3. Die Verdichtung des Besitzes um die Burg Warberg

3.1 Ludolf, Sohn Konrads, Edelherr von Warberg auf Warberg (1283 – 1323)

Konrad IV. hinterließ eine Tochter Kunigunde und vermutlich vier Söhne, Ludolf, Hermann, Konrad und Eckbert. Nur die ersten drei sind dieser Reihe problemlos zuzuordnen. Bei Ekbert kann die Zuordnung nicht mit gleicher Sicherheit geschehen.[63] Konrad wird 1310 in Hildesheim als Domherr genannt, um 1318 finden wir einen Konrad, Sohn des Edelherren Konrad, im Lehensverzeichnis des Braunschweiger Herzogs Otto wieder.

Die Abfindung der Sommerschenburger

Nach dem Tode Konrads IV. übernahm mit Ludolf der anscheinend älteste der Brüder die Burg Warberg und als Familienvorstand die „Geschäftsführung". Ludolf ist es, mit dem Hermann III., der noch lebende Bruder seines Vaters, einen Teilungsvertrag abschließt und so die Aufspaltung der Familie der Edelherren von Warberg in zwei Linien besiegelt. Am Michaelistag (29.09.) 1296 verzichtet Hermann gegen eine Zahlung von 200 Mark Silber auf seine Ansprüche „am Huse" Warberg. In den Vertrag eingeschlossen ist alles das, was an Hufen, Dörfern, Feldern, Wiesen etc. dazugehört: „des dat rort an hove/ an dorpe/ unde velde …"[64]

Schon im Sommer hatten die Brüder Hermann und Ludolf diese Abtretung anscheinend vorbereitet. Am 16. Juni desselben Jahres nahmen diese beiden Brüder sowie Albrecht und Friedrich Grafen von Wernigerode gemeinsam das Schloß Warberg und sein Zubehör als Lehen aus den Händen der Markgrafen Otto und Konrad von Brandenburg.[65] In späteren Zeiten ist von einer solchen Lehensabhängigkeit nie wieder die Rede. Berg[66] vermutet daher, die Grafen von Wernigerode hätten die später an die Sommerschenburger Linie übergebene Abfindungssumme von 200 Mark vorgestreckt und als Absicherung den Lehensakt in die Wege geleitet. Möglicherweise war die Lehensnahme auch ein Druckmittel der beiden Söhne Konrads gegen ihren Onkel Hermann.

Für Ludolf und Hermann bestand ja das Risiko, daß sie zugunsten der Nachkommen ihres Onkels Hermann III. vollständig aus dem Besitz der Edelherren herausgedrängt werden konnten.

Bemerkenswert an der Lehnsurkunde ist auch, daß in der Zeugenliste ein „Heinricus de warberg, dapifer noster" genannt wird, von dem wir außer seinem Namen, der ihn als Angehörigen der Edelherren ausweist, und seiner Funktion am brandenburgischen Hof „dapifer"(= Mundschenk) nichts wissen. Sein Platz innerhalb der Familie ist bislang unbekannt.

Die Tatsache, daß sich Hermann III. als noch lebender Familienältester mit dem erzbischöflichen Lehen Sommerschenburg „zufrieden" gab und auf den Allodialbesitz Warberg verzichtete, zeigt, wie schon zuvor die Wahl dieser Burg als Hauptwohnsitz zu Zeiten als noch sein Bruder lebte, welch hohe Wertschätzung der einstige Sitz eines Pfalzgrafen genoß. Gleichzeitig verzichtete die Sommerschenburger Linie bei der Aufteilung keineswegs auf ihren Anteil am Allodialbesitz der Familie. Dies zeigen spätere Besitztransaktionen.

Ein bischöflicher Bann

Unter Ludolf geht die Zeit der Schenkungen von Familienbesitzungen an Klöster und Stifte anscheinend zu Ende. Hiervon gibt es allerdings eine bemerkenswerte Ausnahme, die gleichzeitig ein Licht auf den damaligen Umgang mit moralischen Vorstellungen wirft.

1304 überträgt Ludolf alle seine Rechte an neun Hufen in Söllingen an das Laurentius Kloster zu Schöningen. „Es knüpft sich daran die Überlieferung, daß diese Übereignung ... zur Lösung eines bischöflichen Bannspruches geschehen sei. Nach dem corpus bonorum der Warberger Kirche handelt es sich bei der schweren Sünde, gegen die der Bischof einschritt, um einen Ehebruch.

Allerdings habe sich der Edle v. W[ar]b[er]g. vorbehalten, daß seinem Prediger in Warberg daraus ein jährlicher Kornzins vom Lorenzkloster auszuhändigen sei. Tatsächlich ist diese Getreidelieferung noch um 1750 in natura, später in Geld bis 1881 eingezogen worden, als sie endgültig gegen Leistung von 1301 M. abgelöst wurde."[67] Wieweit es sich unter diesen Umständen um einen „einfachen" Ehebruch gehandelt haben kann, der einen bischöflichen Bann nach sich gezogen haben soll, sei dahin gestellt. Immerhin scheint mit dieser Besitzübertragung die Sache erledigt gewesen zu sein.

Besitzungen

In der Folgezeit gelingt es Ludolf, den Besitz an Land und Rechten seines Familienzweiges zu stabilisieren. Darauf, daß auch er sich aus der „Beendorf-Übertragung" seines Vaters an das Kloster Marienberg einen finanziellen „Nachschlag" sichert, haben wir schon hingewiesen: für den Nordwald und den Hagen – soweit beide zu Beendorf gehören – erhalten er, Bruder Hermann und seine Schwester Kunigunde 1308 noch einmal 20 Mark feinen Silbers.[68]

Erwerbungen vom Orden der Tempelritter auf Süpplingenburg

Dem Verkauf von Allodialbesitz steht in der Zeit von Ludolf I. der Erwerb von Besitz an Güter und Rechten in der unmittelbaren Umgebung der Burg gegenüber. Hierbei profitierten die Edelherren offenbar von den Schwierigkeiten, in denen sich die zu diesem Zeitpunkt noch auf Süpplingenburg residierenden Herren vom Templerorden befanden. 1312 wurde der Orden der Tempelritter von Papst Clemens IV. wegen angeblicher Ketzerei aufgehoben.

1308, schon fünf Jahre früher, hatten die Tempelherren, vermutlich auch angesichts der absehbaren Verfolgungen, allen Besitz und alle Rechte, die sie an beiden Kißleben hatten, für 20 Mark Silber an die Edelherren von Warberg veräußert.[69]

Süpplingenburg war, wie wir noch sehen werden, 1357 von den Herzögen von Braunschweig, die in der Zwischenzeit im Besitz der Kommende gewesen waren, an die Herren des Johanniterordens übergeben worden. 1373 übertragen diese den Edelherren von Warberg für eine Pfandsumme von 200 Mark Silber die Zehnten von Süpplingen, Groß und Klein Frellstedt und Emmerstedt sowie einen Hof mit vier Hufen Landes zu Süpplingen.[70] Wir können sicher sein, daß es sich auch hierbei um Besitz und Rechte der Tempelritter gehandelt hat.

Lehensverzeichnisse belegen in der „Regierungszeit" Ludolfs zum erstenmal, daß der Lehensbesitz der Warberger Edelherren schon jetzt nicht unerheblich war. So weist das 1311 entstandene Lehensregister Bischof Alberts zu Halberstadt eine Belehnung mit den dem Bischof gehörigen Rechten an Nequesdorf, Badeleben, Deynesdorf, Eckenrode, Horsinge, Hesekesdorf, Kißleben, Volquesdorf, Warberg und Wolstorf sowie dem Zehnten zu Aschersleben auf.[71] Als Lehensinhaber nennt das Verzeichnis Ludolf und Konrad von Warberg. Hierbei ist nicht eindeutig, ob der angesprochene Konrad Ludolfs Bruder oder sein gleichnamiger Vetter von der Sommerschenburger Linie ist.

Auch im Lehnbuch Herzog Ottos von Braunschweig, das nach dem 22. September 1318 aber vor dem Tode Ludolfs (1323) niedergeschrieben wurde, sind sowohl Ludolf als auch Conrad aufgeführt, der diesmal als „Conr~. filius", also Konrads Sohn und damit Bruder Ludolfs bezeichnet wird. Bemerkenswert ist, daß die Lehen u.a. in zahlreichen Grafschafts- und Vogteirechten über die Dörfer in unmittelbarer Nachbarschaft Warbergs bestehen. Über Grafschaftsrechte verfügt Konrad in Süpplingen, Wolstorf, Klein Kißleben. Vogteirechte besitzt er über Ostbadeleben und fünf Hufen in Reynesdorf, Güter in Bodenstedt, Bornum, Scoderstedt, Besitzungen und dazugehörige Menschen in „wernestede", der Zehnte in Detthen schließt die Aufzählung ab.

Ludolf trug als Lehen Ottos das „capitale judicium" (die hohe Gerichtsbarkeit) über Wolstorf, beide Kißleben, Rode und Warberg. Beteiligt war er an den Grafschaftsrechten über Süpplingen. Hier sind vier Höfe („mansen") braunschweigisches Lehen, in Schöningen ein Hof und ein „soltwerk". Über den Hagen und den Schirwald konnte er als Pfandlehen verfügen. Gegeben hatte er für dies Recht 50 Mark. Schließlich blieben ihm die Vogteirechte über die neun in Sölingen an das Laurentiuskloster vergebenen Hufen als braunschweigisches Lehen erhalten.[72] Die untere Gerichtsbarkeit über Rode, Groß und Klein Kißleben und Wolsdorf hatte Ludolf 1320 für 30 Mark Silber von Herzog Otto erkauft.[73]

Es hat den Anschein, als hätten die Edelherren von Warberg das Grafschaftsrecht und damit die Blutgerichtsbarkeit über die persönlich freien Bewohner der zu ihrem Allodialbesitz gehörigen Dörfer ursprünglich nicht besessen. Vermutlich war es Bestandteil der Rechte des Pfalzgrafen von Sommerschenburg, der an das Haus Braunschweig-Lüneburg gelangt war. Denkbar ist aber auch etwas anderes: Herzog Otto war der letzte Komtur, der letzte Vorsteher der Templerkommende Süpplingenburg vor dem Verbot des Ordens gewesen. Nach dem Ende der Tempelritter war ihm eine lebenslängliche Nutznießung der Kommende eingeräumt worden.[74] Aus diesem Grunde scheint vorstellbar, daß ein Teil der an die Edelherren von

Warberg als Lehen vergebenen Rechte ursprünglich im Besitz der Tempel-ritter waren.

Das ursprüngliche Fehlen dieser Grafschaftsrechte schloß aber keines-wegs aus, daß die Edelherren schon früher über ihre in diesen Orten ansässi-gen Leibhörigen auch die Blutsgerichtsbarkeit ausübten. Dies war besonders dann von Bedeutung, wenn der Anteil dieser persönlich abhängi-gen Menschen in den Dörfern groß war. Die Verkäufe an das Kloster Marienberg umfaßten, wie gesehen, auch eine wüste Dorfstelle mit ursprünglich slavischer Bevölkerung.

Am 2. Mai 1314 überläßt Bodo von Bodendike den Edelherren Ludolf und Konrad das vor dem Schloß Warberg gelegene Dorf Rode.[75] Es ist vor-stellbar, daß mit dieser Übergabe einer Besitzentfremdung entgegengewirkt werden sollte, die auf einer früheren Einsetzung oder Belehnung der Vor-fahren Bodos beruhte. Hierauf weist auch die Tatsache hin, daß Bodo gemeinsam mit anderen Angehörigen seiner Familie schon 1311 das Patro-natsrecht an der Kirche zu Rode an die Edelherren von Warberg zurückge-geben hatte.[76] Das Patronat wurde von den Edelherren an die „von Esbek" weitergegeben. Der Besitz des Patronats über die Kirche zu Rode macht es wahrscheinlich, daß es sich bei diesem Gotteshaus um eine von den Edlen von Warberg gegründete Eigenkirche handelte.

Auch die Kirche in Kißleben war eine Warbergsche Eigenkirche. 1322 tauschte Ludolf von seinem Sommerschenburger Vetter Conrad dessen Anteil am Patronatsrecht ein.[77] Neben den Gotteshäusern in Kißleben und Rode bestanden auch in Frellstedt und Wolsdorf Eigenkirchen der Edel-herren von Warberg. 1321 befreit Ludolf die Pfarrer in diesen vier Orten vom Exuvienrecht, d.h. vom Anspruch des Kirchenherren auf den Nachlaß

Eine Eigenkirche der Warberger befand sich auch in Pabstorf. Der ihr um 1490 von den Edel-herren gestiftete Altar befindet sich heute im Herzog Anton Ulrich-Museum Braunschweig.

der Geistlichen. Ludolfs Sohn Konrad bekräftigt diese Befreiung fünf Jahre später.[78]

Neben den Lehen, die Ludolf von dem Bistum Halberstadt und den Herzögen von Braunschweig-Lüneburg innehatte, besaß Ludolf auch Lehen des Bischofs von Hildesheim. Bei deren Übertragung an ihn sollte offenbar seine Unterstützung für den Hildesheimer Domherren und späteren Domdechanten Hermann, seinen Bruder, belohnt werden.

3.2 „... den Himmel gewinnt nur der, der Gewalt übt ...“ – Hermann – Domdechant zu Hildesheim (1310 – 1342)

Ludolfs Bruder Hermann, der noch 1303 als Laie an seiner Seite auftritt, war anscheinend erst zu diesem späten Zeitpunkt für ein geistliches Amt bestimmt worden. Es ist denkbar, daß er an die Stelle des Bruders Konrad tritt, der zunächst in Hildesheim als Domherr in Erscheinung tritt. Hermann trat bald als Domdechant in die Fußstapfen seines Onkels Arnold von Warberg, der um die Jahrhundertwende ebenfalls als Hildesheimer Domdechant wirkte.

Daß auch die Edelherren von Warberg, die für eine Laufbahn als Geistlicher bestimmt wurden, keineswegs unkriegerisch waren, davon zeugen in erster Linie die im Deutschen Ritterorden nachzuweisenden Familienangehörigen. Die Zeit erforderte auch von anderen dieser Geistlichen aus der Familie der Warberger Edelherren den Kampf mit der Waffe. Ein beredtes Zeugnis legt davon die Grabschrift des eben erwähnten Hermann von Warberg ab. Die lateinischen Zeilen lauten in deutscher Übersetzung:

„Fern von den Himmlischen ist der Streit und die Zwietracht der Sitten.
Doch erleidet der Himmel Gewalt von den Guten, wenn diese [nur]
Fasten und beten und wachen und Armen Almosen spenden.
Glaubt der Verheissung: den Himmel gewinnt nur der, der Gewalt übt.
Darin ist er der hier ruht, als wackerer Streiter befunden.
Er hat durch rastlose Arbeit den Himmel kämpfend erobert.“[79]

Hermanns Amtszeit war durch die einer Doppelbesetzung des Hildesheimer Bischofsstuhles 1331 folgenden Auseinandersetzungen gekennzeichnet. Um den Thron des Bischofs stritten Heinrich, Sohn Albrechts des Feisten von Braunschweig und der Graf Erich von Schauenburg. Letzterer besaß die Unterstützung des Papstes, der den von Domkapitel gewählten Gegenbischof Heinrich exkommunizierte und ein Interdict über die ihm anhängenden Orte ausstieß. Auch die Mehrzahl der Hildesheimer Bürgerschaft und ein Teil des Domkapitels unterstützte Erich. Der unterlag aber nach langen schweren kriegerischen Auseinandersetzungen. In ihrem Verlauf wurde der Überlieferung nach in der Christnacht 1332 die Hildesheimer Dammstadt, die Heinrich von Braunschweig unterstützte, von den Bürgern der Altstadt Hildesheim in Schutt und Asche gelegt.

In diesen Auseinandersetzungen schlug sich der Domdechant Hermann von Warberg auf die Seite des Gegenbischofs Heinrichs von Braunschweig. Wie seine Grabinschrift vermuten läßt, war er an den kriegerischen Aktionen persönlich beteiligt, ohne daß wir über sein Wirken Genaueres sagen könnten.

Erhalten hat sich ein kleines Pergament mit Aufzeichnungen der Aktionen des Domdechanten und seiner Leute in den beiden Jahren vor 1333 gegen die sonst wenig zurückhaltenden Bürger der Hildesheimer Altstadt. Die Aufzeichnung hält vor allem Eingriffe in das verbriefte Hildesheimer Stadtrecht fest. Vorgeworfen wurde dem Dechanten unter anderem Entführung, Strafvereitelung und Körperverletzung:

> „– Der Dekan fing einen Mann in der Stadt auf offener Straße. Er zog ihn in seinen Hof und führte ihn als Gefangenen in Fesseln aus der Stadt.
> – Ein Goldschmied erschlug einen in der Stadt und lief in die Bischofsburg in den Hof des Dekans. Hier wurde er festgesetzt und blieb lange auf dessen Hof. Er besaß hier eine Wohnung, in der er seiner Arbeit nachging …
> – Unsere Bürger vom alten Markt wurden außerhalb und in der Bischofsburg niedergeschlagen. An diesen Übergriffen war auch das Gesinde des Dekans beteiligt."[80]

Angesichts der blutigen Geschehnisse dieser Fehde, scheinen die Vorwürfe der Hildesheimer Bürger Hermann gegenüber eher von geringerer Bedeutung gewesen zu sein. Erst vier Jahre nach dem Tode des Domdechanten kamen die Kämpfe 1346 zu einem vorläufigen Ende.

4. Exkurs: Die Edelherren von Warberg auf Sommerschenburg

Da im Mittelpunkt dieser Arbeit die Warburg und ihre Bewohner stehen, leuchtet ein, daß dem Sommerschenburger Familienzweig weniger Aufmerksamkeit gewidmet wird. Hinzu kommt, daß die Sommerschenburger im Verhältnis zum auf Warberg ansässigen Familienzweig, der auch politisch der aktivere war, von insgesamt geringerer Bedeutung gewesen zu sein scheinen. Man muß dabei bedenken, daß ihr Burglehen sie eng an den Magdeburger Erzbischof band, während der Allodialbesitz der Burg Warberg den Angehörigen dieser Linie einen größeren Spielraum gegenüber den unmittelbaren Nachbarn in den Bistümern Magdeburg und Halberstadt und dem Herzogtum Braunschweig-Lüneburg ließ. Einen Spielraum, den sie – solange dies möglich war – offenbar sehr erfolgreich zu nutzen verstanden.

Der Familienbesitz der Edelherren auf der Sommerschenburg war im Gegensatz zur Warburg selbst ein Pfandlehen und kein Allodialbesitz. Wir erinnern uns daran, daß Konrad von Warberg vom Magdeburger Erzbischof Albrecht II. um 1208[81] mit der Burg und ihren Zubehörungen belehnt worden war. Nur kurze Zeit, nachdem die Sommerschenburger Linie der Edelherren von Warberg auf ihren Anteil an der Stammburg verzichtet hatte und somit deutlich wurde, daß für sie der inzwischen schon ein Jahrhundert andauernde Besitz der Sommerschenburg erblichen Charakter zu bekommen schien, bemühte sich der Magdeburger Erzbischof Burchard, die Burg wieder in seinen Besitz zu bekommen. Für 1000 Mark stendalschen Silbers verkauft er an das Kloster Riddagshausen Besitzungen des Hochstifts[82]. Diese Summe ist ausdrücklich für den Rückkauf der Burg bestimmt. Da die Warberger auch später noch eineinhalb Jahrhunderte auf der Sommerschenburg wohnhaft sind und hier Urkunden ausstellen, scheint dieser Versuch aus Gründen, die wir nicht kennen, ohne Erfolg gewesen zu sein. Denkbar ist, daß der Bischof die zusätzliche Summe, die die Warberger für Baukosten an der Burg aufgewandt hatten und die ihnen bei der Einlösung des Pfandes ebenfalls hätte ersetzt werden müssen, nicht aufbringen konnte.

Die Höhe der Pfandsumme war fünfmal so hoch wie die Summe, die Ludolf für den Erwerb des Sommerschenburger Anteils an der Warburg zahlen mußte. Dies verdeutlicht den Umfang, den das Pfandlehen gehabt haben muß. Das von den Magdeburger Bischöfen vergebene Lehen, das Teile des einstigen Allodialbesitzes der Pfalzgrafen von Sommerschenburg umfaßte, beinhaltete keine Grafschaftsrechte über die vergebenen Besitzungen. Die Pfalzgrafschaft war noch von Kaiser Friedrich an den Landgrafen Ludwig III. von Thüringen übertragen worden.[83]

Waren die Veräußerungen der zwanzig Jahre zwischen 1285 und 1314, in denen zunächst noch von Hermann und dann seinen Sohn Konrad fast jedes Jahr durch Kauf eine oder mehrere Hufen oder Höfe an benachbarte Klöster gingen, wirklich der Tatsache geschuldet, daß sie schlechte Wirtschafter waren, die von der Substanz lebten, wie Berg behauptet? Oder dienten die Verkäufe dazu, Mittel frei zu machen, die für den Erhalt des Besitzes der Sommerschenburg eingesetzt wurden? Für das letztere spricht, daß die belegten Verkäufe 1314 enden, obwohl Konrad, wie Berg selbst bemerkt, außer seiner eigenen Familie noch drei verheiratete Söhne hatte.[84] „Mit dem Jahre 1314 hören ... die Verkäufe auf, womit die Krisis als beendet gelten kann."[85]

Die Sommerschenburger hielten immer an der Zugehörigkeit zu einer Familie mit ihren Vettern auf der Burg Warberg fest. Mit ihnen verband sie nicht zuletzt die Bezeichnung „Edelherren von Warberg". Gemeinsam war ihnen auch die Nutzung des Klosters Marienberg als Familiengrablege. Der Verkauf ihres Anteils an der Stammburg und ihrem Zubehör bedeutete keineswegs, daß die Sommerschenburger damit auch ihren Anteil am anderen ihnen zugefallenem Allodialbesitz der Familie aufgegeben hatten. Wir sehen sie auch später noch immer wieder an Besitztransaktionen beteiligt, die Allodialbesitz im Umfeld der Burg Warberg betreffen. Nach dem Aussterben der weltlichen Angehörigen dieser Linie mit Cord von Warberg im Jahr 1478, fällt dessen Allodialbesitz und ein Teil der Lehen an die Vettern von der Burg Warberg zurück.

Hermann Edelherr auf Warberg und Sommerschenburg war mit Wilberg, der Tochter des Grafen Gebhard von Wernigerode verheiratet. Aus dieser Ehe gingen, soweit dies bekannt ist, vier Söhne hervor: Hermann, der noch minderjährig zum erstenmal 1264 urkundet und der 1284 als Dompropst in Magdeburg belegt ist, sowie Ludolf, der 1284 als Mönch zu Marienberg nachweisbar ist, begeben sich in den Kirchendienst. Gebhard (1288 – 1314 nachweisbar) und Konrad

Auf die Verbindung einer genealogisch nur bei Moll nachgewiesenen Kunigunde von Warberg mit Burchard IV. von der Asseburg weist dies Jahrhunderte später entstandene Fenster mit dem Warberger Wappen auf Burg Falkenstein hin.

(1285 – 1329 nachweisbar) setzen die Reihe der weltlichen Familienangehörigen fort.

Von Gebhard sind keine Nachkommen bekannt. Konrad, der sich „dei gratia baro de Werberg" nannte und mit Jutta, einer Tochter Burchards von der Asseburg, verheiratet war, hatte vermutlich sechs Kinder. Zwei Söhne und zwei Töchter werden 1302 in einer Urkunde gemeinsam genannt: Hermann, Arnold, Wilberg und Luitgard[86]. Hinzu kommen Agnes, die 1307 Nonne im Kloster Marienberg wird,[87] und der an anderer Stelle erwähnte Konrad. Mit Ausnahme der Tochter Agnes hatten anscheinend alle Kinder einen Anteil am Erbe zu beanspruchen, sei es auch nur als Aussteuer, so daß das Fehlen wirtschaftlicher Engpässe verwunderlich wäre.

Zwei dieser Söhne, Arnold und Konrad, hatten selbst noch einmal insgesamt acht Kinder:

Arnolds Söhne Heinrich, Ludolf und Jan werden 1343 erwähnt, als sie den Herzögen Otto und Wilhelm von Braunschweig-Lüneburg Besitzungen im Amt Koppenbrügge verkaufen.[88] Ludolf und Jan nehmen 1376 an einem Turnier in Göttingen teil.[89] Beide Nachrichten deuten unter allem Vorbehalt auf eine Orientierung dieses Familienzweiges in Richtung der Welfenherzöge.

Konrad war mit Sophie von Homburg verheiratet. Ihr Grabstein befindet sich im Kloster Marienberg.[90] Die Tochter Agnes wurde wie ihre gleichnamige Tante für das Klosterleben bestimmt. Sie fiel 1350 im Kloster Marienborn der Pest zum Opfer. Von den Söhnen wurden zwei ebenfalls für den geistlichen Stand bestimmt. Der schon 1350 erwähnte Konrad erscheint zwischen 1378 und 1380 als Propst des Klosters Marienberg in den Quellen.[91] 1354 wird Heinrich als Magdeburger Domherr erwähnt. Ein Jahr später erscheinen Konrads Söhne Hermann und Ludolf in den Quellen. Die Söhne Ludolfs setzen die Linie der Sommerschenburger fort. Ludolfs Sohn Konrad war mit einer Sophie verheiratet, deren Familiennamen wir nicht kennen. Die Gemahlin seines Bruders Hermann war Hanne Gräfin von Gützkow.[92]

Folgen wir für die Darstellung des Endes der Linie Sommerschenburg den Ausführungen Bergs: „1427 hatte Konrad wiederum drei Söhne Curd, Hans und Ludolf, Hermann 1422 einen Sohn Curd. Die Sommerschenburger Linie gerät nunmehr in Vermögensverfall – 1427 wurde der halbe Zehnte zu Nienstedt vor der Sommerschenburg an einen Helmstedter Bürger verkauft, 1432 an das Kloster Marienberg 6 rh. Fl. jährlicher Gülte aus dem Schlosse Ochtmersleben für 100 rh. Fl. In demselben Jahr versetzten Curd und sein Vetter Heinrich, Ludolf von Werbergs Sohn, Magdeburger Bürgern 7 Mk. jährlicher Rente aus dem Dorfe Irxleben, 1446 den Korn- und Gartenzehnten zu Dreileben für 530 Fl. 1448 folgen 8 Mk. jährlich auf Klein-Rodensleben und Sommerschenburg für 300 Fl. usw.

1454 urkundet: Ik Kurd eddele van Werberge nu tortyd wonhafftig to Dreynleve …[Er] besaß also die Sommerschenburg nicht mehr. Aus einer Urkunde von 1467 geht hervor, daß er den der Familie von Werberg [einst] durch Erzbischof Peter über die Sommerschenburg erteilten Pfandbrief für 1400 rh. Fl. an Geverd von Bodendiek weiter cediert hatte. Erzbischof Johann von Magdeburg forderte nunmehr von dessen Erben den Brief heraus, indem er sich bereit erklärte, deren Forderung zu befriedigen.

Curd von Werberg auf Ochtmersleben, der sich 1460 mit Elisabeth von Marenholtz vermählte, gehörte wohl einer neuen Generation an. Er hatte das Amt Dreileben auf Lebenszeit gepachtet und starb als wohlhabender und angesehener Mann am 14. März 1478 als Letzter der Sommerschenburger Linie, sodaß deren Lehen nun heimfielen. Seine Witwe trat in das Kloster Marienborn, wo sie im 90. Lebensjahr am 22. 9. 1507 an der Pest verstarb. Beider Grabdenkmal befindet sich im Kloster Marienborn."[93]

Die genaue Einordnung der „Curds" oder „Konrade" der Sommerschenburger Linie bereitet bis in die Gegenwart hinein Schwierigkeiten.[94] Hinzu kommt, daß anscheinend einer von ihnen vollkommen in Vergessenheit geriet, der 1501 verstorbene „Conrad Thus von Warberg, Dechant zu B.M.V. ad Gradus zu Mayntz, Propst zu St.Moritz und Canonicus zu St. Stephan." Johann Heinrich Zedler ordnet ihn 1747 im Bd. 52 seines Universallexikons unseren Edelherren von Warberg zu.[95]

5. Edelherren und Amtmänner
der Herzöge von Braunschweig und Lüneburg –
Konrad, Gebhard und Burkhard von Warberg

Konrad

Nach dem Tode Ludolfs folgten ihm als Familienoberhäupter zunächst seine Söhne Konrad (1326 – 1333) und Gebhard (1333 – 1366). Der schon früh verstorbene Konrad entstammte offenbar einer ersten Ehe, die Ludolf mit Mechthild eingegangen war, einer Dame deren Herkunft bislang unbekannt geblieben ist. Von der Gemahlin seiner zweiten Ehe kennen wir ebenfalls nur den Vornamen: „Ilsabe".

Konrads Gemahlin, war ebenfalls eine Mechthild, deren Namen wir nicht kennen. Aus seiner Ehe gingen zwei Söhne, Ludolf und Hermann, hervor. Mechthild von Warberg ist 1344 in den Urkunden als Konrads Witwe belegbar. Nach dem Tode ihres Mannes beschloß sie offenbar, ihr weiteres Leben gottgefällig als Einsiedlerin in einer Klause zu verbringen. Bischof Albrecht von Halberstadt gestattete ihr, eine Wohnung nach Art einer Klus bei der St. Walpurgiskapelle in Helmstedt zu bauen und darin ein Fenster einzurichten. Solche Fenster ermöglichten die Teilnahme am Gottesdienst. Ihre Söhne verzichteten auf alle Ansprüche gegenüber dieser Klus.[96] 1368 versprach das Kloster Mariental ein ihm von Mechthild geschenktes Altarlaken zum Gottesdienst zu verwenden.[97]

Gebhard und Burkhard

Nach Konrads Tod ging die Leitung des Hauses Warberg auf seine beiden jüngeren Brüder Gebhard und Burkhard über, die allem Anschein nach der zweiten Ehe Ludolfs entstammten. Während Gebhard noch gemeinsam mit Konrad geurkundet hatte, war der dritte der Brüder erst nach dem Tode Konrads volljährig geworden. Dies ermöglichte ihm, da er noch nicht, wie für die nachgeborenen Brüder üblich, zum Geistlichen bestimmt worden war, an die Stelle des verstorbenen Konrad zu treten.

Konrads Schwester war die ebenfalls aus der ersten Ehe hervorgegangene Richza, die mit Fritz von Alvensleben verheiratet war. Neben den jüngeren Brüdern Gebhard und Burkhard gab es noch zwei weitere Brüder, Hermann und Albrecht, die beide zu Rittern des Johanniterordens wurden. Von ihnen wird noch zu reden sein.

Schon 1343 schlossen die beiden Söhne Konrads, Ludolf und Hermann, die nur unwesentlich jünger gewesen sein können als ihre Onkel Gebhard und Burkhard, mit diesen einen Vertrag, der die Familienverhältnisse klärte. Zwar hätten sie als Söhne Konrads auch einen Anspruch auf die Führung des Hauses Warberg gehabt, diesen hätten sie aber erst nach dem Tode ihrer nur um weniges älteren Onkel einlösen können. So besaßen sie nur geringe Chancen, die Leitung der Familie und die Nutznießung aus dem Familienbesitz zu übernehmen. Unter diesen Umständen wandten sie sich einer kirchlichen Laufbahn zu. Am 24. Juni 1343 veräußerten sie ihre Ansprüche am Haus Warberg an Gebhard und Burkhard, die damit unumstrittene Vertreter der Familie waren.

Drei Jahre später beginnen diese mit einer weiteren Abrundung des Besitzes um die Burg Warberg herum. Anfang des Jahres 1345 erwerben sie von den „von Wenden" für 150 Mark Silber die Dörfer Räbke, Ditmerode und Brunsleberfeld mit allem Zubehör sowie den Zehnt des Dorfes Ditmerode. Der Vertrag läßt offen, zu welchem Recht die „von Wenden" diese drei Dörfer besaßen. Es läßt sich nicht ausschließen, daß es sich bei dieser Transaktion – wie möglicherweise schon 1314 bei dem Erwerb des Dorfes Rode durch Vater Ludolf – um die Wiederherstellung alter Rechtszustände handelt. Auffällig ist, daß die Sache den Beteiligten immerhin so wichtig war, daß die Herzöge Magnus und Ernst von Braunschweig-Lüneburg als Zeugen hinzugezogen wurden.[98]

Schon das Lehensverzeichnis Herzog Ottos belegt, daß die Edelherren von Warberg die Kontrolle über die Umgebung ihres Allodialbesitzes, der Burg Warberg, auch durch den Erwerb von Lehen zu erweitern trachteten. Der auf diese Weise erfolgte Eintritt in den Lehensverband der Braunschweiger Herzöge verpflichtete die Warberger zur Lehenstreue gegenüber diesen Herren. Sie schloß aber nicht aus, daß auch anderen Herren gegenüber, wie den Bischöfen von Hildesheim und Halberstadt, von denen Lehen entgegengenommen worden waren, eine derartige Verpflichtung bestand. Um die Mitte des 14. Jahrhunderts verstärkte sich die Bindung der Warberger Edelherren an die Braunschweiger Herzöge weiter.

Am 4. Juli 1347 kommt es zu einem förmlichen Vertrag, in dem Herzog

Magnus von Braunschweig die Brüder Gebhard und Burkhard von Warberg und zwei weitere Adlige (die Gebrüder v. Honlage) als seine „ammecht-lude", Amtleute einsetzt.[99]

Aufgabe dieser Amtleute sollte es sein, wie es Herzog Magnus formulieren läßt, „ use orloghe to vorstande": für ihn Krieg zu führen. Insbesondere verpflichtet er sie, seine Ritter und Knechte zu besolden, für Proviant, Fourage und Verpflegung zu sorgen und all das zu beschaffen, was man zum Führen eines Krieges bedürfe. Für ihre Auslagen erhalten die Vertragspartner des Braunschweiger Herzogs dessen Schloß Dahlum mit seinen Einkünften. Darüberhinaus verpflichtete sich Herzog Magnus, falls es von seinen Vertragspartnern gefordert werden würde, statt des Schlosses innerhalb eines Jahres den verauslagten Betrag, „ore penninge", zurückzuzahlen.

Die Vergabe dieses Auftrages, der eigentlich Aufgabe des Erbmarschalls sein müßte, erfolgte in der vorgenommen Form als Amt, um möglicherweise hieraus abgeleitete Erbansprüche zu verhindern. Zudem macht der Vertrag deutlich, daß es sich bei den Truppen, die Gebhard und Burkhard zu führen hatten, nicht um ein Lehensaufgebot, sondern um Söldner handelte.

Geschuldet war das Eingehen des Vertrages mit den Edelherren von Warberg offenbar auch der beständigen Geldnot des Braunschweiger Herzogs, die ihn dazu bewegte, statt einer Rückerstattung des Geldes seine Schlösser an seine Amtleute und Geldgeber zu vergeben. Drei Jahre nach der Indienstnahme der Edelherren von Warberg mußte sich Herzog Magnus bei ihnen erneut 100 Mark Silber erborgen.

Offenbar bei der Umsetzung ihres Auftrages ordneten die Brüder von Warberg anscheinend eine Verstärkung der Befestigungsanlagen der Asseburg an. Als der für diese Maßnahme zu diesem Zeitpunkt zuständige Rat der Stadt Braunschweig anschließend vom Herzog Magnus seine Auslagen ersetzt haben will, entscheidet 1350 der zum Schiedsrichter bestellte Hildesheimer Bischof, ein Bruder des Braunschweiger Herzogs, für die Bezahlung dieser Maßnahmen sei Herzog Magnus nicht zuständig. Eine etwas großzügige Auslegung des Vertrages mit den Amtleuten, wie es scheint.[100]

Bei dem Rat der Stadt Braunschweig und bei den Ratsherren aus Helmstedt erfreuten sich Burkhard und Gebhard bis dahin offenbar großen Ansehens. Als die zwei Städte 1349 ein Beistandsbündnis abschließen, werden beide Edelherren zu Schlichtern bei eventuellen Streitigkeiten zwischen ihnen bestellt. Ob ihr Ansehen durch das Urteil des Hildesheimer Bischofs Schaden genommen hat, läßt sich nicht mehr feststellen.

Gestützt auf die Chroniken von Riddagshausen und Magdeburg findet sich bei Bege die Feststellung: „1356 erlitt [die Burg Warberg] …von dem Erzbischofe Otto [von Magdeburg] in dem Kriege, der zwischen demselben und dem Herzoge Magnus d. Ä. in Betreff der Ansprüche, welche der Bischof wegen mehrerer braunschweigischer Landestheile machte, ausgebrochen war, dasselbe Schicksal [der Zerstörung, wie 1200 die alte Burg]."[101]

Wenn die Überlieferung nicht irrt, scheint die Zerstörung der Warburg erst nach dem 9. August dieses Jahres vonstatten gegangen zu sein. Noch von diesem Tag stammt ein Vertrag in dem sich die Edelherren von Warberg verpflichten, sich ab Pfingsten des Folgejahres mit ihrem Schloß Warberg in den Dienst des Herzogs Wilhelm von Braunschweig zu begeben. In dem Vertrag ist nicht nur vom Schloß Warberg die Rede, sondern auch vom „vorwerk", dem „ploch werk" und dem „dorf werberghen", für die den Brüdern Friedegut gestellt werden soll. Ausdrücklich ausgenommen werden von diesem Vertrag nur militärische Auseinandersetzungen mit „usen hern Magnuse den elderen Hertegen to brunswik".[102]

Denkbar ist auch, daß dieser auf drei Jahre begrenzte Vertrag der Preis für eine Wiederherstellung der Burg durch die Braunschweiger Herzöge war, in deren Dienst die Edelherren ja standen. Eine weitere Möglichkeit besteht schließlich darin, daß die Öffnung der Burg für Herzog Wilhelm von Braunschweig diese noch sicherer machen sollte gegen jedweden Feind. Dieses Vorhaben wäre dann aber gründlich mißlungen.

Nur wenige Jahre nach der Zerstörung der neuen Burg Warberg sterben Burkhard (†1363) und Gebhard (†1366) in noch blühendem Alter. Ihre Kinder sind zu diesem Zeitpunkt noch unmündig. Die Grabplatte Gebhards und seiner Frau, die aus der Familie von Waldeck stammte, befand sich in der Klosterkirche zu Mariental.[103]

Teil III

Edelherren zwischen Krummstab und Löwen

1. Die Burg

1.1 Die Burg und ihr unmittelbares Umfeld im 14. Jahrhundert

Die Geschichte der neuen Burg Warberg ist im 14. Jahrhundert durch zwei Phasen der Veränderung gekennzeichnet. Schon seit dem Ende des 13. Jahrhunderts, spätestens seit 1296, befand sich der Hauptwohnsitz des Warberger Zweiges wieder auf dieser Burg. Wohl schon in den 1280er Jahren hatte Konrad von Warberg den Wohnsitz seiner Familie auf diese Burg verlegt. 1296 hatte dann, wie wir uns erinnern, Ludolf I. die Ansprüche der Sommerschenburger Linie an dem Allodialbesitz Warberg abgefunden. Die Folgezeit war dadurch gekennzeichnet, daß er sich bemühte, Besitz und Rechte im Umfeld des Familienstammsitzes hinzuzugewinnen. Die zweite Phase der Entwicklung der Burg in diesem Jahrhundert war durch den Bruch gekennzeichnet, den ihre Zerstörung 1356 und der anschließende Wiederaufbau mit sich brachten.

Warberg umfaßte unmittelbar vor der Zerstörung nicht nur die Burg, „dat hus", wie der Vertrag mit Herzog Wilhelm von Braunschweig-Lüneburg belegt.[1] In ihm verpflichteten sich die Edelherren von Warberg, dem Herzog zu gestatten, im Falle eines Krieges dieses Haus zu übernehmen und zu ihrer Besetzung einen seiner Heerführer einzusetzen. Das Abkommen sah außerdem vor, daß bei einem Verlust oder bei einer Beschädigung der Burg ein Schiedsgericht über das Vorgehen beider Vertragsparteien entscheiden sollte. Darüberhinaus hatte Wilhelm aber den Edelherren in jedem Fall für die weiteren Bestandteile des Burgbereiches Friedensgut zu stellen. Diese Bestandteile waren: das Vorwerk, das Dorf Warberg und schließlich das „ploch werk". Damit wissen wir nicht nur, daß sich Warberg in vier Bestandteile aufgliederte, sondern finden zum erstenmal auch die Bezeichnung Dorf in den schriftlichen Quellen wieder.

Die Burg

Beginnen wir mit der Burg. Die Wiederinbesitznahme der Burg Warberg als Familienstammsitz hatte mit Gewißheit bauliche Veränderungen zur

65

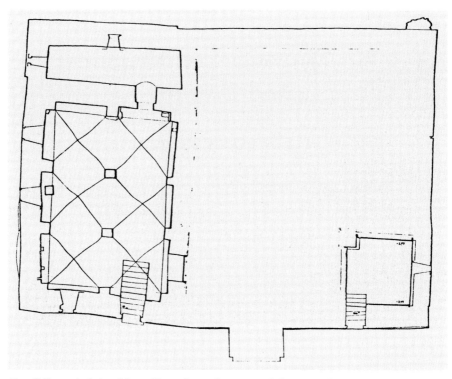

Das Kellergeschoß des „Neuen Hauses" mit dem vermutlich im 14. Jahrhundert entstandenen Gewölbekeller.

Folge, die für uns aufgrund der in dieser Hinsicht nicht sehr dichten Quellenlage mehr erahnbar als beweisbar sind. Dennoch gibt es ein deutliches Indiz für den sich vollziehenden Wandel: außerhalb der Burg entsteht eine zweite Kapelle, die neben der alten Burgkapelle die geistliche Betreuung der Einwohner Warbergs zu übernehmen hatte. Diese Entwicklung steht im engen Zusammenhang mit dem Entstehen einer Ansiedlung vor der Burg, die auch bisherige Bewohner des alten Burgareals aufzunehmen hatte.

Die Aussiedlung vor die Burg ist das Ergebnis auch von Veränderungen innerhalb des unmittelbaren Burgbereiches, die mit einer angestiegenen Zahl der Bewohner, aber auch mit deren gestiegenen Ansprüchen zusammenhängen. Innerhalb der Burg befanden sich in diesem Jahrhundert bis zu vier Edelherrensitze nebeneinander, die die Edelherren mit ihren jeweiligen Familien bewohnten. Gleichzeitig war es aber noch notwendig für die Burgmannen und ihre Familien Unterkunftsmöglichkeiten zu schaffen. Auch hier ist mit einer Zahl zu rechnen, die mindestens vier betragen hat, die vermutlich aber erheblich größer war. Wir sind oben von möglicherweise bis zu 10 Burgmannen ausgegangen.[2] Vergessen wir schließlich nicht die noch zu diesen Bewohnern hinzukommenden Bediensteten.

Blick in den Gewölbekeller des „Neuen Hauses". Rechts hinten befindet sich der Aufgang in die „Neue Hofstube".

Weiter ist davon auszugehen, daß zumindest einige Werkstätten für Handwerker, wie etwa eine Schmiede, innerhalb der Burg lagen. Das gilt auch für Vorratsräume für Nahrungsmittel, die für eine Belagerung unverzichtbar waren. Hinzu kommen Stallungen für die Pferde der Ritter. Vergessen wir nicht die besonders sicheren Räumlichkeiten, in denen die Waffen der Burgherren und der Burgbesatzung untergebracht waren.

Es ist wahrscheinlich, daß die Edelherren zu diesem Zeitpunkt auf der „vornehmeren" Oberburg residierten. Wieweit dies auch für die Burgmannen gilt, läßt sich heute nicht mehr feststellen. Vermutlich wird im Verlauf dieses Jahrhunderts eine Umsiedlung eines Teiles dieser Krieger in die Unterburg erfolgt sein, wo sich auch, vermutlich in einem abgetrennten Bereich, Werkstätten, Ställe und Vorratshäuser befunden haben werden.

Von den Veränderungen des 14. Jahrhunderts ist in den Baubefunden nur wenig festzustellen. Der wichtigste Wandel, der vermutlich diesem Zeitraum zuzuordnen sein wird, ist die Errichtung eines Kreuzgewölbes an der Stelle einer vorher vorhandenen Balkendecke im südlichen großen Keller des späteren „Neuen Hauses" der Oberburg. Diese bauliche Veränderung scheint mir im Rahmen des Wiederaufbaus der Burg nach 1356 einzuordnen zu sein. Beweisen läßt sich das aber bislang nicht. Im Rahmen dieser Baumaßnahmen ist anscheinend das sich über diesem Keller erhebende Gebäude neu errichtet worden. Der Turm selbst ist von den Zerstörungen offenbar nicht in Mitleidenschaft gezogen worden. Bauspuren, die in dieses Jahrhundert gehören, lassen sich nicht belegen.

Eine mögliche Folge des Wandels scheint auch ein Umbau der Burgkapelle oder ihr Neubau in der Unterburg gewesen zu sein. Wie schon die alte Hagenburg eine Kapelle besaß, wird auch die neue Burg Warberg von Anbeginn an mit einer Kapelle ausgestattet gewesen sein. 1299 erfahren wir zum ersten Mal den Namen des Kaplans: „Friedrich". Dieser Friedrich scheint ein Mönch des Klosters Walbeck gewesen zu sein.[3] Die Lage der ersten Burgkapelle ist unbekannt.

Auf eine Umgestaltung der Kapelle im Zusammenhang mit den Zerstörungen des Jahres 1356, vielleicht sogar ihren Neubau, deutet der Wechsel ihrer Schutzheiligen hin. Noch 1346 ist von einer „capellen up useme Hus to Werberghe, de ghebuwet is in der ere unser Vrowen unde sunte Nycolausis" die Rede.[4] Die Burgkapelle war schon bald nach 1356 wieder in einem solchen Zustand, daß in ihr Messen gehalten werden konnten. Dies belegt 1367 die Erlaubnis für die Gemeindemitglieder des wüsten Ortes Rode, für den Gottesdienst auch diese Kapelle zu nutzen.[5]

1375 überträgt Bischof Albrecht von Halberstadt 3 Hufen Landes und ein Herrenhaus, eine „curia" in Lelm aus dem Vermächtnis des Conrad von Lelm an die Kapelle auf dem Haus Warberg, zur Ehre der Hl. Jungfrau Maria und des Hl. Jacobus. Die Besucher der Burgkapelle erhalten einen vierzigtägigen Ablaß. Eine solche Aktion war bei der erneuten Weihe einer Kapelle üblich. Der Hinweis auf den Hl. Nicolaus fehlt. An seine Stelle ist St. Jacobus getreten.[6] In Zukunft ist dann nur noch von einer Jacobuskapelle auf der Burg die Rede.

Nur 1370 gibt es einen vagen Hinweis auf die Lage der Burgkapelle. Ein Ludeke Reysener bestätigt, daß er sich noch zu Lebzeiten Gebhards v. Warberg Geld vom Warberger Capellan Cord von Dransfeld geliehen habe. Als Sicherheit diente sein Bau, der zwischen der Kapelle und dem hölzernen Aufbau über dem „Thorn" (oberhalb des Turms?) des Hauses Warberg gelegen sei.[7] Aus dieser Beschreibung läßt sich schließen, daß sich die Kapelle zu diesem Zeitpunkt in der Unterburg befand und durch ein vor 1370 errichtetes Gebäude vom Torturm getrennt war.[8] Diese Beschreibung deutet auf den aus Bruchsteinen errichteten Unterbau des an der Treppe zur Oberburg befindlichen Gebäudetraktes hin, dessen Eingang eine gotische Spitzbogentür aufweist. Dem Gebäude wurde 1462 ein Fachwerkgeschoß aufgesetzt, nachdem die Kapelle offenbar erneut umgezogen war.

Voraussetzung dieser Argumentation ist aber, daß der Eingang zur Burg sich da befand, wo er sich noch heute befindet. Hinzu kommt, daß sich hier ein Torturm befunden haben muß. Gehörte der Teil des heutigen Herrenhauses, der sich über den Gewölbekellern im Südosten der Burg erhebt zu diesem Turm? Welche Bedeutung haben die an der Außenmauer diese Gebäudes in Höhe des obersten Geschosses vorhandenen mit Ziegeln vermauerten Rundbogenöffnungen? Fragen dieser Art zur Unterburg lassen sich beliebig fortsetzen, ohne daß aufgrund bislang fehlender Untersuchungen eine Antwort möglich ist.

Die Ansiedlung vor der Burg und ihre Kapelle

Die Entwicklung des Dorfes Warberg ist eng mit der Geschichte seiner Kapelle verbunden. Schon 1299 stattet Edelherr Ludolf I. seinen Kapellan Friedrich, der ursprünglich die Burgkapelle zu betreuen hatte, mit der bei Schwanefeld (bei Neuhaldensleben) gelegenen Peterskapelle und ihren Einkünften aus. Friederich war, wir haben es schon erwähnt, anscheinend ein Angehöriger des Klosters Walbek, das auf seine Rechte an der Kapelle verzichtet hatte.[9]

1322 wird die St. Peterskapelle nach Warberg vor die Burg umgesetzt: Das Register der 1491 im Archiv der Edelherren vorhandenen Briefe und Urkunden meldet zur Geschichte dieser Kapelle, Bischof Albert von Halberstadt habe erlaubt, daß man den Altar und die Kapelle „van swanefelde van dem knakerugge" „brynge und legge vor de borch to werberge" und es fügt hinzu „und ys gescheyn 1322".[10] Vier Jahre später, 1326, wird den Besuchern der inzwischen wohl vollständig eingerichteten Kirche ein Ablaß von 40 Tagen vom Halberstädter Bischof Heinrich erteilt.[11] Gewidmet ist sie „sunte petro" und „sunte georgio". Das Kirchweihfest wird am Sonntag nach Mariä Geburt gefeiert. 1339 wird dieser Ablaß für die Peterskirche erneut gewährt.[12]

Die Errichtung der Peterskapelle vor der Burg folgt offensichtlich dem Wunsch der Edelherren, für einen Teil der in und um die Burg herum ansässigen Bewohner einen von der alten Burgkapelle getrennten Gebetsraum zu schaffen. Die Ursache ist vermutlich darin zu suchen, daß die Anzahl der Bewohner der Burg und ihr Raumbedarf so stark gestiegen war, daß die Burgkapelle diesen Ansprüchen nicht mehr gewachsen war. Es ist davon auszugehen, daß ein größerer Teil der Handwerker, die für die Burgbewohner arbeiteten, jetzt vor der Burg wohnten. Gleichzeitig wurden hier die Bauern angesiedelt, die für den zur Burg gehörenden Wirtschaftshof arbeiteten. Die dritte Gruppe, für die die neue Kapelle die geistliche Betreuung sicherstellen sollte, bestand anscheinend aus allmählich nach Warberg übersiedelnden Bewohnern des alten Dorfes Rode, das auf dem halben Wege zwischen Warberg und Frellstedt gelegen war. Deren dem Hl. Thomas geweihter Altar, ein Tragaltar, wurde allerdings erst 1367, als das Dorf schon lange wüst stand, mit Erlaubnis des Halberstädter Bischofs Albrecht nach Warberg gebracht. Gleichzeitig wurde den Bewohnern jetzt auch formal gestattet, hier ihren Gottesdienst zu halten.[13]

Und noch einen Grund mag es für die Errichtung einer solchen Kapelle vor der Burg gegeben haben: Die Abtrennung der Wohnbereiche in einen

Die Burgmauer.

in der Burg und einen vor der Burg war jetzt durch die Errichtung der steinernen Burgmauer im Südosten der Burganlage eine handfeste Tatsache geworden. Ein genaues Entstehungsdatum für diese Mauer können wir bislang nicht angeben.

Von einer Ansiedlung vor der Burg müssen wir also schon spätestens seit dem Beginn des 14. Jahrhunderts ausgehen. Von einem Dorf Warberg ist in den Quellen aber erst 1356 die Rede. Wenige Jahre früher, 1346 wird immerhin ein Hof vor Warberg erwähnt, der offensichtlich der Ansiedlung vor der Burg angehörte.[14]

Wo genau sich das Dorf befand, läßt sich derzeit nicht mit Gewißheit sagen. Genausowenig können wir mit Sicherheit davon ausgehen, daß sich die Kapelle im unteren Bereich des heutigen Kirchturms befand. Dieser Kirchturm, der sich heute zwischen Wirtschaftsgebäuden Burgbereiches und dem Hauptteil des Dorfes befindet, spielte im 14. Jahrhundert für die Verteidigung der Burg offenbar eine gewichtige Rolle. Das Dorf selbst scheint möglicherweise gemeinsam mit dem Vorwerk mit einem Hagen umgeben gewesen zu sein.[15]

Das Vorwerk

Außerhalb der Burg, vermutlich zwischen ihr und dem Dorf gelegen, befanden sich die für die Bewirtschaftung der zur Burg gehörenden Ländereien erforderlichen Wirtschaftsgebäude. Dazu zählten Ställe für das Vieh, Vorratshäuser, Unterkünfte für Knechte und Mägde usw. Auch hier können wir keine weiteren Angaben über das genaue Aussehen machen.

Das „ploch werk"

Neben der Burg, Vorwerk und Dorf gab es ein „ploch werk". Möglicherweise handelte es sich hierbei um eine hölzerne Befestigungsanlage im Vorfeld der Burg, deren Lage und Funktion wir aber nicht kennen.

Der äußere Verteidigungsring

Es liegt auf der Hand, daß die Burg Warberg wie vergleichbare Anlagen mit einem Ring von „Warten", Wachttürmen, umgeben war. Paul Pini, der davon ausgeht, daß der „Grundstock" für die neue Burg Warberg ein solcher Wartturm der alten Hagenburg gewesen war, stellt fest:

„Weitere Warttürme dienten dem Schutze des Herrschaftsraumes nach Osten. Auf Höhe 156 am Eiz bei Wolsdorf und auf der Höhe 186 an der Elmwaldecke nw. der Missauequelle, auch oberhalb derselben mag im Mittelalter ein Wartturm gestanden haben, an den noch ein Haufen Steingeröll am Waldrand erinnert.

Hierbei könnte es sich auch um eine ehemalige Burganlage der Herren von Kißleben handeln, die dort als Ministerialen der Warberger Herren ansässig waren. Jedenfalls war das wenig übersichtliche Gebiet des Edelherrengeschlechtes durch einen Kranz von Warten geschützt, die tagsüber immer mit Wärtern besetzt waren, die den Anmarsch von Feinden oder Viehräubern durch Zeichen der Zentrale in der Burg Warberg zu melden hatten.

War Gefahr im Verzuge, wurde sofort das gesamte Vieh in Sicherheit gebracht und die wehrfähigen Mannen wurden alarmiert."[16]

Am Übergang vom 14. zum 15. Jahrhundert werden die Warttürme um Warberg herum, wie es den Erfordernissen der Zeit entsprach, durch eine Landwehr abgelöst oder ergänzt worden sein. 1438 ist von einem Knick bei der neuen Mühle zu Gr. Frellstedt die Rede, 1450 erfahren wir zum erstenmal von einer bei Süpplingen gelegenen „Landwehr".[17] Ob es sich bei dieser Landwehr um einen geschlossenen Verteidigungsring um Warberg und die zugehörigen Orte gehandelt hat, in denen die Edelherren die Gerichtsbarkeit ausübten, oder ob sie nur in Teilabschnitten vorhanden war, wissen wir nicht. Ebensowenig wissen wir, wie die Landwehr aufgebaut war. Bestand sie nur aus einer dichten Wehrhecke oder kam eine Befestigung aus Wall- und Grabenbestandteilen hinzu?

1.2 Das Verließ im Burgturm

Wie es sich für eine „echte" Ritterburg gehört, bewahrt auch die Burg War- berg ein schauriges Geheimnis:

„Im Warberger Schlosse ist ein Turm gewesen, der hat unten ein schauri- ges Gefängnis enthalten. Wen die Schloßherren als Feind anfaßten, der wurde verurteilt, die Jungfrau zu küssen. Das soll ein Bild aus Holz oder Stein gewesen sein. Wenn nun der arme Gefangene arglos herantrat, so geriet er alsbald auf eine Falltüre. Diese senkte sich, und der Verurteilte stürzte in einen finstern Raum hinab. Unten aber starrten scharfe Messer und spitze Eisen in die Höhe, in welche der Gefangene hineinfiel und so einen schrecklichen Tod fand."[18]

Das, was hier so grausig daher kommt, ist gewiß Ausdruck des Respektes vor der großen unübersichtlichen Burganlage und ihren Bewohnern. Wer auch immer diese Geschichte in die Welt gesetzt hat, sei es um diesen Res- pekt zu schüren, sei es um die Burgbewohner herabzuwürdigen, er befindet sich mit seiner Erzählung zur Burg Warberg nicht allein. Auch zu anderen Burgen existieren ähnliche Geschichten. Es gibt sie schon zum benachbar- ten Schloß in Schöningen. Heinz-Bruno Krieger überliefert diese Version:

„Zur Zeit der Raubritter befand sich unter dem ältesten Turm des Schö- ninger Schlosses ein tiefer Brunnenschacht, der ringsherum von oben bis unten mit langen Messern ausgemauert war, deren scharfe Schneiden nach oben gekehrt waren. Wurden nun von den Raubrittern Gefangene gemacht, von denen kein Lösegeld zu erwarten war oder deren Verrat man befürchte- te, so wurden diese in den Brunnen geworfen, wobei ihre Körper ganz zer- schnitten wurden."[19]

Ernst August Roloff meint, der Entstehung dieser grausigen Geschichte für Warberg auf den Grund gekommen zu sein. Er bemerkt 1952:

„In Stück 3 des Jahrganges 1781 der einst angesehenen Zeitschrift ‚Göt- tingisches Magazin der Wissenschaften und der Literatur' erzählt ein Unbe- kannter, daß er wenige Jahrzehnte zuvor im Warberger Burgturm selbst noch die letzten Reste eines Schachtes vom Durchmesser eines besteigbaren Schornsteines gesehen habe. Ein Pächter der Domäne, die Warberg damals bereits war, habe diesen wiederum einige Jahrzehnte zuvor zuschütten las- sen. Die Söhne der beteiligten Arbeiter hätten ihm erzählt, daß der Schacht bis auf die Sohle des Burghügels gereicht habe und daß an der einen Wand sichelartige spitze Eisen mit rostroten Blutresten befestigt gewesen seien."

Und er fährt fort: „Diese ziemlich genaue Schilderung ist für uns sehr

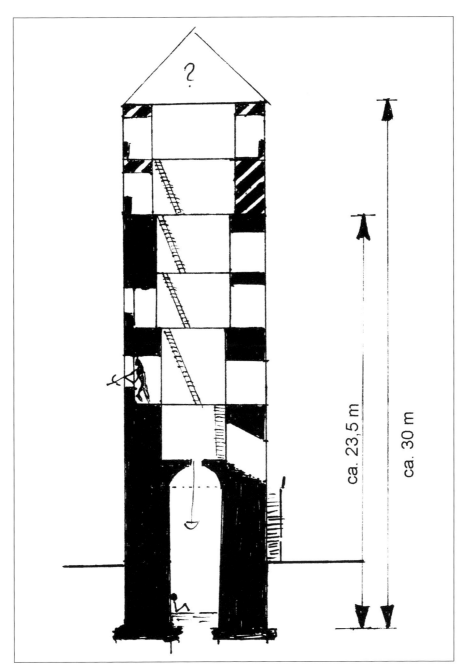

Turm der Oberburg im 15. Jahrhundert mit Verließ und „Angstloch". Der Zugang zum Turm war nur in Höhe des ersten Obergeschosses möglich. Die hier eingezeichneten Tür- und Fensteröffnungen späteren Datums waren teilweise ursprünglich Schießscharten. Die Höhe betrug, einschließlich der noch bis zum Ende des 16. Jahrhunderts vorhandenen beiden Obergeschosse, von denen eines inzwischen wieder rekonstruiert ist, ca. 30 m ab Turmsohle.

wertvoll. Wir entnehmen ihr, daß der grausige schornsteinartige Schacht nichts anderes war als eine Treppe, die im Falle äußerster Not zur letztmöglichen Wasserversorgung der letzten Verteidigungsstellung führte. Die sichelförmigen Eisen waren die Steigstufen, die rostroten Stellen wirklicher Rost. Ja, ja, so entstehen die ,alten' Sagen."[20]

Tatsächlich befindet sich im Turm ein solcher „Schornstein", wie der Baubefund vermerkt. Er reicht aber keineswegs ganz bis zur Turmsohle herunter, sondern endet auf der Höhe des Turmraumes, der sich im ersten Stock befindet. Seine Funktion ist nicht eindeutig geklärt. Zum Wasserholen reichte er schon bei der Errichtung des Tonnengewölbes über dem Keller des Turms vermutlich im 14. Jahrhundert nicht. Wie hätte der mit dieser Aufgabe Beauftragte denn den Turm ohne eine Öffnung im Mauerwerk verlassen können, und das hätte er müssen, da sich im Turm selbst, nach allem was die Untersuchungen bislang ergeben haben, kein Brunnen befand.

Die Sage beruht gewiß nicht nur auf dem nachweisbaren „Schornstein", sondern auch auf etwas anderem: In der Tat diente der Keller des Turms ja noch 1612 als Gefängnis.[21] Vermutlich seit dem Ende des 15. Jahrhunderts bestand der Zugang zu diesem Gefängnis in einer ebenerdigen Tür. Zuvor bestand der einzige Zugang in einer Öffnung im ersten Stock, dem sogenannten „Angstloch", durch das die Gefangenen in das Kerkerverließ im Untergeschoß des Turms heruntergelassen wurden. Es ist nicht unwahrscheinlich, daß ihnen zuvor die Gelegenheit gegeben wurde, in der Burgkapelle zu beten und die Statue der „Jungfrau Maria" zu küssen. War die Kapelle doch nicht nur dem Hl. Jacobus, sondern auch ihr gewidmet. Darüberhinaus ist keineswegs undenkbar, daß der Kerkermeister Verräter und andere mißliebige Gefangene in den Kerker hinunterstieß. Dies bedeutete, daß die Opfer etwa fünf Meter in die Tiefe stürzten.

Wenn so mancher Gefangene dies Verließ nicht wieder lebend verlassen konnte, lag das gewiß auch an den unmenschlichen Haftbedingungen der damaligen Zeit. Daß hier auch Kriegsgefangene ihr Leben beendeten, deren Familien für Lösegeldforderungen ihrer gefangenen Angehörigen nicht aufkommen konnten oder wollten, läßt sich nicht von der Hand weisen, wenngleich einfache gefangene Söldner häufig gegen das Versprechen, sich in einer festgelegten Zeit nicht wieder an Aktionen gegen ihren Überwinder zu beteiligen, freigelassen wurden. Adlige, deren Gefangennahme Lösegeld versprach, wurden vornehmer untergebracht, als es dieser Kerker zuließ, zumindest solange sie eine solche Unterbringung bezahlen konnten.

So weist die Mär vom Verließ der Burg Warberg einen wahren Kern auf. In diesem aber unterschied sich das Los der Gefangenen der Edelherren von Warberg nicht von dem anderer Gefangener. Einer der bekanntesten Gefangenen des Hochmittelalters war Richard Löwenherz, der erst gegen eine Zahlung der kaum vorstellbaren Summe von 35.000 kg Silber aus seiner mehrjährigen Haft auf der Reichsfestung Trifels freikam. Vorher hatte ihn Friedrich Barbarossa von einem seiner Vasallen, der Richard auf der Rückkehr von einem Kreuzzug „gekidnappt" hatte, gekauft.

Neben dem Verkauf gehörte auch der Raub in den Bereich dessen, was schon Gefangenen widerfahren konnte. So wirft der Hildesheimer Bischof Gerhard den mächtigen Rittern von Steinberg, die am Ende des 14. Jahrhunderts den Braunschweigischen Herzog Magnus auf ihrem Schloß Bodenburg gefangen hielten, vor, sie hätten „uns use vangenen entfort to Bodenborch"[22]. Das zu erwartende Lösegeld war offensichtlich verlockender als die Furcht vor der Rache des Bischofs.

Auch die Edelherren von Warberg mußten damit rechnen, selbst beständig Opfer einer Gefangennahme zu werden, wie etwa jener Heinrich von Warberg der als Magdeburger Dompropst 1395 in die Hände seiner Gegner fiel. Wir werden noch von ihm hören.[23] Umgekehrt werden auch die Edelherren von Warberg immer wieder eine ganze Anzahl mehr oder weniger illustrer Gefangener in ihrem Turm untergebracht haben.

2. Die Zeit der Vormünder

Als Gebhard 1366 starb, waren seine Söhne Ludolf und Hermann ebenso wie die Söhne seines schon drei Jahre früher verstorbenen Bruders Burkhard, Ludolf und Heinrich, noch nicht sehr alt, so daß für sie Vormünder bestellt werden mußten. Damit begann ein Zeitraum von etwas mehr als zehn Jahren, in dem die Geschichte der Familie und der Burg von zwei schillernden Vertretern der Edelherrenfamilie bestimmt wurde, die diese Aufgabe übernahmen. Es waren dies der Magdeburger Dompropst Hermann von Warberg und der Hochmeister des Johanniterordens, ein Onkel der jungen Edelherren, der ebenfalls Hermann von Warberg hieß. Diese beiden waren mächtige Herren, die ihren Einfluß auch im Interesse der ihnen anvertrauten Mündel und damit ihrer Familie spielen ließen. Ihnen ist es zu verdanken, daß die Wiederherstellungsarbeiten an der vom Magdeburger Erzbischof zerstörten Burg zu Ende geführt werden konnten. Schon unter Burkhard und Gebhard, den Vätern ihrer Mündel, so ist anzunehmen, waren die gewichtigsten Schäden beseitigt worden.

Gleich zu Beginn der Vormundschaft bemühen sie sich auch darum, den Grundbesitz der Familie im Umkreis der Burg zu mehren. 1367, unmittelbar nach dem Tode Gebhards, erwerben beide gegen Zahlung einer Summe von 60 Mark Silber von Heinrich von Wenden vier Hufen Land in Räbke und weitere fünf in Ditmerode.[24] Noch in diesem Jahr kommen vier Hufen und ein Hof in Hoiersdorf, sowie eineinhalb Hufen in Groß Frellstedt hinzu.[25] Im folgenden Jahr erwerben beide Vormünder fünf Hufen und sechs Höfe in Süpplingen. Zugleich kaufen sie vom Grafen zu Blankenburg die Lehensrechte über insgesamt 9 Süpplinger Hufen und die dazu gehörigen Hofstellen. Vermutlich

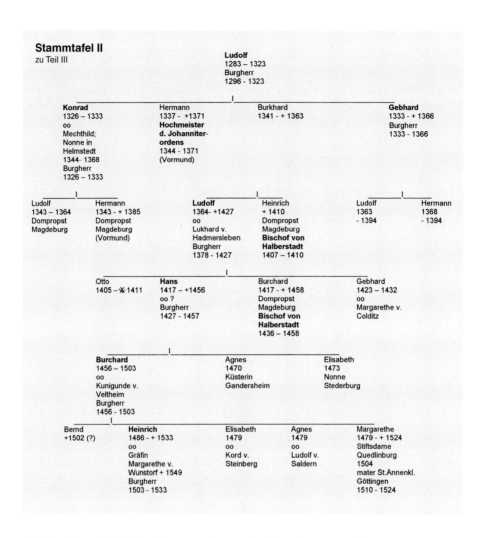

Stammtafel II
zu Teil III

Ludolf
1283 – 1323
Burgherr
1296 - 1323

Konrad	Hermann	Burkhard	Gebhard
1326 – 1333	1337 - +1371	1341 - + 1363	1333 - + 1366
oo	**Hochmeister**		Burgherr
Mechthild;	**d. Johanniter-**		1333 - 1366
Nonne in	**ordens**		
Helmstedt	1344 - 1371		
1344- 1368	(Vormund)		
Burgherr			
1326 – 1333			

Ludolf	Hermann	Ludolf	Heinrich	Ludolf	Hermann
1343 – 1364	1343 - + 1385	1364- +1427	+ 1410	1363	1368
Dompropst	Dompropst	oo	Dompropst	- 1394	- 1394
Magdeburg	Magdeburg	Lukhard v.	Magdeburg		
	(Vormund)	Hadmersleben	**Bischof von**		
		Burgherr	**Halberstadt**		
		1378 - 1427	1407 – 1410		

Otto	Hans	Burchard	Gebhard
1405 – ✕ 1411	1417 - +1456	1417 - + 1458	1423 – 1432
	oo ?	Dompropst	oo
	Burgherr	Magdeburg	Margarethe v.
	1427 - 1457	**Bischof von**	Colditz
		Halberstadt	
		1436 – 1458	

Burchard	Agnes	Elisabeth
1456 – 1503	1470	1473
oo	Küsterin	Nonne
Kunigunde v.	Gandersheim	Stederburg
Veltheim		
Burgherr		
1456 - 1503		

Bernd	Heinrich	Elisabeth	Agnes	Margarethe
+1502 (?)	1486 - + 1533	1479	1479	1479 - + 1524
	oo	oo	oo	Stiftsdame
	Gräfin	Kord v.	Ludolf v.	Quedlinburg
	Margarethe v.	Steinberg	Saldern	1504
	Wunstorf + 1549			mater St.Annenkl.
	Burgherr			Göttingen
	1503 - 1533			1510 - 1524

sind in diese Zahl die eben erwähnten fünf Hufen eingeschlossen gewesen.[26] Weitere Erwerbungen im Umkreis der Burg Warberg folgen in den nächsten Jahren.

Darüberhinaus finden wir Vormünder und Mündel in Geldgeschäfte verwickelt. So ist ihnen Graf Conrad von Wernigerode 1370 110 Mark Silber schuldig[27]. 1372 bekennen Burchard und Curd von der Asseburg und Gumprecht von Wanzleben, daß sie Ludolf, Gebhards Sohn, und Ludolf, Burkhards Sohn, und zu ihrer treuen Hand dem Magdeburger Dompropst Hermann von Warberg 67 1/2 Mark Silber schulden.[28] 1373 bekennen dieselben, daß die Ordensritter ihnen und zu ihren treuen Händen denen von Warberg 200 Mark Silber schulden. Hierfür erhalten sie als Pfand die Zehnten zu Groß und Klein Frellstedt zu Süpplingen und Emmerstedt.[29] Im folgenden Jahr erfahren wir, daß Cord v. Weverlinge den beiden Ludolfs und ihrem

Vormund, dem Magdeburger Dompropst, 9 3/4 Mark Silber schuldig sind.[30] Geldgeschäfte dieser Art finden wir auch in der Folgezeit bei den Edelherren von Warberg wieder. Welchen Umfang sie tatsächlich hatten, läßt sich heute nicht mehr sagen, da hierfür der Erhalt aller Schuldscheine erforderlich wäre. Ebenso wenig können wir mit dem heutigen Stand des Wissens feststellen, woher die verliehenen Gelder stammten.

Während Hochmeister Hermann schon 1371 stirbt, erlebt der 1385 verschiedene Magdeburger Dompropst Hermann noch das Heranwachsen seiner Mündel. Mitte der 1370er Jahre müssen die Kinder des 1360 verstorbenen Burkhard mündig geworden sein. Aber erst nach 1378 sehen wir die Vettern Hermann und Ludolf ohne ihre Vormünder handeln.[31]

Da beide Vormünder von so hervorragender Bedeutung auch innerhalb der Familie sind, sollen sie hier näher vorgestellt werden.

2.1 Edelherr Hermann von Warberg, Meister des Johanniterordens

Hermann war einer der für die geistliche Laufbahn bestimmten jüngeren Brüder Burkhards und Gebhards. Zum ersten Mal hören wir von ihm 1337, als er schon als Komtur des Johanniterordens in der Ordenskommende Nemerow fungiert. Nur vier Jahre später treffen wir ihn auch als Komtur der Kommende Werben an.[32]

Schon 1344 ist Hermann Hochmeister des Johanniterordens und bezeichnet sich selbst als „broder Hermen van Werberch, eyn gemeyne beyder (Gebietiger) in saxen, in den Marken, in Wenthland und in Pomern des ordens des heiligen huses des hospitalis sente Johannis von Jerusalem." Hermann regierte damit als Statthalter des Großpriors in Deutschland die seit 1351 als selbständige Ballei nachweisbare Ordensprovinz Brandenburg des Johanniterordens. Sein Titel zeigt schon die Ausdehnung des Gebietes, in dem er herrscht. Es „erstreckte sich vom Heimatland Werbergs zwischen der oberen Aller und dem Harz im Westen bis weit nach Ostpommern, in die Neumark und in die Länder Lebus und Sternberg hinein. Gleichzeitig entwickelte sich die Ballei Brandenburg immer mehr zu einem nahezu souveränen politischen und wirtschaftlichen Gebilde, das in sich gefestigter war, als es die Territorialstaaten in ihrem dauernd umstrittenen Besitzstand sein konnten."[33]

Diese Karriere Hermanns war auch für die Familie nicht kostenlos zu haben. Eine Anmeldung zum Ordensmitglied erfolgte schon im Alter von 7 bis 9 Jahren, da für die spätere Erlangung von Ämtern innerhalb des Ordens das Dienstalter eine wichtige Rolle spielte. Unerläßlich war hierfür ein beeidigter Adelsnachweis. War die Anmeldung erfolgt, so hatte die Familie ein „Passagengeld" zu entrichten. Dies war ein nicht unerheblicher Geldbetrag, das ursprünglich dazu bestimmt war, die Überfahrt des angehenden Ordensritters ins Gelobte Land zu finanzieren. Bis zum Fall Akkos

Siegel des Johannitermeisters Hermann von Warberg.

1291 war der Orden hier ansässig gewesen. Nach der Eroberung von Rhodos 1306-1309 hatte dann der Orden seinen Sitz auf diese Insel verlegt.

Im Alter von etwa 14 Jahren hatten sich die Ordensanwärter auf dieser Insel einzufinden. Hier wurden sie u.a. im Waffengebrauch und im Pflegedienst unterwiesen. Es ist anzunehmen, daß die zum Dienst im Johanniterorden bestimmten jungen Adligen in der Zeit zwischen der Anmeldung und der Reise nach Rhodos eine ihrem Stande entsprechende Unterweisung auf ihren heimatlichen Burgen erhielten. Nach dem Ende der seit 1329 obligatorischen Ausbildung bei den Johannitern mit etwa 20 Jahren schloß sich die Aufnahme in den Orden und die Übernahme eines Amtes auf dem Festland oder auf Rhodos an.

Das erste Amt, das Hermann von Warberg übernommen hatte, war – soweit wir dies belegen können – die Übernahme der Position des Komturs in Nemerow. 1337 weilt er in Lychen, 1341 in Werben. 1344 hält er sich im heute zu Berlin gehörenden Köln an der Spree auf, wo er das dem Orden gehörende Schulzengut zu Marienfelde verkauft. 1345 finden wir ihn gemeinsam mit Herzog Barnim II. von Pommern in Ückermünde. Schon 1344 und 1345 wird Hermann von Warberg mehrfach als „summus preceptor" oder „preceptor generalis" für Sachsen, die Mark, Wendland und Pommern genannt.[34] Demnach scheint er schon jetzt an der Spitze des Ordens für die genannten Länder gestanden zu haben.

1346 finden wir ihn in Schwerin, 1346 in Stettin. 1349 bezeugt er gemeinsam mit König Waldemar von Dänemark und Bischof Johann von Kammin die Bestätigung des Stadtrechts von Pyritz durch den Markgrafen Ludwig von Brandenburg. Im folgenden Jahr ist er u.a. in Frankfurt (Oder) anzutreffen. 1351 führen ihn seine Amtsgeschäfte wieder nach Werben. 1352 finden wir in Berlin und Königsberg, 1354 erneut in Frankfurt, 1356 in Tangermünde.

1357 schließlich hält er sich in Braunschweig auf. Hier erreicht er in Verhandlungen mit Herzog Magnus I. von Braunschweig die Übereignung aller Güter des aufgelösten Tempelritterordens, die sich in seinem Herrschaftsbereich befanden. Papst Clemens V. hatte sie den Johannitern zugesprochen. Der Orden zahlte 400 Mark feinen Silbers für diese Übereignung. Während der Herzog versprach, in Zukunft den Orden und alle seine Besitzungen zu schützen, verpflichteten sich die Johanniterritter ihrerseits, dem

Herzog Beistand zu leisten. Zu den Gütern, die jetzt in die Hände der Johanniter übergingen, gehörte der Tempelherrenhof zu Braunschweig ebenso, wie das Schloß Süpplingenburg. Hierbei mußten sich die Johanniter verpflichten, die Burg den Gegnern des Herzogs nicht zu öffnen.[35]

Bei dem Abschluß dieses Vertrages waren neben dem Meister des Johanniterordens Hermann von Warberg auch dessen Brüder Gebhard und Burkhard zugegen, die, wie gesehen, Amtleute des Herzogs waren. Für die Edlen von Warberg war dieser Vertrag auch insofern von Bedeutung, als Angehörige der Familie in Zukunft mehrfach mit der Verwaltung der Kommende Süpplingenburg beauftragt wurden. Die Übernahme dieser in unmittelbarer Nachbarschaft der Burg Warberg gelegenen Festung war für die Edelherren nicht nur von wirtschaftlicher Bedeutung, bezogen sie doch als Komturen die Einnahmen aus den Gütern der Kommende. Mehr noch war sie es aus militärischen Gründen, verstärkte sie doch den Schutz des Kerngebiets der Warberger erheblich.

Auch in der folgenden Zeit finden wir Hermann im rastlosen Einsatz für den Johanniterorden tätig. Hierbei scheint ihm sein diplomatisches Geschick von außerordentlichem Nutzen gewesen zu sein. 1358 ist er Zeuge bei der Bestätigung der Privilegien der Stadt Lübeck. 1359 bezeugt er in Eberswalde ein Bündnis zwischen den Herzögen der Mark Brandenburg und den Herzögen von Pommern-Stettin. Im Bündnisvertrag wird ihm das Amt des höchsten Schiedsrichters bei Uneinigkeit unter den Fürsten zugesprochen: „Die beiderseits im gegenseitigen Einvernehmen gewählten Räte der Fürsten sollen gemeinsam mit dem ehrwürdigen Bruder Hermann von Werberg die vorliegenden und in Zukunft möglichen Streitfälle beizulegen oder zu entscheiden suchen … Vermögen sie das aber nicht in einer festgelegten Zeit, ‚so scholen sie dat bringhen an den vorghenanten von Werberch, alse enen overmann, den wi endrechtiglik dartu ghekoren hebben, die schal dat entrichten binnen vier weken mit minne oder mit rechte …’ – Der nunmehrige Herrenmeister der Johanniter, der in beiden Ländern einen so ausgedehnten Ordensbesitz fast souverän und anscheinend unangefochten verwaltete, muß den Fürsten als der geeignete Mann für das schwere Amt erschienen sein.“[36]

Noch 1359 führen ihn seine Geschäfte nach Röbel, von dort aus 1360 wieder nach Frankfurt/Oder. Im selben Jahr wird Fürst Albrecht von Anhalt vom Hildesheimer Domdekan von einem Kirchenbann befreit. Johannitermeister Hermann von Warberg hatte diesen Bann über ihn wegen Auseinandersetzungen mit den Ordensrittern verhängt.

Noch 1360 finden wir Hermann bei Markgraf Ludwig „dem Römer“ in Küstrin. In Berlin gestattet er die Umbildung des ehemaligen Tempelherrenhofes Richardsdorfs in ein 25 Hufen umfassendes Bauerndorf. Es war die Geburtsstunde des Berliner Stadtteils Neuköln. 1363 hielt sich Hermann gemeinsam mit Erzbischof Dietrich von Magdeburg, Herzog Rudolf von Sachsen, Bischof Burchard von Havelland, Fürst Waldemar I. von Anhalt,

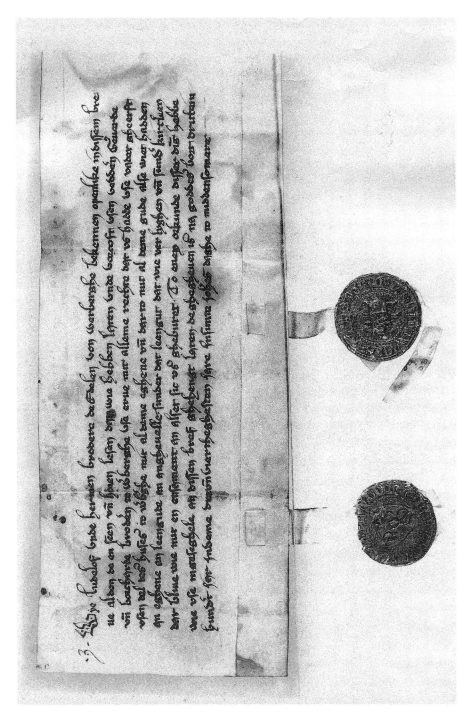

1343 verkaufen der spätere Magdeburger Dompropst Hermann von Warberg und sein Bruder
Ludolf ihre Anteile am Hause Warberg mit allem Zubehör.

den Markgrafen Ludwig und Otto von Brandenburg und den Grafen von Lindow zur Aushandlung eines Vergleiches in Kyritz auf. Zwischen 1364 und 1370 scheint Hermann seine Verhandlungsaktivitäten und die damit verbundenen Reisen weitgehend eingestellt zu haben. Zu diesem Zeitpunkt wird er, wie wir schon oben festgestellt haben, als Sachwalter seiner Vormünder auf Warberg tätig.

1370 wird er dann noch einmal zum Schiedsrichter in einer Auseinandersetzung zwischen dem Herzog von Pommern und Stettin und dem Grafen von Lindow berufen. 1371 schlichtet er als Schiedsrichter einen Streit zwischen dem Bischof von Kamin und dem Markgrafen von Brandenburg. In diesem Jahr erhält er von Herzog Magnus von Braunschweig das Eigentum an Schloß und Städtchen (Berlin-)Gartow mit den umliegenden Dörfern, der dazugehörigen Heide, der hohen und niederen Gerichtsbarkeit, mit allen Lehen, mit Mannschaften, Diensten, Mühlen, Jagd und Fischerei.

Nach 1371 ist der Johanniterordensmeister Edelherr Hermann von Warberg nicht mehr in den Quellen belegt. Er ist noch in diesem Jahr verstorben. Sein Grabmal befand sich in der Kirche zu Süpplingenburg „mitten auf dem Chor". Meibom überliefert als Aufschrift des Epitaphs:

„MCCC trimatus, numerusque per L situatus
Post XX duplatus subit I pariter situatus
Progenie natus Warberg moriens tumulatus
Hermannus satus, pollus sine felle reatus
Nobilis et gratus redolens".[37]

An derselben Stelle urteilt Meibom, es werde dem Comtur Edelherrn Hermann von Warberg in diesem Epitaph „ein gutes gezeugnis seines Herkommens und Verhaltens mitgeteilt".[38]

2.2 Hermann von Warberg, Dompropst zu Magdeburg und päpstlicher Nuntius

Der zweite der Vormünder, dessen Wirken Warberg in den 70er Jahren des 14. Jahrhunderts prägte, war der Magdeburger Dompropst Herrmann Edelherr von Warberg.[39] Er gehörte zu den Söhnen des früh verstorbenen Konrad von Warberg und war damit ein Vetter der ihm anvertrauten Mündel. 1343 hatte er gemeinsam mit seinem Bruder das Erbteil, ein Viertel des Hauses Warberg mit allem dazugehörigem Eigen- und Lehngut an die beiden nahezu gleichaltrigen Onkel abgetreten. Ausgenommen waren hiervon die Kirchlehen.[40] Die Urkunde nennt keine Verkaufssumme. Am 1. Mai 1349 erhalten sie ihren Anteil für eine Summe von 300 Mark Silber zurück.[41]

Noch 1344 ist Hermann als Laie belegt. In der anschließenden Zeit wird er seinen Anteil aus dem Verkauf der Rechte an Warberg für die Finanzierung eines Universitätsstudiums genutzt haben, das er mit dem Grad eines „baccalaureus in decretis" abschloß. Wo er sein Studium betrieb, ist leider nicht belegt. Sicher ist, daß er dazu ins nichtdeutschsprachige Ausland reisen mußte. Bekannte Universitäten befanden sich etwa in Bologna oder Paris. Zu den Pfründen, über die er schon früh verfügte, gehörte die Ausstattung mit dem Archidiakonat des Bannes Utzleben. Seit 1352 ist Hermann als Domherr in Magdeburg nachweisbar. Erst 1358 erhält er die päpstliche Provision für dieses Amt. Nach 1358 ist er auch Inhaber eines Kanonikats zu St. Blasius in Braunschweig.

1358 fungiert er zugleich als päpstlicher Nuntius in Stadt, Erzdiözese und Kirchenprovinz Magdeburg. In diesem ausgedehnten Gebiet läßt er sich auch in diesem und dem folgenden Jahr als Kollektor der Einnahmen der apostolischen Kammer nachweisen. Dies ist eine Funktion, die Erfahrung im Umgang mit finanziellen Dingen unterstellt, eine Erfahrung die Hermann offensichtlich auch bei den Geldgeschäften im Auftrag seiner Mündel erfolgreich einsetzen kann.

1359 wird er zum Magdeburger Dompropst bestimmt. Die Päpstliche Bestätigung erfolgt im November dieses Jahres. Diese Position hat er bis zu seinem Tode im Jahr 1385 inne.

Zum Zeitpunkt der Auseinandersetzungen zwischen Herzog Magnus von Braunschweig, dessen Amtleute und Befehlhaber seine Vettern Gebhard und Burkhard von Warberg waren, und Erzbischof Otto von Magdeburg, war Hermann bereits Domherr in dieser Stadt. Wie er sich in diesem Krieg verhalten hat, der ja 1356 zur Zerstörung der Burg Warberg geführt hatte, ist bislang unbekannt. Immerhin hatte er sich ja zwischen den Interessen seiner Familie und denen seines Bischofs zu entscheiden. Wie auch immer er sich verhalten hat, seine Bestellung zum Dompropst zeigt, daß er richtig gehandelt hat.

In den 1370er Jahren scheint sich Hermann der Dompropst auf dem Teil der Burg Warberg, der ihm gemeinsam mit seinem Bruder als Pfandbesitz zustand, eingerichtet zu haben. Als Hermann 1377 als „iudex" in einer Klage des Hildesheimer Domkapitels gegen den Hildesheimer Bischof Gerhard wegen der Auferlegung von Diensten und Besteuerung der Liten und Güter der Dompropstei richten soll, sind die Verhandlungen auf der Burg Warberg („in castro Werberge Halberstadensis diocesis") geführt worden. Zu den Verhandlungsführern gehörten von Seiten der Magdeburger und der Hildesheimer Diözese Albert Wischeppel und Albert Eltzen. Zu den bei der Unterredung Anwesenden gehörten auch Hermann, der Pleban (=Leutepriester) zu Kißleben und Johann, der Rektor der Burgkapelle St. Jacobus.[42]

Der Beteiligung dieser beiden Geistlichen an Verhandlungen wie der eben geschilderten war das Bemühen Hermanns vorhergegangen, beide Gotteshäuser unter seine Verfügungsgewalt zu bekommen und sie so auszustatten, daß es möglich war, sie mit für diese Aufgaben qualifizierten Geistlichen seines Vertrauens zu besetzen.

Zur Pfarrherrnstelle für Kißleben gehörte als Filial die St. Peters Kapelle vor der Burg. Diese war nach ihrer provisorischen Nutzung nach den Zerstörungen des Jahres 1356 achtzehn Jahre später 1374 soweit wiederhergestellt, daß sie erneut geweiht werden konnte. Aus diesem Anlaß wurde sie mit einem Ablaß von 40 Tagen ausgestattet.[43]

Schon 1367 wird vermutlich auf Drängen Propst Hermanns mit der Erlaubnis des Halberstädter Bischofs Albert der Gottesdienst aus dem aufgegebenen und inzwischen wüsten Dorf Rode entweder in der Peterskapelle vor der Burg oder in der Burgkapelle gehalten.[44] Im gleichen Jahr erwirbt der Warberger Capellan Cord von Dransfeld 1½ Hufen Warberger Lehnsland und überträgt sie der Kirche in Kißleben.[45] 1369 verkaufen die Vettern von Heimburg der Pfarrkirche zu Kißleben und der Peterskapelle vor der Burg eine weitere Hufe Land.[46] 1383 schenken die Vettern Ludolf und Hermann der Pfarre zu Kißleben den Zehnt über zwei Hufen.[47]

Die Besetzung dieser Pfarrstelle mit einem für unseren Dompropst geeigneten Mitarbeiter scheint mühelos über die Bühne gegangen zu sein. In den Quellen haben sich zumindest keine Hinweise hierüber erhalten.

1375 tauschen der Kanonikus von St. Blasien zu Braunschweig Hermann von Warberg, das ist offenbar unser Dompropst, und der Rector (= Kirchherr) der Jacobuskapelle auf der Burg Warberg Heinrich von Warberg ihre

Grabstein des 1385 verstorbenen Magdeburger Dompropstes Hermann von Warberg. (Der Ausschnitt zeigt rechts das Familienwappen und links einen Helm mit „Strahlenkranz".)

Stellen und die mit ihnen verknüpften Einkommensquellen.[48] Gleichzeitig erlaubt Heinrich dem von ihm mit der Kapelle ausgestatteten Vikar Lambert Birkan, diese aufzugeben.[49]

Im selben Jahr erhält Dompropst Hermann von Warberg vom Bischof Albert von Halberstadt drei Hufen Landes und ein Herrenhaus in Lelm für die Ausstattung der Burgkapelle, gleichzeitig legt er ihr einen Ablaß von 40 Tagen zu. Ebenfalls 1375 Jahr schenken Ludolf, Heinrich und Hermann der Kapelle auf ihrem Haus 1 Hof und 1 1/2 Hufen Landes zu Räbke. Damit war nach der Resignation des Vikars Birken der Weg frei, die Position des Rektors der Kapelle mit dem als Johann bezeichneten Geistlichen und Vertrauten des Magdeburger Dompropstes zu besetzen.

Die letzten Jahre seines Lebens hat Dompropst Hermann offenbar wieder in Magdeburg verbracht. Hier wurde er zur letzten Ruhe gebettet: „Sein Grabstein mit dem Werberger Wappen steht im Kreuzgang des Magdeburger Doms. Die Umschrift lautet: † anno domini M.CCC. l. XXXV. Ipso die magni martiris [19.8.1385] honorabilis dns. Hermannus nobilis de werberge ppositus hujus ecce fundator capelle s. anima r. i. pace."[50]

3. Ludolf – Sohn Burkhards, Rat der Herzöge zu Braunschweig

Ludolf, auf den die nachfolgenden Generationen der Edelherrenfamilie von Warberg auf Warberg zurückzuführen sind, war der ältere der Söhne Burkhards. Sein Bruder Heinrich war für eine geistliche Laufbahn bestimmt worden und ist 1375 in den Immatrikulationslisten der Universität Prag erfaßt. Sein Studium wird er schon früher aufgenommen haben. Auf ihn, der Bischof in Halberstadt werden sollte, werden wir weiter unten noch zu sprechen kommen.[51] 1372 und 1374 urkundet Burkhards Sohn Ludolf mit dem gleichnamigen Vetter Ludolf, Gebhards Sohn, und dem Vormund Dompropst Hermann gemeinsam. 1378 sehen wir die herangewachsenen Vettern ohne ihre Vormünder agieren.[52]

Jetzt zeichnet für die Söhne Gebhards zum erstenmal Hermann, während der Vertreter der Söhne Burkhards unser Ludolf bleibt. Das Fehlen des älteren seiner Vettern ist offenbar durch dessen Abwesenheit von Warberg bestimmt, deren Grund wir nicht kennen. Auch 1383 handeln seine Vettern Ludolf und Hermann gemeinsam, als Herzog Friedrich von Braunschweig-Lüneburg das Stift Marienberg von einer Zahlung an das Schloß zu Schöningen befreit.[53]

Ein Jahrzehnt später verkaufen Ludolfs Vettern, die beiden weltlich gebliebenen Brüder „Ludeleff ridder unde Herman Knecht gheheten edele van Werberge wonhafftich dar/sulves", ihren Anteil an einem mit 4 1/2 Hufen ausgestatteten Vorwerk in Esbeck an das Kloster Marienberg für 36 Mark. 1398 kann das Kloster für weitere 69 Mark auch den Anteil erwerben, der den Söhnen Burkhards, unserem Ritter Ludolf und dem inzwischen als Dompropst von Magdeburg fungierenden Heinrich, gehörte.[54]

Seit 1381 finden wir Ludolf in der Umgebung Herzog Friedrichs von Braunschweig. In diesem Jahr bürgt Edelherr Ludolf „wonafftich to werberge" für eine Summe von 70 Mark Silber, die sich der Herzog von den v. Weverlinge geliehen hat.[55] Als die Braunschweiger Herzöge Friedrich und Heinrich 1386 ein Bündnis mit Herzog Otto von Braunschweig-Lüneburg gegen Herzog Wenzel von Sachsen-Lauenburg eingehen, fungiert Edelherr Ludolf an erster Stelle unter den Bürgen Friedrichs und Heinrichs. Auch sein Vetter Hermann sowie Cord von Warberg-Sommerschenburg werden als Bürgen genannt.[56] Als es im Folgejahr zu einem Vergleich mit dem Gegner kommt, wird Ludolf als Zeuge des Vertrages herangezogen.[57] Im Zuge einer der vielen Erbteilungen des Herzogtums Braunschweig-Lüneburgs wird Friedrich 1388 das Land Braunschweig übergeben, während seine Brüder das Land Lüneburg erhalten.[58]

In den folgenden Jahren ist Ludolf mehrfach unter den „leven getruwen", den Räten Herzog Friedrichs zu finden, wenn dieser zu Schiedssprüchen herangezogen wird.[59] 1399 bürgt er mit anderen Räten Friedrichs für die Zahlung einer Pfandsumme von 1000 Mark Silber, für die dem Herzog das Schloß Lichtenberg zurückgegeben wurde.[60] Im selben Jahr muß Herzog Friedrich den v. Veltheim, für die Ludolf von Warberg als Treuhänder auftritt, und anderen Angehörigen der Ritterschaft Haus, Schloß und Gericht Schöningen verpfänden.[61]

Wieweit es sich bei Burkhards Sohn Ludolf tatsächlich um jenen Edelherrn Ludolf zu Warberg handelt, der 1397 als Hauptmann zu Jüterburg belegt ist, ist umstritten.[62] Warscheinlicher scheint mir, daß es sich bei ihm um den gleichnamigen Sohn Gebhards handelt. Sollte dies nicht der Fall sein, so erlischt schon 1394 als Ludolf und Hermann, die Söhne Gebhards ihren Anteil an Esbeck an das Kloster Marienberg verkaufen, jegliche Kunde von den beiden.[63] Berg versichert: „Gebhards Söhne verschwinden aus den Urkunden."[64]

Nach dem gewaltsamen Tode des Braunschweiger Herzogs Friedrich 1400 finden wir Ludolf auch in großer Nähe zu dessen Nachfolgern in der Regierung des Landes Braunschweig, seinen Brüdern, den Herzögen Bernhard und Heinrich, wieder. Schon am 17. Juli 1400 erscheint „de eddele her Ludolff van Werberge" an erster Stelle der „leven getruwen manne", die als Zeugen angeführt werden, als beide Welfenherzöge der Stadt Braunschweig im großen Huldebrief ihre Rechte bestätigen und sie in ihren Schutz nehmen. An dieser Stelle finden wir ihn ebenfalls, als die Herzöge am selben Tag auch die Stadt Helmstedt in ihren Schutz nehmen und auch ihr ihre Rechte bestätigen.[65]

Seit diesem Zeitpunkt ist am Welfenhof ein ständiges Beratergremium, der „heimliche Rat" nachweisbar.[66] Dieser Einrichtung gehörte auch Edelherr

Ludolf von Warberg an. Schon 1401 wird er bei einer Schlichtung durch die Herzöge Bernhard und Heinrich von diesen als „unse rad unde man" bezeichnet.[67] Als sich die Braunschweiger Herzöge 1406 von der Stadt Braunschweig 2000 Mark Silber leihen und ihr dafür die Asseburg verpfänden, sind „her Ludolff eddele van Warberg", Heinrich v. Veltheim und Cord v. Weverlinge als Zeugen anwesend. Die Herzöge bezeichnen die drei in der Urkunde jetzt als „unse rad unde riddere" unsere Räte und Ritter. In dieser Funktion sind sie auch dabei, als Helmstedt im selben Jahr den Herzögen 50 Mark Silber leiht.[68]

Als 1404 im Vorfeld der „Lipper Fehde" Auseinandersetzungen zwischen beiden Herzögen und dem Bischof von Hildesheim drohen, gehört Ludolf zu den zwei von insgesamt vier Schiedsrichtern, die von den Herzögen für Verhandlungen gestellt werden.[69]

1405 wird im Verlauf dieser Fehde Herzog Heinrich gefangengenommen. Für seine Freilassung fordert der Herr von der Lippe die für damalige Zeiten horrende Summe von 100.000 Gulden ein. Bei den zahlreichen Verhandlungsrunden, die die Freilassung des Herzogs begleiten, ist immer auch das Verhandlungsgeschick Ludolf von Warbergs gefragt.[70]

Am 25. Juli 1405 unterzeichnet er als Bürge neben Landgraf Hermann von Hessen und Herzog Otto von Braunschweig-Göttingen an dritter Stelle einen Schuldschein über 20 000 rh. Gulden. Erst dann folgen die Namen von 25 Rittern und Knappen.[71] Die oben erwähnten Schulden der Herzöge gegenüber den Städten Braunschweig und Helmstedt sind offenbar auf den Versuch zurückzuführen, diese Summe aufzubringen. 1407 setzt ein Einfall der Welfen in das Lipperland der Zahlungverpflichtung ein Ende, nachdem schon 1405 die Häscher des Herzogs Heinrich von König Ruprecht II. geächtet wurden.[72] In diesem Zusammenhang wird Ludolf zum Braunschweigischen Landrichter bestimmt, ein Amt, das er auch noch 1402 innehat.[73]

Noch 1407 unterstützt Ludolf seinen Bruder Heinrich, der gerade zum Bischof in Halberstadt geworden war, dabei, den inneren Frieden innerhalb des Bistums wiederherzustellen. Reibereien zwischen den Bürgern der Stadt Halberstadt und dem Klerus des Bistums hatten ihn in Frage gestellt.[74]

Am 1. Dezember 1408 finden sechs Herzöge von Braunschweig-Lüneburg, darunter Bernhard und Heinrich, mit Erzbischof Günther von Magdeburg, dem Bischof von Hildesheim und Ludolfs Bruder Heinrich von Warberg, Bischof zu Halberstadt, sowie anderen zu einem für zehn Jahre geltenden Landfriedensbündnis zusammen. Förderer dieses Vertrages war Ludolf von Warberg.[75]

Als 1409 die Herzöge Bernhard und Heinrich das über neun Jahre hinweg gemeinsam regierte Herzogtum Braunschweig-Lüneburg in die beiden Fürstentümer Lüneburg und Braunschweig aufteilen, wird Ludolf erneut als erster der Zeugen genannt.[76] In der Folgezeit finden wir Ludolf an der Seite Bernhards wieder, dem das Fürstentum Braunschweig mit Hannover und dem Land zwischen Deister und Leine sowie der Herrschaft Everstein zugefallen war.

1412 werden er und Heinrich von Veltheim sowie ihre Erben von Herzog Bernhard mit einem Landstück vor dem „kurzen Holze" belehnt, um hier einen Teichdamm anzulegen.[77] In Bernhards Gefolge[78] oder in seinem Auftrag[79] nimmt er auch 1413 und 1414 nachweislich an den (Land-)Tagen zu Riddagshausen, vor dem Sifferdesdamme, und zu Braunschweig teil.

Verheiratet war Ludolf mit Luckard von Hadmersleben, einer Nichte des späteren Bischofs Albrecht von Halberstadt (1411 – 1419), Tochter Ottos von Hadmersleben und der Gräfin v. Wernigerode. Beide liegen im Kloster Mariental begraben.[80] Da sein Bruder und seine Vettern keine Kinder hinterließen, setzten allein die Kinder aus dieser Ehe den Familienstamm fort.

Ludolfs ältester Sohn Otto ist schon 1405 mündig und zeichnet gemeinsam mit seinem Vater.[81] 1411 wird er in einer Fehde mit den v. Schwichelt bei Derenburg getötet, als er diese gemeinsam mit seinem Vetter Cord von Egeln/Hadmersleben daran hindern will, geraubtes Vieh außer Landes zu bringen. Heinrich von Schwichelt muß am Ort des Geschehens später eine Sühnekapelle errichten.[82]

Der bedeutendste der Söhne war Burchard. Er schlug eine geistliche Laufbahn ein und wurde der zweite der Warberger Edelherren auf dem Halberstädter Bischofsthron. Auch auf ihn werden wir noch zu sprechen kommen. Die anderen beiden der vier Söhne waren Hans und Gebhard. Gebhard war zwar der jüngste der Brüder, blieb aber nach dem frühen Tode Ottos weltlich.

Noch am 12. März 1426 beurkundet Edelherr Ludolf von Warberg gemeinsam mit seinen Söhnen Hans und Gebhard einen Grundstückstausch mit dem Schöninger St. Laurentius Kloster.[83] Im September des folgenden Jahres ist er schon nicht mehr am Leben.

4. Bischöfe aus dem Hause Warberg

Die erste Hälfte des 15. Jahrhunderts steht im Zeichen der wohl einflußreichsten Vertreter des Hauses der Edelherren von Warberg. Für die nur relativ kurze Zeit von 1406 – 1410 ist Ludolfs Bruder Heinrich Bischof von Halberstadt. 1437 wird Burchard in dieses Amt eingeführt. Er sollte es bis 1458 bekleiden.

Die Zeit zwischen 1394 und 1458 wird durch einen Dualismus geprägt. Während einer der Edelherren die Burg Warberg innehatte und sich an den Herzögen von Braunschweig orientierte, war sein Bruder entweder Magdeburger Dompropst und damit Inhaber der zweitwichtigsten Position im Erzbistum oder regierender Bischof im Hochstift Halberstadt. Wobei die Interessensverquickung zwischen den geistlichen Herrschaften Magdeburg und Halberstadt noch zu überprüfen wäre.

Insbesondere die mehr als fünfzig Jahre zwischen 1406 und 1458 sind ein Zeitraum, in dem darüberhinaus schwer zu unterscheiden ist, ob die Edelherren sich zum Mittel der Politik des Fürstbistums Halberstadt machten oder ob sie das Bistum für sich instrumentalisierten. Möglicherweise liegt die Wahrheit wie so oft in der Mitte. Vermutlich war es eine Symbiose, bei der der eine Partner vom jeweils anderen zu profitieren vermochte.

4.1 Bischof Heinrich von Warberg (1406 – 1410)

Auch Heinrich, der Sohn Burkhards, begann seine Laufbahn mit einem Studium und gehört damit zu den Edelherren, die das Bildungsniveau der Familie belegen.[84] 1375 wurde der 1367 noch unmündige Heinrich zum Studium der Jurisprudenz in Prag immatrikuliert. Ab 1375 ist er zugleich als Domherr zu Magdeburg nachweisbar. 1394 wird er zum Magdeburger Dompropst. Für dies Amt erlangt er die päpstliche Provision noch in demselben Jahr. Damit war nur neun Jahre nach dem Tod Hermanns, der ja der Vormund Heinrichs gewesen war, erneut ein Edelherr von Warberg Inhaber dieses wichtigen Amtes. Nachweisbar ist Heinrich als Amtsinhaber zwischen 1394 und 1406.

Die Beziehungen zwischen den Edelherren von Warberg und dem Erzbistum Magdeburg waren nicht nur personeller Art, sondern auch solche finanzieller Art. So sieht sich Erzbischof Albrecht von Magdeburg 1388 gezwungen, den Edlen Herren von Warberg und Heinrich von Harzrode das Schloß Hotenstein zu verpfänden, um seiner Geldnot Herr zu werden.[85]

Siegel des Bischofs Heinrich von Warberg.

Da bei Sedisvakanz das Domkapitel die Amtsgeschäfte des Bischofs übernahm, führte Dompropst Heinrich von Warberg das Regiment, als der Erzbischof 1395 das Bistum verlassen hatte. Er „ward in der Fehde mit dem Kurfürsten Rudolf [III. v. Sachsen] … gefangen genommen, von dem Erzbischofe jedoch wieder befreit.“[86]

Neben dem Amt als Dompropst in Magdeburg bekleidete Heinrich zugleich noch mehrere andere kirchliche Ämter und kam in den Genuß ihrer Einkünfte. So ist er seit 1401 auch als Inhaber einer Domherrenstelle in Halberstadt nachweisbar.[87] Schon 1394 war er im Besitz eines Expektanzbriefes für ein solches Kanonikat. 1403 war er zudem Propst des Stiftes St. Peter zu Jechnaburg und Expektant auf ein Hildesheimer und Naumburger Domkanonikat.

Heinrichs Wahl zum Bischof von Halberstadt erfolgte nach dem 28. 11. 1406, als er noch als Halberstädter Subdiakon fungierte. Zum Zeitpunkt der

Wahl war Heinrich ebenfalls noch Magdeburger Dompropst. Am 30. Mai 1407 bestätigt Papst Gregor XII. die Bestellung Heinrichs zum Bischof von Halberstadt.[88]

Heinrich von Warberg übernahm das Bischofsamt, als Bistum und Stadt Halberstadt unter den Folgen des sogenannten „Pfaffenkrieges" zu leiden hatten. Es handelte sich hierbei um eine auch mit kriegerischen Mitteln geführte Auseinandersetzung zwischen dem Domkapitel und den anderen Geistlichen auf der einen Seite und der Bürgerschaft der Stadt Halberstadt auf der anderen, bei der es um die jeweiligen Rechte in der Stadt ging. Heinrich machte sich gleich zu Beginn seiner Amtszeit einen Namen durch sein Verhandlungsgeschick, das dem Bistum zumindest für einen kurzen Zeitraum den Frieden nach innen und nach außen brachte. Eine nicht zu unterschätzende Leistung in einer Zeit, die bisweilen als eine Aera adliger Anarchie gekennzeichnet wird.

Bischof Heinrich von Warberg gelang es schon bald mit Hilfe der Städte Quedlinburg und Aschersleben sowie seines Bruders Ludolf, des Rates der Herzöge zu Braunschweig, seines Schwagers, des Grafen Ulrich von Regenstein, und anderer Ritter einen Interessensausgleich herbeizuführen und einen Friedensvertrag aufzurichten[89]:

„unde we Hinrik gekorn unde gestediget to eynem byschop to Halb., Olrik grave to Reynsteyn, er Ludolf eddele von Werberge, Hans Schenke, Syverd unde Geverd von Hoym unde Bernd von der Asseborch bekennen in dessem openen Breve, dat we alle desse vorgenanten stucke in guder fruntscop unde med gudem willekore an beyden syden gededinget hebben twischen unsen heren den domheren unde der ganzen papheit to Halb. Up eyne sid unde den borgeren gemeynliken der stad to Halb. up ander sid ..." heißt es in diesem Vertrag. Damit war einstweilen der innere Friede wieder hergestellt.

Auch um den äußeren Frieden war Heinrich bemüht, nachdem er schon als Magdeburger Dompropst nicht unbedingt positive Erfahrungen auf dem Felde des Krieges hatte gewinnen können: „Um das relativ kleine und militärisch unbedeutende Bistum so weit wie möglich zu sichern, schloß Bischof Heinrich am 1. Dezember 1408 zu Braunschweig einen auf zehn Jahre befristeten sogenannten Landfrieden mit einer Reihe geistlicher und weltlicher Fürsten der benachbarten Gebiete."[90] Beteiligt waren an diesem Landfriedensschluß Erzbischof Günther von Magdeburg, die Bischöfe Heinrich von Halberstadt und Johann von Hildesheim, sowie die Herzöge Bernhard, Heinrich, Friedrich, Otto, Erich und Otto von Braunschweig[91]; auf die Rolle, die Ludolf als Rat der Braunschweiger Herzöge bei diesem Vertrag zukommen mußte, sind wir oben schon zu sprechen gekommen.

Ein solcher Landfrieden ist Ausdruck des Bemühens, in Zeiten, in denen jeder danach trachtete, das Recht in die eigene Hand zu nehmen, ein wenngleich zeitlich begrenztes Mindestmaß an Sicherheit zu garantieren. Der in diesem Fall verbriefte Landfrieden umfaßte nur bestimmte ausdrücklich aufgeführte Personengruppen und Orte: die Kirchen und Friedhöfe, alle Geistlichen, die Pilger, alle Klöster und Hospitäler mit ihren Bewohnern und Besitzungen. Die Bauern und Feldarbeiter und ihre Gerätschaften bei der Feldbestellung, die Kauf- und Fuhrleute soweit sie Geleitbriefe erworben hatten, alle Silber- Kupfer- und Eisenhütten mit ihren Beschäftigten, alle weidenden Pferde und schließlich die Jäger im Umkreis ihres Wohnortes.

Nicht geschützt waren die oft als Pfand und Beuteobjekt geraubten Rinder-, Schaf- und Schweineherden. Zugelassen war weiterhin auch, daß jeder Adlige nach wie vor das Recht hatte, gegebenenfalls seinen Gegner mit einer durch einen offenen Brief vorher angekündigten Fehde zu überziehen und in diesem Rahmen auch „roverie" zu betreiben.

Das galt selbstverständlich für Nichtadlige nicht. Die mußten sich dann als „ströder", als gewöhnliche Räuber, vor dem Landgericht verantworten, das von den Unterzeichnern des Landfriedens zur seiner Überwachung eingesetzt worden war.[92]

Bischof Heinrich verstarb am Heiligen Abend des Jahres 1410. Beigesetzt wurde er im Dom zu Magdeburg.[93]

4.2 Bischof Burchard III. von Warberg (1437 – 1458)

Burchard war ein Sohn Ludolf von Warbergs.[94] Bischof Heinrich war sein Onkel gewesen. 1417 ist Edelherr Burchard als Student in Bologna nachgewiesen[95], 1424 als Domherr in Magdeburg.[96]

Sieben Jahre später, 1431, war Burchard dann – wie schon Bischof Heinrich von Warberg vor ihm – Magdeburger Dompropst. Am 7. Mai 1437 schließlich wurde Burchard von Warberg vom Halberstädter Domkapitel zum Bischof gewählt. Mit ihm bekleideten die Warberger Edelherren nach nur 27 Jahren erneut den Bischofsstuhl.

Schon zu Beginn seiner Regierungszeit, im November 1437, sah sich Burchard vom kriegerischen Nachbarn Erzbischof Günther von Magdeburg überredet, mit 2000 Bewaffneten einen Feldzug gegen die Grafen von Hohnstein zu unternehmen. Diese Herren hatten ihre ausgedehnten Raubzüge immer wieder auch in das Bistum Halberstadt getragen und sollten auf diese Weise in ihrem unheilvollen Treiben gehindert werden.

Zwar gelang es dem bischöflichen Heer in die Hohensteinischen Lande einzufallen und diese zu verwüsten. Auf dem Rückmarsch geriet es aber in einen Hinterhalt und wurde fast völlig aufgerieben. Böttcher berichtet: „Dreimal versuchte der Bischof mit seinen Rittern … die dichten Reihen der Feinde zu durchbrechen. Dabei sank vor den Augen Burchards dessen leiblicher Bruder, von einer Streitaxt getroffen, mit zerschmettertem Haupt zusammen und neben ihm viele andere. Endlich gelang es dem Bischof, bei einem letzten Vorstoß mit einigen Begleitern sich durchzuschlagen, aber er

*Warberger Wappen auf der von Bischof Burchard ursprünglich in Auftrag gegebenen „Osanna"
im Halberstädter Dom.*

erhielt dabei eine schwere Wunde in der Hüfte oder nach andern am Schenkel, an der er seine ganze Lebenszeit schwer gelitten haben und schließlich gestorben sein soll."[97] Überraschend ist die Unklarheit über den Namen des hier gefallenen Bruders. Da von den zu diesem Zeitpunkt noch lebenden Brüdern Hans auch später noch nachweisbar ist, scheint es sich um Gebhard zu handeln. Von ihm schweigen die Quellen nach 1432.[98] Denkbar ist durchaus, daß in den folgenden fünf Jahren entweder keine Urkunden entstanden oder keine erhalten geblieben sind.

Siebenhundert Mann, darunter vierhundert der Waffenträger, gerieten in Gefangenschaft. Sie „wanderten in die Verließe der Burgen und Schlösser, wo sie ‚jemmerliken gequelet unde ovel gehandelt' wurden, wie die Aschersleber später klagten…"[99] Die Auslösung sollte das Bistum ursprünglich 30.000 Goldgulden kosten, eine Vermittlung durch Erzbischof Günther von Magdeburg und Herzog Friedrich von Sachsen, der die Hohnsteiner unterstützte, verringerte die Summe auf 16.000 Gulden.

Nur zwei Jahre später führte die Hettstedter Fehde gegen den Grafen von Mansfeld zu einem ähnlichen finanziellen Fiasko. Bischof Burchard hatte beabsichtigt, auch dem Wunsch der Bürger von Hettstedt, einer kleinen zum Bistum gehörenden Stadt, entsprechend den Mansfelder durch einen anderen Pfandinhaber an diesem Ort zu ersetzen. Die Verhandlungen um die Übergabe führten aber zu einem heftigen Waffengang. Dem Mansfelder Grafen hatten sich hierbei u.a. die Herzöge von Sachsen, der Landgraf von Hessen und seinetwegen Markgraf Friedrich von Brandenburg sowie auch Bischof Magnus von Hildesheim angeschlossen.

Unter diesen Umständen gelang es dem Halberstädter Bischof Burchard von Warberg nicht, wie beabsichtigt, die Stadt Hettstedt unter seiner Kontrolle zu halten. Auf der anderen Seite hatte er am Ende eine Kriegsschuld von 11 000 Gulden zu begleichen. 1442 gelang es Burchard schließlich auf dem Wege von Verhandlungen seine Lehenshoheit über Hettstedt wiederherzustellen. An den Schulden zahlte er bis 1444.

Weitere vier Jahre später schließt Burchard ein Bündnis mit Erzbischof Friedrich von Magdeburg und Bischof Magnus von Hildesheim. „Diese Vereinigung scheint nun tatsächlich den Frieden bis zum Tode des Bischofs gesichert zu haben. Verstärkt wurde diese Sicherheit noch dadurch, daß im Jahre 1450 am 22. Dezember ein Bund mit den Städten Magdeburg, Braunschweig, Halle, Hildesheim, Göttingen Hannover, Lübeck, Köln usw. auf sechs Jahre zustandekam."[100]

Zu den Dingen, die auch heute noch an Burchard von Warberg Bischof zu Halberstadt erinnern, gehört die 1454 gegossene Glocke des Nordturmes des Halberstädter Domes. Sie mußte 1457 und 1876 in alter Form neu gegossen werden.[101] Diese Glocke, die sogenannte „Osanna", trägt das Wappen des Warberger Bischofs auf zwei Seiten. Sie wurde seinerzeit „aus Ablaßgeldern anläßlich eines Jubeljahres und aus Opferstockgeldern der Bürger bezahlt", notiert Smalian[102].

1446 ließ Burchard in Einvernehmen mit dem Rat von Aschersleben den Ascherslebener See zwischen Aschersleben und Gatersleben entstehen. „Die Selke wurde in diese bruchige Gegend umgeleitet und sollte zunächst nur einen größeren Teich bilden. Das Wasser breitete sich jedoch weiter aus, so daß ein fischreicher See entstand, der nicht nur die an seinem Rande liegenden Ortschaften Frose, Nachterstedt, Gatersleben, Schadeleben und Wilsleben, sondern auch die ganze Gegend mit Fischen versorgte."[103] Da hierbei auch Ländereien des Gernroder Klosters überflutet wurden, entbrannte ein langwieriger Prozeß mit dessen Äbtissin. Zu Burchards Lebzeiten wurde auch der noch heute erhaltene Wassertorturm der Halberstädter Stadtbefestigung erbaut.

Im Frühjahr 1458 verstarb Burchard Edelherr von Warberg und Bischof von Halberstadt. Er wurde im Dom beigesetzt.

5. Hans Edler von Warberg, Bruder des Bischofs

Berg stellt hinsichtlich der Familie des Edelherren Hans (reg. 1427 – 1456) fest, „obgleich er urkundlich 1417 bis 1454 [!] vorkommt, ist das Material über ihn und seine Familie dürftig. So ist der Name seiner Gemahlin unbekannt. Fest steht, daß er einen Sohn Burchard und dieser mehrere Schwestern hatte."[104] Zwei von ihnen waren Klosterjungfrauen: Elisabeth war Nonne im Kloster Steterburg[105] und Agnes finden wir 1469 – 1472 als Küsterin im Kanonissenstift Gandersheim wieder.[106] Zu Hans Töchtern gehörte auch eine 1479 erwähnte Margarete.[107]

1423 ist er möglicherweise mit dabei, als sich Ludolf, Cord, Hans, Gebhard und Cord von Warberg mit denen von Asseburg, von Heimburg, von Velheim und von Honlage zu einem gemeinsamen Beistand in allen Fehden verbinden.[108] Eine eindeutige Aussage ist aber nicht möglich, da es zeitgleich auch auf der Sommerschenburg einen Ludolf, einen Hans und einen Gebhard von Warberg gab. Nach dem Tode des Vaters, der vor dem September 1427 eingetreten sein muß, läßt sich bis 1432 in Lehens- und anderen Eigentumsangelegenheiten, die den Familienbesitz betreffen, ein fast durchweg gemeinsames Handeln mit seinem Bruder Gebhard feststellen. Dies läßt sich zum ersten Mal am 22. September 1427 belegen. An diesem Tag belehnt Hans mit dem Einverständnis seines Bruders Gebhard den Braunschweiger Bürger Hans Swalenberg mit dem halben Zehnt zu Werle und zu Romsleve.[109]

Am 24. Februar 1428 erfolgt die Belehnung eines Hans von Sauingens mit Gütern in Klein Dalem.[110] Auch dieses Mal handelt Hans mit Zustimmung seines Bruders Gebhard. Ein Jahr später überträgt Gebhard mit Einverständnis seines Bruders Hans seiner Gemahlin Margarethe von Colditz fünf Mark aus seinen Malterzinsen zu Süpplingen und Frellstedt zur Leibzucht.[111] Auch in den Jahren 1429 und 1430 handeln die Brüder Hans und Gebhard in Eigentumsdingen im gegenseitigen Einverständnis.[112] Am 6. Dezember 1431 unterzeichnen beide zum letzten Mal gemeinsam eine Urkunde. In ihr geht es um die lehensherrliche Zustimmung zum Verkauf von Geld und Getreideeinkünften aus Lehensgütern der Edelherren von Warberg von einem Heinrich von Wobeck an das Laurentius Kloster zu Schöningen.[113] Nach Freytag von Loringhoven ist Gebhard bis 1432 nachweisbar.[114]

In den vierziger und fünfziger Jahren urkundet Hans, wenn er nicht gemeinsam mit seinem Bruder Burchard auftritt, häufig als „Hans Edler von Warberg, Ludolfs Sohn"[115] oder „Hans von Warberg auf Warberg".[116] Dies sollte ihn von seinem gleichnamigen Vetter aus dem Hause Sommerschenburg unterscheiden. Gebhard taucht in den Urkunden nach 1432 nicht mehr auf – weder allein noch gemeinsam mit Hans.

Seit den dreißiger Jahren finden wir den Edelherren Hans von Warberg sowohl an der Seite der Braunschweiger Herzöge, als auch an der Seite der Bischöfe von Halberstadt wieder. Die Beziehungen der Warberger Edelherren zu den Herzögen von Braunschweig-Lüneburg waren in den nächsten vier Jahrzehnten dadurch geprägt, daß im Braunschweiger Land 1432 – 1473 Heinrich der Friedfertige das Regiment ausübte. Von ihm ist überliefert, „daß er vierzig Jahre lang sein Land in so großem Frieden regiert habe, daß es nie von einer Fehde heimgesucht wurde und der Kaufmann hier sicher reisen konnte."[117] Durch den Erwerb der Harzgerichte Seesen, Stauffenburg und Gandersheim ermöglichte er die Bildung des späteren Fürstentums Braunschweig-Wolfenbüttel.

Es liegt auf der Hand, daß bei einer friedlichen Entwicklung nach außen und nach innen militärische Qualitäten weniger gefragt waren. So verwundert es nicht, daß wir unseren Edelherren Hans von Warberg schon 1433 in der Umgebung des Herzogs wiederfinden, als u.a. über die Neuregelung von Abgaben verhandelt wird, die bis dahin von persönlich abhängigen Bauern eingefordert werden konnten.

Das Ergebnis dieser Unterhandlungen ist eine Vereinbarung Herzog Heinrichs mit den Ständen, die die Einschränkung bäuerlicher Lasten, vor allem des „Sterbfalls" und der Heiratsabgabe betrafen. Hans ist Mitunterzeichner dieser Urkunde.[118] Ein Exemplar des Vertrages wurde auf Burg Warberg hinterlegt, da Hans offenbar als Vertreter der braunschweigischen Ritterschaft an den Verhandlungen beteiligt war. Von der Verwahrung von Urkunden auf Burg Warberg hören wir auch bei späteren Verträgen, an deren Zustandekommen die Ritterschaft des Landes Braunschweig beteiligt ist. Es liegt darin auch die Anerkennung der Edelherren von Warberg als einer der vornehmsten Familien des Landes.[119]

Ebenso entspannt, wie das Verhältnis zu dem Braunschweiger Herzog Heinrich, war das Verhältnis zum benachbarten Fürstbistum Halberstadt: 1436 belehnt Bischof Johann von Halberstadt den „lieben getreuen Junker" Hans von Warberg mit Lehen, die ihm Busso von Jerxheim durch Fritz v. Hoym und Hans von Werle hatte zurückgeben lassen.[120] Am 11. November 1438 bekennt Busso von Jerxheim, daß er alle seine Halberstädter Lehen an Hans von Warberg übergeben habe und dieser die verpfändeten Güter einlösen könne.[121] Der Hintergrund dieser Lehensübertragung an Hans von Warberg ist nicht bekannt, es ist aber anzunehmen, daß sie einerseits ein Entgegenkommen des Edelherren Hans von Warberg gegenüber dem Bistum vergüten sollte, andererseits spekulierte sie bei der Einlösung der Pfandgüter auf seine Finanzkraft.

1437 wird Hans Bruder Burchard zum Bischof von Halberstadt ernannt. Noch in demselben Jahr fällt, wenn man der Überlieferung glauben darf, in der Hohnsteiner Fehde einer der Brüder des Bischofs.[122] Da Otto schon 1411 getötet worden war und Hans auch in den nächsten fast zwanzig Jahren noch am Leben ist, kann es sich nur um Gebhard, den jüngsten der Brüder von Warberg gehandelt haben. Erstaunlich ist nur, daß er zwischen 1432 und 1437 nicht in den Quellen zu finden ist. Das Verhältnis der beiden überlebenden Brüder ist in der Folgezeit – wie wohl auch schon vorher – durch eine enge Freundschaft gekennzeichnet. Dies zumindest bemerkt später Herzog Heinrich der Friedfertige von Braunschweig.[123]

Wir haben bereits festgestellt, daß der unglückliche Regierungsbeginn Bischof Burchards ihn in zwei Fehden verwickelte, in denen er jedes Mal das Nachsehen hatte. Es ist anzunehmen, daß er bei der Aufstellung der Heere jeweils nicht nur auf die aus der Lehensabhängigkeit seiner Brüder gegenüber dem Fürstbistum resultierenden Verpflichtung zum Stellen von Rittern und Fußtruppen zählen konnte, sondern daß sie ihm darüber hinaus auch weitere finanzielle Mittel zur Verfügung stellten. Auf dieses Geld war er insbesondere deswegen angewiesen, weil er die aus der Niederlage erwachsenden Kriegsschulden abzubauen hatte. Die hierfür erforderlichen Mittel brachte Bischof Burchard erstaunlich schnell auf.[124]

Wie groß die Vorleistungen des Hauses Warberg gegenüber dem Halberstädter Bistum waren, läßt sich auf dem heutigen Stand des Wissens nicht beziffern. Es ist aber davon auszugehen, daß die Warberger dafür Gegenleistungen erhalten haben. Wenn wir am Beginn des 16. Jahrhunderts feststellen können, daß die Edelherren von Warberg in fast fünfzig (!!) Dörfern, die zum Bistum Halberstadt gehörten, mit Land oder mit dem Zehnten belehnt waren, so liegt es auf der Hand anzunehmen, daß ein gewichtiger Teil dieser Lehen in dieser Zeit in die Hände der Edelherren von Warberg gelangt sein wird.

Am 4. April 1554 belehnt Burchard von Warberg, der Bischof von Halberstadt, mit dem Einverständnis des Domkapitels alle seine Brüder und Vettern der Sommerschenburger und Warberger Linie gemeinsam, nachdem die Lehen offensichtlich vorher geteilt gewesen waren. Es liegt auf der Hand, daß auf diese Weise verhindert wurde, daß bei dem Aussterben des einen Familienzweiges dessen Lehen für die Familie verloren gingen. Erstaunlich scheint, daß Burchard die Vorsorge für den Fall der Kinderlosigkeit eines der Familienzweige vornimmt, ein Jahr nachdem Cord von Warberg, der letzte der Sommerschenburger, den Sitz auf der Sommerschenburg aufgeben muß und zum erstenmal mit dem Zusatz urkundet: „nu tortyd wonaffig to Dreynleve…"[125] Tatsächlich erfolgte die Belehnung der Warberger Linie mit den Sommerschenburger Lehen nach deren Aussterben in der Manneslinie 1478.

Hans Edelherr von Warberg verstarb im August 1456 „am Donnerstag nach St. Bartholomäus".[126] Nur zwei Jahre später sollte ihm sein mächtiger Bruder Burchard, der Bischof, folgen.

6. Burchard – Reichsunmittelbarkeit und Wiederzusammenführung des Familienbesitzes

Burchard (reg. 1456 – 1503) war ein Sohn des Edelherren Hans von Warberg. Ob er der einzige war, läßt sich derzeit nicht mit Gewißheit beantworten. Unmittelbar nach dem Tode Hans von Warbergs 1456 fordert Herzog Heinrich der Friedfertige von Braunschweig den Bischof von Halberstadt, Burchard von Warberg, auf, er wolle doch seinem Neffen, dem Junker Burchard, behilflich sein, wie es seine Pflicht sei, und sich ihm gegenüber als Freund verhalten, wie er sich dessen Vater gegenüber verhalten habe.[127] Dieses Schreiben bekräftigt, daß Hans von Warberg bis zu seinem Tode eine enge Bindung sowohl an den Braunschweiger Herzog als auch an seinen

Der Treppenaufgang zur Oberburg, früher „der Kniebrecher“ genannt, mit Blick auf das restaurierte „Neue Haus“ und dem im Jahr 2000 erhöhten Turm. Führte die Tür einst in die Burgkapelle?

Bruder den Bischof gehabt hat. Während Herzog Heinrich diese Bindung offensichtlich auch zu Burchard aufrechtzuerhalten trachtete, scheint dies für den Onkel des jungen Edelherren offenbar nicht in gleicher Weise der Fall gewesen zu sein. Da in dieser Urkunde nur von Burchard, nicht aber von weiteren Brüdern die Rede ist, müssen wir davon ausgehen, daß es zu diesem Zeitpunkt keine anderen Brüder gab, die die Nachfolge Hans von Warbergs hätten übernehmen können.

Als Inhaber des Familienlehens handelt Burchard zum erstenmal am 29. Juni 1457, als er Ludolff und Hoyger Hetling mit einem freien Hof zu Warberg und einem dazugehörigen Garten belehnt, der sich im Hagen befand.[128] Noch in diesem Jahr belehnt er u.a. auch Hans Nadel und Heinrich Stelmeker, einen Helmstedter Bürger.[129] Aus den folgenden Jahren sind weitere Wiederbelehnungen überliefert, so daß mit Sicherheit anzunehmen ist, daß der Familienbesitz an Burchard übergegangen ist [130].

1470 war Burchard mit einer Dame namens Kunigunde verheiratet, die Freytag von Loringhoven als eine Kunigunde von Veltheim identifiziert.[131] Die Familie v. Veltheim gehörten zu diesem Zeitpunkt zu einer der einflußreichsten Familien des Herzogtums Braunschweig. 1476 rangiert bei der Erneuerung des Huldebriefes für die Stadt Braunschweig „Guntzel v. Veltheim ritter" an zweiter Stelle der Räte Herzog Wilhelms d. J. unmittelbar hinter dem „junckher Borchert here to Werberge".[132]

Burchard scheint diese Ehe schon kurz nach der Übernahme des Familienerbes spätestens zu Beginn der 1460er Jahre eingegangen zu sein.[133] Dies belegt eine auf der Burg erhaltengebliebene Inschrift: Betrachtet man das Fachwerk des über dem gotischen Steinbau an der Treppe zur Oberburg befindlichen Aufbaus genauer, dann stellt man fest, das es nicht nur die ins Fachwerk eingeschnittene Jahreszahl CCCC.LXII = 1462 aufweist, sondern zugleich zwei Wappen, die bei den bisherigen Veröffentlichungen zur Burg bislang schlicht übersehen wurden. Bei dem einen Wappen handelt es sich zweifelsfrei um das der Edelherren von Warberg. Das andere mit waagerechten Streifen versehene Wappen gehört der Familie v. Veltheim. Demnach ist dieser Aufbau von einem der Edelherren von Warberg gemeinsam mit seiner Ehefrau, einer v. Veltheim errichtet worden. Da es sich bei dem Edelherren nur um Burchard gehandelt haben kann, muß er zu diesem Zeitpunkt mit einer Gemahlin aus dem Hause v. Veltheim verheiratet gewesen sein.

In der mehr als 150 Jahre später entstandenen Leichenpredigt für Wolf Gebhard, einem Nachfahren der vierten Generation, finden wir die Feststellung, Burchard sei mit einer Gräfin von Hohnstein verheiratet gewesen.[134] Denkbar ist durchaus, daß Burchard nach dem Tod seiner ersten Frau erneut geheiratet hat. Fraglich ist dann nur, aus welcher Verbindung seine Kinder entstammen. 1479 und 1486 war Burchard offensichtlich Witwer: Eine Beleibzüchtigung durch den Halberstädter Bischof in 1479 berücksichtigt nur Burchards Schwester Margarete und seine leiblichen Töchter

Agnes, Margarete und Elisabeth.[135] Sieben Jahre später werden „der Edle Burchard von Warberge, Margarete seine Schwester und seine Kinder Heinrich, Agnes, Margarete und Elisabeth" in die Gebetsbrüderschaft der Magdeburger Barfüsser aufgenommen.[136] In beiden Fällen wäre auch eine ggf. vorhandene Gemahlin Burchards genannt worden.

Die Reichsunmittelbarkeit

Daran, daß die Edelherren von Warberg zur Zeit Burchards als reichsunmittelbar galten, scheinen mir kaum Zweifel möglich. Nirgendwo finden sich Hinweise, die auch nur andeutungsweise bestätigen, daß der Familienstammsitz Warberg von einem der benachbarten geistlichen und weltlichen Herren als Lehen beansprucht wurde. Dies galt auch für die Herzöge von Braunschweig-Lüneburg. Daß sie das Haus Warberg und die zugehörigen Dörfer zumindest über die drei vorhergehenden Jahrhunderte hinweg nicht als Bestandteil ihres Herzogtums betrachtet hatten, geht auch schon daraus hervor, daß das Haus Warberg selbst oder ein Amt Warberg in den Erbteilungsverträgen der Herzöge keine Erwähnung finden.[137] Dies gilt auch für den Erbteilungsvertrag von 1495.[138] Erst Herzog Heinrich der Jüngere von Braunschweig-Wolfenbüttel sollte im 16. Jahrhundert behaupten, daß der Familienstammsitz Warberg Lehen seines Hauses sei.

Als 1476 zwischen den Herzögen Wilhelm d. Ä., Friedrich und Albrecht von Braunschweig-Lüneburg, dem Bischof von Hildesheim und weiteren Parteien ein Vertrag zur Sicherung der Heerstraßen geschlossen wurde, siegelten diesen Vertrag auch der Graf Johann von Spiegelberg für sich und die Ritterschaft des Landes zu Homburg, Gottschalk von Plesse für sich und die Ritterschaft des Landes zu Göttingen und schließlich Burchhard von Warberg für sich und die Ritterschaft des Landes Braunschweig.[139] Die Formulierung „für sich und ..." läßt deutlich werden, daß die drei letztgenannten Herren nicht nur Vertreter der Ritterschaft eines bestimmten „Landes" waren, zu der sie aufgrund ihrer hier vorhandenen Lehen auch gehörten, sondern dem Vertrag auch für ihren eigenen reichsunmittelbaren Herrschaftsbereich beitraten. So wie Gottschalk von Plesse hier für die Herrschaft Plesse handelte, agierte Burchard für die Herrschaft Warberg.

Dies schloß also ein, daß Burchard zwar für seine Herrschaft wie ein Reichsritter handeln konnte, aufgrund lehensrechtlicher Bindungen aber zugleich „des hochgeb. Fürsten Herzog Wilhelm von Braunschweig ... Edler Mann und in seinem fürstentumb und lande gesessen" war, wie Erzbischof Ernst von Magdeburg 1479 anläßlich eines Streites um eine Schadensersatzforderung der von Hadmersleben gegen Burchard formulierte.[140]

Nicht auszuschließen ist, daß Vertreter der Edelherrenfamilie im 15. Jahrhundert den Reichstagen als geladene Teilnehmer beiwohnten. So hat Burchard möglicherweise 1471 für seine Herrschaft am Reichstag zu Regensburg teilgenommen. Als hier ein Anschlag für ein 10 000 Mann starkes Heer des Reiches gegen die Türken aufgestellt wird, werden die Brüder von „Wernberg" verpflichtet, drei Reiter und sechs Mann für das Fußvolk zu stellen. Auch in den Folgejahren werden sie in den Aufgeboten des Kaisers als Brüder von „Werdenberg" genannt.[141] Die Bezeichnung „von Wernberg" statt „Warberg" oder „Werberg" findet sich auch 1541 in einem kaiserlichen Schutzbrief für die Edelherren gegen Heinrich d. J.[142] – Beim Umgang mit Reichsakten der damaligen Zeit ist allerdings Vorsicht geboten, da gleichzeitig die Grafen von Werdenberg zu den Teilnehmern der Reichstage zählten, die mit unserer Edelherrenfamilie nichts zu tun hatten. Wieweit die Bezeichnungen für beide Familien auch in den Akten verwechselt worden sind, läßt sich hier nicht klären.

Die Formulierung „die Brüder" nimmt möglicherweise die Kenntnis darum mit auf, daß nach dem Recht der Familie immer die zwei ältesten Brüder, sofern sie noch am Leben waren, die Familie vertraten. Es ist nicht auszuschließen, daß ein jüngerer Bruder Burchards existiert, der nach 1471 mit zu den Teilnehmern an Reichstagen zählt. Dessen Fehlen in den untersuchten Quellen mag seinen Grund darin haben, daß er seinen Lebensunterhalt hauptsächlich mit militärischen Unternehmungen im Dienste ausländischer Fürsten oder auch des Kaisers bestritt.

Burchards Sohn, der Edelherr Heinrich von Warberg, nimmt 1495 noch zu Lebzeiten seines Vaters nachweislich am Reichstag zu Worms teil. Geladen ist er allerdings nicht als Vertreter der Herrschaft seiner Familie, sondern als Begleiter und Rat der Herzöge von Braunschweig-Lüneburg.[143]

Als weiteren Beleg für die Reichsunmittelbarkeit kann man die schon 1468 durch Kaiser Friedrich III. verfügte Bestellung Burchards zum Schlichter im Streit zwischen dem Hamburger Bürger Heinrich Kruse und einem Heinrich Zweidorf werten. Dieser Streit war offenbar von so erheblichem Gewicht, daß die Kläger an den Kaiser appelliert hatten.[144]

Die Übernahme der Sommerschenburger Besitzungen

Burchard war der erste der Edelherren von Warberg, der fast zweihundert Jahre nach dem Separationsvertrag, den die Edelherren Ludolf I. und Hermann v. Warberg 1296 geschlossen hatten, den Familienbesitz wieder in einer Hand vereinigte: 1478, nach dem Tode Cord v. Warbergs, der der letzte weltliche Vertreter der Sommerschenburger Linie war, fielen nicht nur die Allodialbesitzungen, sondern auch zahlreiche Lehen dieser Linie an Burchard von Warberg und damit an den Warberger Familienzweig.

Wir haben oben schon gesehen, daß die Lehen des Bistums Halberstadt 1454 in Lehen umgewandelt worden waren, an dem die Mitglieder beider

Familienzweige in gleicher Weise beteiligt waren. Nach dem Aussterben des Sommerschenburger Zweiges fiel nach dieser Regelung der Gesamtbesitz, der sich über mehr als fünfzig Orte verteilte, an Burchard von Warberg.

Auch die Lehen des Helmstedter Ludgeri-Klosters, die in den Händen der Sommerschenburger gewesen waren, fielen jetzt an die in Warberg ansässigen Edelherren. Am 22. Mai 1479 stellt Dietrich Abt zu Werden und Helmstedt einen Lehensbrief für Burchard aus[145], der 1489 durch seinen Amtsnachfolger Antonius erneuert wird.[146]

In ihm erfolgt u.a. die Belehnung mit der Vogtei über 28 Hufen Landes auf der Feldmark Runstedt, sowie weiteren 10 Hufen zu Lelm und Frellstedt, mit 4 Hufen zu Wormstedt und Hohnstedt (wüst bei Helmstedt), dem Zehnten über Hufen im Seedorfer Felde, die zum Abteivorwerk gehörten und 8 Himten Salz aus dem Salzwerk zu Schöningen. Darüberhinaus, so hält es das Dokument fest, erhält Burchard alle Güter, die sein verstorbener Vetter Cord von Warberg vom Kloster zu Lehen hatte.[147]

Noch zu Zeiten des Edelherrn Hans von Warberg waren die Edelherren anscheinend der Sommerschenburger Linie vom Abt zu Werden-Helmstedt mit 24 Häusern in Runstedt und der Vogtei über 19 Häuser in diesem Ort belehnt worden.[148] Diese Rechte sind nach dem Tode Cords an Burchard von Warberg zu Warberg gefallen.

Nicht einmal einen Monat später, am 14. Juni 1479, bittet Abt Dietrich seinen Lehensmann Burchard, dem Ludgerikloster in einer rechtlichen Auseinandersetzung mit dem Stift Magdeburg beizustehen.[149]

Während die Lehen der Abtei Werden-Helmstedt so offensichtlich im Besitz der Familie geblieben waren, fielen die Magdeburger Lehen zumindest teilweise wieder an das Erzbistum zurück. Eine Klage des Erzbischofs aus dem Jahr 1495 über die nicht vollzogene Rückgabe von in Badeleben gelegenen Lehen zeigt einerseits, daß es die Warberger mit der Rückgabe nicht allzu eilig hatten, sie zeigt andererseits aber auch, daß der Rückforderungsanspruch von Magdeburg nicht aufgegeben wurde.[150]

Burchard und die militärischen Auseinandersetzungen seiner Zeit

Zwischen 1484 und 1486 verwüstet eine Fehde zwischen den Städten Braunschweig und Hildesheim und ihren jeweiligen Landesherren das Land. Noch 1476 war Burchard von Warberg, wir haben es schon erwähnt, Zeuge bei der Unterzeichnung des „Huldebriefes", der das Verhältnis zwischen den Braunschweiger Herzögen und ihrer Stadt Braunschweig regelte. Jetzt finden wir ihn an der Seite Herzog Wilhelms von Braunschweig-Lüneburg. Vermittlungsangebote, die er Ende 1485 dem Abt Johann von St. Aegidien zu Braunschweig unterbreitet, werden von Vertretern des Braunschweiger Stadtrates zurückgewiesen. Offensichtlich hatten die Bürger das

Gefühl, er könne sie „über den Tisch ziehen" wollen. Johann berichtet, „... daß man nicht bereit sei, dem von Warberg und Huner von Sambleben Geleitsicherheit zu geben, nachdem viele Bosheiten ... des Warbergers u.a. auf den [Verhandlungs-]Tagen vor Hildesheim und zu Abbenrode von den Bürgern noch nicht vergessen seien." Auch die Herren von Köln und Hessen hätten bei ihren Vermittlungsversuchen wenig bewirken können.[151]

Die Sieger dieser Fehde waren die beiden Hansestädte Hildesheim und Braunschweig mit ihren Verbündeten, zu denen auch Helmstedt zählte. Wieweit Burchard aktiv an den Kämpfen dieser Fehde und den weiteren Auseinandersetzungen der Braunschweiger Herzöge mit der Stadt Braunschweig beteiligt war, entzieht sich derzeit unserer Kenntnis.

Sicher ist, daß Burchard auch weiterhin an der Seite der Herzöge zu finden ist. So ist er 1491 auch Zeuge bei der Erbvereinigung der Braunschweiger Herzöge Heinrich und Erich und ihrem Lüneburger Vetter mit dem Fürsten von Sachsen-Lauenburg, „laut welcher sich die Fürsten über ihre Landesangelegenheiten gegenseitig verständigen und sogar Hofgesinde und Diener gleich kleiden wollten, indem die Farbe der Hofkleidung von den Contrahenten abwechselnd bestimmt werden sollte."[152]

Zum letzten Mal ist Burchard im Jahr 1500 als Teilnehmer an einem Landtag des Herzogtums Braunschweig überliefert. In diesem Jahr kommt es zu einem Vertrag zwischen Heinrich d. Ä. und den Landständen: „Praelaten, Ritterschaft und Städten" des Herzogtums über die Erhebung einer Biersteuer und Landbeden. Hierbei siegelt Burchard für die Ritterschaft.[153]

Das Archiv

Im Jahr 1491 ordnet Burchard das Familienarchiv. Unter seiner Aufsicht, aber wohl kaum von seiner Hand, entsteht ein umfangreicher Folioband, der die Urkunden der Familie systematisch verzeichnet. Das „Copialbuch Junker Borchards Edlen von Warberg" beeindruckt durch seine kunstvoll gemalten Initialien. „Dieses Copialbuch ist genau und sehr schön geschrieben und mit roten großen Initialbuchstaben geschmückt. Das Ganze zerfällt in drei Abschnitte, von denen der erste ... ein alphabetisches Verzeichnis der im zweiten ... folgenden Urkunden, welche teils in einer etwas dürftigen Inhaltsangabe, größtenteils aber in extenso, jedoch weder in chronologischer noch systematischer Ordnung, aufgenommen worden sind, und der dritte auf 38 Blättern ein Register über jene der im zweiten beobachteten Reihenfolge enthält", vermerkt das Findbuch des Wolfenbütteler Staatsarchivs.[154]

Sein Entstehen war gewiß auch der Übernahme der Briefe der Sommerschenburger Linie geschuldet. Nicht weniger ist es Ausdruck des Selbstbewußtseins des Edelherren Burchard von Warberg, der das Wissen um den Besitz der Familie für seine Nachfahren gesichert wissen wollte.

*Das Fachwerk des Hauses am Treppenaufgang, das eines der am frühesten datierbaren Nord-
deutschlands ist, zeigt unterhalb der Jahreszahl 1462 die Wappen der Edelherren von Warberg
und der von Veltheim.*

Das Register beginnt mit den Worten:

„Na goddes boert dusent iar verhundert darna in deen eyn und negenti-
gesten iare in dem hervste hebbe ek Juncher Borchert eddele van werberge
bereidet und helpen maken dut iegenwordige boek mit eynen reygister na
den boekstaven des alphabete vor in geschreven v[o]r mek myne erven und
nakomelinge und alle de van werb[er]ge de tokomende sint van der
w[er]berge slechte.“

Nicht nur, daß dies Buch Aufschuß über die 1491 vorhandenen Briefe
und Urkunden der Edelherren aus den Jahren von 1263 bis 1491 gibt. Es
zeigt auch, daß sie zu diesem Zeitpunkt im Besitz von Lehen des Herzogs
von Braunschweig, des Markgrafen von Meißen, der Bischöfe von Magdeburg und Halberstadt sowie des Halberstädter Dompropstes waren.[155]

Es stellt sich die Frage, ob der Baubeginn für das neue Herrenhaus der
Oberburg nicht schon auf Burchard zurückzuführen ist, und die Fertigstel-
lung des „Gewölbes“ auf der Nordseite des Gebäudes die Neuverzeichnung
der Akten mit herbei geführt hat. An Mitteln für den Bau hätte es Burchard
nach der Übernahme des Besitzes der Sommerschenburger Linie gewiß
nicht gefehlt. Diese Vermutung bestätigt 1925 O. Hahne in der von Fuhse
herausgegebenen dritten Auflage der Vaterländischen Geschichten von
Görges/Spehr. Er spricht von einem dreistöckigen Wohnhaus, „mit einer

1462 vorgesetzten Front nach dem Innenhof zu"[156]. Bedauerlich an dieser Aussage, die in den älteren Auflagen fehlt, ist das Weglassen der Quelle aus der der Autor schöpft.

„erven und nakomelinge"

Als Burchard 1491 das Kopialbuch anlegt, spricht er von seinen Erben und Nachkömmlingen, denen das Buch dienen soll, im Plural.

Sicher ist, daß er drei Töchter, Agnes, Margarete und Elisabeth hatte, von denen Elisabeth die Gemahlin Cord von Steinbergs, Agnes die zweite Ehefrau Ludolf v. Salderns wurde und Margarethe, die dritte 1504 als Stiftsdame in Quedlinburg erwähnt ist und 1510 „mater" im St. Annenkloster zu Göttingen wurde.[157]

Von den männlichen Nachkommen ist nur Heinrich, der Burchard als Familienoberhaupt folgt, eindeutig als sein Sohn zu identifizieren.[158] Berg nennt als weiteren Bruder einen Bernd von Warberg. Er werde 1487 in einer Schuldverschreibung Herzog Wilhelms v. Braunschweig-Lüneburg über 1000 Gulden für den Vater Burchard erwähnt.[159] Nach Berg war er schon 1502 verstorben.[160] Eine Urkunde vom 1. August 1487, die auf denselben Vorgang Bezug nimmt, nennt als beteiligten Sohn Burchards allerdings Heinrich.[161]

Am 4. April 1498 erfahren wir von einem gemeinsamen Vorgehen von Burchard und Johann von Warberg mit Ludolf von Saldern und anderen gegen den Johanniter-Prior Johann von Dörnten.[162] In welchem verwandtschaftlichen Verhältnis Burchard und dieser Johann zueinander standen, muß aber einstweilen offen bleiben.

Dies gilt auch für jenen Junker Ludolf von Warberg, den Herzog Heinrich d. Ä. gemeinsam mit seinen Räten Graf Ulrich von Regenstein, Ludolf von Saldern u.a. am 12. September 1491 zu Verhandlungen über eine Huldigung des Landes Göttingen für Herzog Wilhelm zum Kloster Marienstein (Northeim) entsendet.[163]

Burchard Edelherr von Warberg stirbt am 27. März 1503, nachdem er die Geschicke seiner Familie und der Burg Warberg fast ein halbes Jahrhundert geleitet hatte. Er wird im Kloster Marienthal, der alten Familiengrablege, zur letzten Ruhe gebettet. Seine Grabplatte befindet sich hier noch im 19. Jahrhundert.[164]

Teil IV

Die letzten Ritter und die modernen Zeiten

1. Die Burg um 1500

„Die Burg selbst, ob sie auf dem Berg oder in der Ebene liegt, ist nicht als angenehmer Aufenthalt, sondern als Festung gebaut. Sie ist von Mauer und Gräben umgeben, innen ist sie eng und durch Stallungen für Vieh und für Pferde zusammengedrängt. Daneben liegen dunkle Kammern, vollgestopft mit Geschützen, Pech, Schwefel und sonstigen Zubehör für Waffen und Kriegsgerät. Überall stinkt es nach Schießpulver; … Man hört das Blöken der Schafe, das Brüllen der Rinder, das Rufen der auf dem Felde Arbeitenden, das Knarren und Rattern der Fuhrwerke und Karren; ja sogar das Heulen der Wölfe hört man in unserem Haus, weil es nahe am Wald liegt."[1]

So beschreibt der Reichsritter und Humanist Ulrich von Hutten im Jahr 1518 seine Erfahrungen mit den Lebensumständen auf einer Burg an der Zeitenwende vom Mittelalter zur Neuzeit.

Manches hiervon wird auch auf die Burg Warberg zugetroffen haben. Die Erfindung und Verwendung der Feuerwaffen in den kriegerischen Aktionen seit der Mitte des 15. Jahrhunderts hatten zu einem Wandel beim Burgenbau geführt: Auf der einen Seite mußten jetzt Möglichkeiten vorhanden sein, selber solche Waffen zur Verteidigung einzusetzen. Noch kurz nach 1600 befinden sich im Eingangsbereich unserer Burg Warberg acht „Doppelhaken".[2] Darunter sind besonders schwere Hakenbüchsen zu verstehen, Büchsen, die mit einem Haken gegen den Rückstoß versehen waren. Zu ihrer Bedienung benötigte man zwei Personen. Waffen dieser Art befanden sich auch schon vor 1500 im Besitz der Edelherren. Im Kopialbuch Burchards von Warberg findet sich 1491 die Anmerkung, es befänden sich bei denen von Veltheim zwei Hakenbüchsen, die ihnen die Warberger leihweise überlassen hätten.[3] Da die Edelherren diese Waffen sogar verleihen konnten, scheinen sie darüber in größerer Zahl verfügt zu haben.

Auf der anderen Seite mußte die Burg in der Lage sein, Beschuß durch solche modernen Feuerwaffen auszuhalten. Dies geschah zumeist durch die Verstärkung der Burgmauern und, sofern der Raum es zuließ, durch die Anlage von Wällen vor diesen Mauern. Möglicherweise gehört der im Süden der Burg noch heute in Resten erkennbare Wall dieser Zeit an. Wieweit dieser Wall zu diesem Zeitpunkt oder später auch das Dorf umschloß, ist nicht überliefert. Später befanden sich auf dem Wall zwei Blockhäuser,

Die Herrschaft Warberg und ihr Umfeld um 1500.

bunkerartige Holzbefestigungen, die zur Aufnahme von Feuerwaffen dienten. Im dreißigjährigen Krieg wurden sie zerstört.[4]

Integriert war in die Befestigungsanlage der landwirtschaftliche Betrieb. Auch das galt für unsere Burg Warberg. Von ihrer besonderen Bedeutung aber kündet anderes.

Das neue Haus

Vergleicht man Ulrich von Huttens Schilderung der Burg – immerhin eines Reichsritters – mit dem Zustand der Burg Warberg, wird schnell der

Anspruch von Macht und Ansehen deutlich, für den die Edelherren von Warberg standen. Gewiß gab es da die Enge und das Waffenarsenal innerhalb der Burg. Aber die Burg bot darüber hinaus auch noch Platz für angeheiratete Familienmitglieder, die üblicherweise auf ihren väterlichen Besitz verwiesen worden wären. Auf Warberg wächst, wie wir wissen, Kurt von Steinberg heran, dessen Vater später an der Spitze der Ritterrebellion des Stiftes Hildesheim stehen sollte und dessen Mutter eine geborene von Warberg war.[5]

Das Eingangsportal zum „Neuen Haus" der Oberburg mit seinen Sitznischen.

Hutten beklagte die Härte des Lebens auf der Burg eines Reichsritters. Ihr stellt er das angenehme Leben an fürstlichen Höfen und in der Stadt gegenüber. Von diesem angenehmen Leben wollten auch die Edelherren von Warberg auf ihrer Burg so viel wie möglich einfangen. Offensichtlich waren die Edelherren nicht nur bemüht, den wehrtechnischen Anforderungen ihrer Zeit Genüge zu tun, sondern darüber hinaus auch ein Stück weit höfische Lebensformen zu ermöglichen.

Diesem angestrebten Lebensstil und dem damit verbundenen Repräsentationsbedürfnis entspricht der Bau des neuen Hauses auf der Oberburg. Wir haben schon erwähnt, daß Hahne der Auffassung ist, 1462 sei diesem dreistöckigen Gebäude, das er als Wohngebäude bezeichnet, die Hoffront vorgesetzt worden. Demnach entstammt diesem Zeitraum auch das Eingangsportal mit seinen Sitznischen.[6]

Spätestens mit Errichtung dieses Portals in der zweiten Hälfte des 15. Jahrhunderts wird der über eine Außentreppe führende Zugang zum Turm verschwunden sein. So ist anzunehmen, daß diesem Bauabschnitt auch die Errichtung der steinernen Wendeltreppe zugehörig ist, die jetzt die unteren drei Ebenen des Gebäudes miteinander verbindet. Gleichzeitig mit ihrer Errichtung wird auch der Eingang zum Turmgefängnis in das Erdgeschoß verlegt worden sein.

Dieser Bauphase, auch darauf haben wir schon hingewiesen, ist der Bereich des Archivs und der Schatzkammer im vorderen und hinteren Gewölbe auf der rechten Seite des Turmes zuzuordnen. Aus dieser Zeit stammen anscheinend auch Fenster- und Türöffnungen des Turms.

Die Unterburg

Außerhalb der Oberburg entsteht 1462 der Aufbau über dem steinernen gotischen Gebäude, bei dem es sich mit hoher Wahrscheinlichkeit um das ehemalige Kapellengebäude handelt. Von der an diesem Aufbau vorhandenen Jahreszahl und den beiden Wappen war oben schon die Rede.

Es ist anzunehmen, daß mit diesem Bau zugleich der sogenannte „Kniebrecher", der auf spezielle Weise gegen Eindringlinge geschützte Treppenaufgang zur Oberburg, überarbeitet wurde. Die Treppe in der uns bekannten Form scheint erst im 18. Jahrhundert entstanden zu sein.[7]

Weitere Baumaßnahmen in der Unterburg haben anscheinend zu einem Streit mit den Gebrüdern v. Hoym geführt, die als Burgmannen eine aus Fachwerk bestehende Scheune auf dem Burggelände besaßen, die die Edelherren v. Warberg wieder in ihrem Besitz wissen wollten. 1476 kam es zu einem Vergleich der beiden Parteien. Welche Maßnahmen es genau waren, die den Erwerb erforderlich machten, läßt sich derzeit nicht feststellen.

Zu den zu diesem Zeitpunkt offenbar vorhandenen Bauelementen gehört

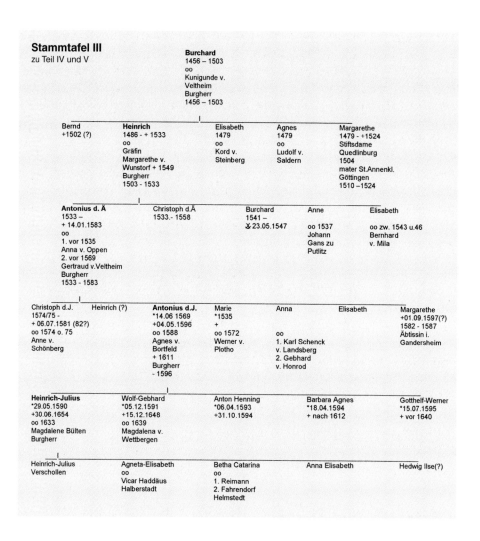

Stammtafel III
zu Teil IV und V

Burchard
1456 – 1503
oo
Kunigunde v.
Veltheim
Burgherr
1456 – 1503

Bernd +1502 (?)	**Heinrich** 1486 - + 1533 oo Gräfin Margarethe v. Wunstorf + 1549 Burgherr 1503 - 1533	**Elisabeth** 1479 oo Kord v. Steinberg	**Agnes** 1479 oo Ludolf v. Saldern	**Margarethe** 1479 - +1524 Stiftsdame Quedlinburg 1504 mater St.Annenkl. Göttingen 1510 –1524

Antonius d. Ä 1533 – + 14.01.1583 oo 1. vor 1535 Anna v. Oppen 2. vor 1569 Gertraud v.Veltheim Burgherr 1533 - 1583	**Christoph d.Ä** 1533.- 1558	**Burchard** 1541 – ✗ 23.05.1547	**Anne** oo 1537 Johann Gans zu Putlitz	**Elisabeth** oo zw. 1543 u.46 Bernhard v. Mila

Christoph d.J. 1574/75 - + 06.07.1581 (82?) oo 1574 o. 75 Anne v. Schönberg	**Heinrich (?)**	**Antonius d.J.** *14.06 1569 +04.05.1596 oo 1588 Agnes v. Bortfeld + 1611 Burgherr - 1596	**Marie** *1535 + oo 1572 Werner v. Plotho	**Anna** oo 1. Karl Schenck v. Landsberg 2. Gebhard v. Honrod	**Elisabeth**	**Margarethe** +01.09.1597(?) 1582 - 1587 Äbtissin i. Gandersheim

Heinrich-Julius *29.05.1590 +30.06.1654 oo 1633 Magdalene Bülten Burgherr	**Wolf-Gebhard** *05.12.1591 +15.12.1648 oo 1639 Magdalena v. Wettbergen	**Anton Henning** *06.04.1593 +31.10.1594	**Barbara Agnes** *18.04.1594 + nach 1612	**Gotthelf-Werner** *15.07.1595 + vor 1640

Heinrich-Julius Verschollen	**Agneta-Elisabeth** oo Vicar Haddäus Halberstadt	**Betha Catarina** oo 1. Reimann 2. Fahrendorf Helmstedt	**Anna Elisabeth**	**Hedwig Ilse(?)**

auch der noch 1612 vorhandene „gemalte Saal über dem Brauhaus".[8] Er fiel wie die gesamte Nordspange der Burg, in der sich jetzt auch der „Prediger-saal" befand[9], dem 30jährigen Krieg zum Opfer. Möglicherweise wurde jetzt auch der Gebäudetrakt errichtet, der später als Getreidespeicher dienen sollte. Heute ist er Bestandteil des östlichen Flügels der Burg.

2. Heinrich von Warberg – Wahrer der Reichsunmittel-barkeit – Diener zweier Braunschweiger Herzöge

Nach dem Tode des Edelherren Burchard von Warberg im März 1503 trat sein Sohn Heinrich (reg. 1503 – 1533) die Nachfolge an. Folgt man Bege, so war Heinrichs älterer Bruder Bernd, der ursprünglich für die Nachfolge vorgesehen war, schon 1502, also noch vor dem Vater, verstorben.[10] Dies ist unter der Voraussetzung plausibel, daß es diesen Bernd tatsächlich gegeben hat. Die zahlreichen Wiederbelehnungen der Jahre 1503 und 1504, die mit dem Juni 1503 einsetzen[11], zeigen, daß Heinrich zu diesem Zeitpunkt den Familienbesitz übernommen hat.

Verheiratet war Heinrich Edelherr zu Warberg mit Margarethe Gräfin von Wunstorf, einer Tochter des Grafen Heinrich von Wunstorf. Die Wichtigkeit dieser Familie erschließt sich schon daraus, daß „Hinrick grave unnd here von Wunstorp" bei der Erneuerung des Huldigungsbriefes der Stadt Braunschweig am 12. Dezember 1503 als erster der Räte Herzog Heinrichs d. Ä. noch vor „Hinrick eddel here to Werberge" genannt wird, der gerade sein Erbe angetreten hatte.[12] Nicht nur unter Gesichtspunkten des politischen Gewichts, sondern auch unter der Perspetive finanziellen Vermögens handelte es sich bei der Verbindung beider Familien um eine „Elefantenehe". Was für das zu diesem Zeitpunkt offenkundig beeindruckende Vermögen der Warberger Edelherren galt, galt in gleicher Weise für den Reichtum der Grafen von Wunstorf. Georg von Wunstorf, dem Bruder der Gemahlin Heinrichs, mußte der bei ihm verschuldete Herzog Heinrich d. J. 1527 sogar das Amt des Statthalters im Fürstentum Braunschweig-Wolfenbüttel übertragen. In diesem Jahr nahm der Herzog an einem Italienzug zur Unterstützung des Kaisers teil. Anscheinend hatte Graf Georg das Amt des Statthalters bis zu seinem Tode inne.[13]

Die Reichsunmittelbarkeit Warbergs und die Anwartschaft der Braunschweiger Herzöge

Zum Zeitpunkt der Eheschließung Heinrichs stand die Reichsunmittelbarkeit der Herrschaft Warberg außer Frage. Sie wird zum erstenmal eindeutig in schriftlicher Form in einer Urkunde Kaiser Maximilians am 29. Juli 1505 festgehalten. In ihr wird dem Anspruch der Herzöge von Braunschweig-Wolfenbüttel auf diese Herrschaft die Form einer Anwartschaft im Falle des Aussterbens der Familie nach dem Tode Heinrichs gegeben. In der Urkunde heißt es:

„Wir Maximilian von Gottes Gnaden römischer Künig … offenbarn mit diesem Brief …daß wir dem hochgeborenen Heinrichen dem Elltern Herzogen zu Braunswigk und Luneburg … umb seiner getreuen Dienst willen die Gnade geben … wann der Edel unser und des Reichs lieber getreuewer Heinrich Herr zu Warberg als der letzte desselben namens / Stammes und Geschlechts von Warborg ohn erlich wanndlich Leibserben mit tod abgeet und das Sloß Warborg uns und dem heiligen Reiche heimfallet, daz dann wir oder unser nachkomme Römischer Kaiser und König dasselbe unseren

Kaiser Maximilian erteilt 1505 den Herzögen aus dem Hause Braunschweig-Lüneburg die Anwartschaft auf die Herrschaft Warberg.

Oheimen von Braunschweig und ... das Sloß Warborg und seine Zubehörung nachdem das in seiner Obrigkeit liegt, gnädiglich belehnen und fürsehen ... sollen und wollen ..."[14]

Diese Urkunde beinhaltet nicht nur die ausdrücklich auf Heinrichs Kinderlosigkeit beschränkte Anwartschaft des Hauses Braunschweig-Lüneburg auf Warberg, sondern gleichfalls den Beleg, daß Warberg kein Lehen war, sondern als reichsfreier Allodialbesitz betrachtet wurde. Zudem gibt es keinen Hinweis darauf, daß die Reichsunmittelbarkeit neueren Datums war. Die Urkunde bestätigt somit noch einmal unsere in den Ausführungen über Burchard v. Warberg gemachten Angaben. Die Reichsunmittelbarkeit schloß sowohl die Burg Warberg als auch „seine Zubehörung", die zu diesem Allodialbesitz gehörenden Ländereien und Dörfer, mit ein.

1506 stiftet Heinrich von Warberg eine große Kirchenglocke für die Kirche zu Warberg. Sie wurde nach den Angaben im Corpus Bonorum 1721 umgeschmolzen.[15] Die Glocke zeigte die Inschriften „o Maria bidde vor uns dien Kind" und „dorch dat Crütze wie verlöset sind, Hinrich edler Herr to Warberge".[16] Der Anlaß für die Stiftung ist uns unbekannt. Vorstellbar ist, daß sie mit der Heirat zwischen Heinrich und Margarete Gräfin von Wunstorf zusammenhing., die möglicherweise in diesem Jahr stattgefunden hat. Denkbar ist aber auch, daß in diesem Jahr Heinrichs erstes Kind geboren wurde, ein Ereignis, das Heinrich die Sorge um die Zukunft seiner kleinen Herrschaft genommen hätte.

Heinrich als Rat der Herzöge von Braunschweig-Wolfenbüttel

Im Dezember 1503 wird Heinrich Edelherr zu Warberg zum ersten Mal nach dem Tode seines Vaters im „Huldebrief" Herzog Heinrichs d. Ä. von Braunschweig-Wolfenbüttel für die Stadt Braunschweig als Rat dieses Herzogs genannt.[17] Aber schon 1494, fast ein Jahrzehnt früher können wir ihn in der engeren Umgebung Heinrichs d. Ä. nachweisen. Zu diesem Zeitpunkt war der Vater noch am Leben und der junge Edelherr Heinrich gezwungen, an einem benachbarten Hof, in diesem Fall dem des Herzogs Heinrich d. Ä., zu dienen. In jenem Jahr 1494 wird Heinrich Edelherr von Warberg als Begleiter des Herzogs in den Teilnehmerlisten des Wormser Reichstages geführt. Neben ihm zählen noch der schon 1491 als Rat belegte Graf Ulrich von Regenstein und der Ritter Kersten von Hohenstein zu Herzog "hainrich von Brunswig siner Gn. Hofgesind".[18]

Da anzunehmen ist, daß Herzog Heinrich d. Ä. auf einem Reichstag nicht von gänzlich unerfahrenen Beratern umgeben war, müssen wir davon ausgehen, daß unser Edelherr Heinrich von Warberg auch vorher schon im herzoglichen Auftrag auf einer entsprechend wichtigen Ebene tätig war. Möglicherweise verbirgt sich hinter jenem „Ludolf" von Warberg, der 1491 von Heinrich d. Ä. zu Verhandlungen über eine Huldigung des Landes Göttingen für seinen Bruder Herzog Wilhelm nach Northeim entsandt wird, kein anderer als unser Edelherr Heinrich. Die Quelle für die Teilnahme „Ludolfs" an den Unterhandlungen ist der Bericht eines Göttinger Bürgers.[19] Der Sohn des Hans von Mengershausen war Augenzeuge der Unterhandlungen. Er erinnert sich in seinem Bericht nur daran, daß ein Junker von Warberg anwesend war. Dieser Junker ist aber der einzige der aufgeführten Teilnehmer, dessen Vornamen er nicht überliefert.[20] Das wird seine Ursache darin haben, daß er diesen jungen Edelherren nicht kannte, eine Tatsache, die mehr noch auf den Göttinger Bürger und Garanten der ersten Quelle zutreffen wird. Da von einem „Ludolf" an keiner anderen Stelle die Rede ist, halte ich es für naheliegend, davon auszugehen, daß niemand anderes als unser junger, den anderen Teilnehmern noch unbekannter Heinrich von Warberg bei diesen Nordheimer Verhandlungen seine ersten Erfahrungen sammelte.

1505 sehen wir Heinrich zum erstenmal, wie schon zuvor seinen Vater, als Vertreter der Landstände tätig werden. In diesem Jahr nehmen er und ein Conrad von Warberg eine von drei Ausfertigungen eines Vertrages zwischen der Landschaft und Heinrich d. Ä. wegen der Erhebung von Landbeden in Verwahrung.[21] Mit „Conrad" war möglicherweise Heinrichs Schwager Cord v. Steinberg gemeint, der zu dieser Zeit auf Warberg lebte. Als Vertreter der Landschaft und als Rat des Herzogs tritt Heinrich auch in der Folgezeit immer wieder in Erscheinung.

Es ist anzunehmen, daß Heinrich von Warberg an den kriegerischen Auseinandersetzungen Herzog Heinrichs d. Ä. in Friesland beteiligt war. Als Inhaber herzoglicher Lehen war er ihm zur Heerfolge verpflichtet. Überliefert sind solche militärischen Aktivitäten jedoch anscheinend nicht. 1514 fällt der Herzog dem Krieg bei der Belagerung von Leerort schließlich zum Opfer. Sein Tod beendet auch die Zusammenarbeit zwischen ihm und dem Edelherren Heinrich von Warberg, eine Zusammenarbeit, die fast ein Vierteljahrhundert überdauert hatte. Unmittelbar nach dem Tode seines Vaters übernimmt Herzog Heinrich d. J. die Regierungsgeschäfte. „Zunächst nahm der junge Herzog im Oktober 1514 die Räte seines Vaters weiter in seinen Dienst." Neben dem Kanzler Johann Pein und dem Braunschweiger Kanoniker Cord Gossel „waren noch der Vogt von Wolfenbüttel Cord von Wulfen sowie die adligen Räte Heinrich Edelherr zu Warberg, Friedrich von der Schulenburg, der Komtur zu Süpplingenburg, sowie Ludolf von Wenden und Cord von Veltheim ständige Ratgeber des Herzogs."[22]

Edelherr Heinrich von Warberg gehört zu den Beratern Heinrichs d. J., die ihre Position auch in den folgenden Jahren beibehalten. So ist u.a. schon eine Ladung zum Landtag am 10. Juni 1516 erhalten, die dies belegt.[23] Auch später scheint sein Einfluß nicht verlorengegangen zu sein.

1515 leiht Heinrich v. Warberg Herzog Heinrich d. J. 100 Gulden und erhält dafür die Einnahmen aus dem Landschatz des Gerichts Warberg. Man mag darin eine Geste guten Einvernehmens erkennen. Auch 1522 erhält der Herzog dieselbe Summe für diesen Zweck aus dem Amt Warberg als dessen Bestandteil Süpplingen hervorgehoben wird.[24]

Erzbischof Albrecht von Magdeburg, der Administrator von Halberstadt, belehnt Heinrich 1515 mit dem Halberstädter Lehen.[25] Die Beziehungen zum Erzbistum Magdeburg und zum Bistum Halberstadt, die jetzt beide von einem Angehörigen der Familie der Markgrafen von Brandenburg regiert wurden, scheinen problemlos gewesen zu sein, wenngleich die enge Bindung des vorangegangenen Jahrhunderts zu diesen geistlichen Fürstentümern insbesondere zu Halberstadt verlorengegangen war. Dennoch waren finanzielle Bindungen geblieben: Albrecht der zugleich auch noch Erzbischof von Mainz war, schuldete Heinrich von Warberg 3000 rh. Goldgulden.[26]

Das neue viergeteilte Wappen des Edelherren Heinrich von Warberg zeigt den verhauenen Lindenbaum des bisherigen Familienwappens und zwei Steckkreuze.

Das neue Wappen

Heinrich von Warberg verwendete als erster der Edelherren ein neues viergeteiltes Wappen, das die Familie dann bis zu ihrem Aussterben beibehalten
sollte. Zum erstenmal ist es auf einem Abdruck des von Heinrich verwen-
deten Siegelstempel nachweisbar, der vom 25. November 1504 datiert.[27]
Auch auf dem sicherlich in seinem Auftrag gefertigten Grabstein des Vaters
ließ Heinrich das neue Wappen anbringen.[28]

Das Wappen zeigt auf dem zweiten und dritten Feld den oben verhauenen Lindenstock mit drei Wurzeln und zwei Blättern, das alte Wappenbild
der Edelherren. Auf den beiden anderen Feldern findet sich ein Steckkreuz

wieder. Deutlich erkennbar wird dies auf einem Siegelabdruck von 1506.[29] Auch eine im 17. Jahrhundert angefertigte Zeichnung des Wappens, das sich unter den Warberger Akten des Wolfenbütteler Staatsarchives befindet, zeigt eindeutig die eben genannte Kreuzform.[30] Wer schließlich der Klosterkirche in Süpplingenburg einen Besuch abstattet, wird das Wappen der Edelherren mit dem Steckkreuz auf dem hier aufgestellten Taufstein wiederfinden, einer Gabe von Antonius d. Ä. (1533 – 1583). Der Dorn des Kreuzes ist, wie das Kreuz selbst, erhaben gearbeitet und vom Besucher ertastbar.

Die Tatsache, daß Fundstellen, an denen das neue viergeteilte Wappen gut erkennbar ist, nicht gerade häufig sind, hat zu allerhand Spekulationen Anlaß gegeben. So war Bege der Auffassung, es handele sich bei dem im Wappen vorhandenen Kreuz um das Kreuz des Deutschen Ordens. Andere waren der Meinung, es habe sich um ein Johanniterkreuz gehandelt, wie dies der Druck Merians nahelegte. Diese Auffassung spiegelt sich noch in der Arbeit von Wehking/Wulf über die Inschriften und Graffitti des Klosters Mariental wieder. Sie wird aber von ihnen distanziert betrachtet.[31] Auch das Wappen des Halberstedter Bischofs Burchard III. von Warberg an der Osanna des Halberstädter Doms verleitet zu Verwechslungen. Es zeigt zwar ebenfalls einen viergeteilten Schild, dessen Felder durch den verhauenen Lindenstock und Kreuze gefüllt waren. Die hier verwandte Kreuzform war aber das Tatzenkreuz.

Die Umstände, die Heinrich bewogen haben, ein Steckkreuz mit in sein Wappen aufzunehmen, sind derzeit nicht auszumachen. Urkunden oder Berichte hierüber sind nicht erhalten geblieben. Gewiß ist nur, daß Heinrich das gevierteilte Wappen schon bei der Übernahme der väterlichen Burg 1504 in Gebrauch hatte[32], während sein Vater nachweislich noch Ende des Jahres 1500 und vermutlich wohl bis zu seinem Tode den Siegelstempel mit dem traditionellen Familienwappen verwandte.[33]

Welche Ursache die Wappenmehrung durch Heinrich von Warberg hatte, können wir einstweilen nicht beantworten. Denkbar – wenngleich wenig wahrscheinlich – ist, daß ihm das Führen des neuen Wappens durch Kaiser Maximilian gestattet wurde. Wir wissen aber nur, daß Heinrich sich 1495 an der Seite Heinrichs d.Ä. von Braunschweig-Lüneburg als dessen Begleiter und Rat auf dem Reichstag in Worms aufgehalten hat. Das bedeutet, daß Heinrichs Wort auch schon vor dem Tode des Vaters von einigem Gewicht war. Ob und gegebenenfalls wann er in der Umgebung Kaiser Maximilians anzutreffen war, wissen wir nicht. Ob er hierbei Leistungen erbracht hat, die die Verleihung eines neuen Wappens rechtfertigten, ist uns ebenfalls unbekannt.

Erstaunlich ist noch ein anderer möglicher Zusammenhang: 1475 nahm auch Graf Gerd von Oldenburg das bis dahin nicht verwendete Steckkreuz in sein jetzt ebenfalls viergeteiltes Wappen auf. Seit dem 17. Jahrhundert ist es als goldenes Steckkreuz im blauen Feld überliefert. Genau diese Farbgebung finden wir zu diesem Zeitpunkt auch bei den Edelherren von Warberg. Wie bei den Edelherren von Warberg fehlt auch im Falle des Oldenburger Grafen bislang eine einleuchtende Erklärung für die Wappenmehrung. Immerhin ist der genaue Zeitpunkt der Übernahme bekannt. Graf Gerd von Oldenburg ließ es bei einer Pilgerfahrt zum Grab der Heiligen Drei Könige in Köln anfertigen, die ihm als Vorwand für Bündnisverhandlungen mit Karl dem Kühnen v. Brabant, dem Großvater des späteren Kaisers Karl V. diente. Erst ungefähr ein Jahrhundert nach der Einführung des neuen Wappens wird das Steckkreuz als Zeichen des Anspruchs auf die Grafschaft Delmenhorst verstanden.

Angesichts einer fehlenden Erklärung für die Bedeutung der Wappenmehrung neigte der Kenner der Oldenburgischen Geschichte G. Sello der Auffassung zu: „Dass es sich ursprünglich nur um eine willkürliche Laune des Siegelführers oder Siegelstechers handelte, welche ihre Veranlassung in der heraldischen Mode der Zeit fand, die darauf aus ging, die guten, in ihrer Einfachheit ein hohes Alter bekundenden Wappen vielfeldig und damit prunkvoller zu gestalten. An eine reine Erfindung möchte man schwer glauben; vielleicht entnahm der Stecher das Kreuz aus einem der älteren vollständigen Wappensiegel Gerhards, wo die Helmkrone so eigenartig gebildet ist, dass es den Anschein hat, als bilde der kreuzartig gestaltete, hoch zwischen den Stierhörnern stehende obere Teil der mittelsten Lilie ein Pertinenz der Helmzier. "[34]

Sollte es sich bei der Wappenmehrung durch Heinrich von Warberg um einen ähnlichen Vorgang gehandelt haben? Daß Heinrich darum bemüht war, ein modernes Siegel zu führen, wird schon daran erkennbar, daß sein Namenszug „Hinrich edler her to werberg" nicht mehr rings um das Siegel geführt wurde, sondern im Stil der Zeit auf Spruchbändern zu lesen war. Zudem lassen sich auch unter den alten Wappensiegeln der Edelherren von Warberg, etwa dem des Gebhard von Warberg, Helmnachbildungen aufweisen, auf denen ein Steckkreuz erkennbar zu sein scheint.[35]

Das neue viergeteilte Wappen konnte auf das ebenfalls viergeteilte Wappen des Onkels seines Vaters, des Halberstädter Bischofs Burchard von Warberg, zurückgreifen, das bis auf die Kreuzform mit dem von Edelherr Heinrich geführten identisch war. Auf diese Weise konnte das neue Wappen die Bedeutung seines Trägers hervorheben. Dessen Familie war auch noch ein Jahrhundert später darauf stolz, Bischof Burchard zu ihren Vorfahren zählen zu dürfen.[36] Das Steckkreuz war möglicherweise der Form auf den Helmen älterer Siegel erkennbarer Kreuze entlehnt. Schon auf den ältesten Siegeln der Familie kann man geneigt sein, auf dem Helm ein Steckkreuz wiederzuerkennen. Darüber hinaus ist nicht auszuschließen, daß das Kreuz – zusätzlich? – an den Johanniterordensmeister Hermann von Warberg erinnern sollte, dessen Wappen ebenfalls ein Kreuz aufwies.

Die sogenannte Hildesheimer Siftsfehde (1519 – 1523) verwüstete in den fünf Jahren ihrer Dauer große Teile Norddeutschlands zwischen Minden und Braunschweig, zwischen Soltau und Uslar.[37] Sie zog auch die Familie des Edelherren Heinrich von Warberg in ihren Bann.

Ausgangspunkt der Auseinandersetzung war der Versuch des Hildesheimer Bischofs, seine Landesherrschaft auszubauen, indem er die Wiedereinlösung an vermögende Adlige verpfändeter Burgen und Besitzungen betrieb. Die auf diese Weise vom sozialen Abstieg bedrohten Stiftsritter – von ihrer ursprünglichen militärischen Aufgabe war durch neue Formen der Kriegsführung nur wenig übriggeblieben – schlossen sich in ihrer Mehrheit mit Herzog Heinrich d. J., von dem ein Teil von ihnen Lehen innehatte, zu einem Schutzbündnis zusammen (1516/1518).

Eine weitere Ursache der Fehde findet sich in der besonderen Lage des Stiftes als „Fremdkörper" zwischen welfischen Territorien. Der Versuch Erichs I. von Calenberg und seines Vetters Heinrich d.J., eine geschlossene Landeshoheit zu erreichen, konnte nur auf Kosten des Stiftes gehen, wie umgekehrt eine Arrondierung des Stiftes immer nur auf Kosten der Welfen stattfinden konnte. Der Konflikt entzündete sich in diesem Fall an der Weigerung Bischof Johanns von Hildesheim, das seit 1433 als Pfandbesitz beim Stift befindliche Gebiet von Homburg-Everstein herauszugeben. Durch einen Separatvertrag war es Johann gelungen, Heinrich den Mittleren von Lüneburg auf seine Seite zu bringen.

Zu guter Letzt wurde die Fehde durch die unmittelbar nach dem Tode Kaiser Maximilians (1519) anhebende Rivalität zwischen Franz I. von Frankreich und dem Habsburger Karl V. um die Thronnachfolge beeinflußt. Zur Partei Franz I. gehörte Heinrich von Lüneburg, dessen Schwiegersohn Karl von Geldern in erbitterter Gegnerschaft zum Hause Habsburg stand. Auf seiten des späteren Kaiser Karls V. stand Heinrich d. J. von Wolfenbüttel.

Die Einschränkung der für althergebracht gehaltenen Rechte des Adels u.a. durch die Wiedereinlösung von Pfandschaften um damit die Geschlossenheit des eigenen Herrschaftsgebiets zu erhöhen, war ein Weg, den später auch Heinrich der Jüngere beschritt. Er löste wie wir noch sehen werden, damit einen Konflikt vom Zaune, in dem er jetzt sowohl gegen die eigenen als auch gegen die ehemals mit ihm verbündeten Stiftsritter stand. Diese waren, wenn man so will, vom Regen in die Traufe gekommen. Auch die Überlagerung der regionalen Konflikte durch die Rivalität zwischen Habsburg und Frankreich bleibt über die Mitte des Jahrhunderts hinaus ein bestimmender Faktor.

Zu den Adligen, die in vorderster Reihe die Adelsrebellion der Stiftsritter führten, gehörte Curd von Steinberg, der Schwager Heinrich von Warbergs. Neben ihm stand Burghard von Saldern, der sowohl mit den von Steinbergs als auch mit den Edelherren von Warberg eng verwandt war.

1519 in der Schlacht bei Soltau werden Graf Georg von Wunstorf, der Bruder der Frau Heinrichs von Warberg, und Cord von Steinberg, sein anderer Schwager, gefangen und gegen ein Lösegeld entlassen. Beide hatten in dieser verlorenen Schlacht auf der Seite Heinrichs d. J. und der aufständischen Ritterschaft des Hochstifts gekämpft. Cord von Steinberg stirbt im folgenden Jahr, sein gleichnamiger Sohn (*1493) war auf Burg Warberg herangewachsen.[38] Graf Georg von Wunstorf residiert in der Folgezeit ebenfalls auf der Burg.[39] Er stirbt 1533 und wird zu Königslutter im Dom beerdigt. Im selben Jahr stirbt auch Heinrich von Warberg.

Auch während des Krieges hat Heinrich von Warberg das Vertrauen Herzog Heinrichs d. J. bewahren können. Anfang August 1519 wird der Edelherr gemeinsam mit vier anderen Räten vom Herzog als Befehlshaber des Landes Braunschweig in dessen Abwesenheit eingesetzt. Am 22. Juni beruft der Fürst Heinrich von Warberg erneut zu seinen „heimgelassenen Räten und Befehlshabern".[40]

An die verlorene Schlacht von Soltau schließen sich Verhandlungen zwischen Herzog Heinrich d. J. und den Landständen an, als deren Vertreter auch Edelherr Heinrich fungierte. In einem öffentlichen Anschreiben an die Ständevertreter seines Fürstentums vom 2. 10. 1519 legt Heinrich d. J. die Gründe für sein weiteres militärisches Vorgehen dar. Es ist gerichtet an die Vertreter der Ritterschaft Heinrich Herrn zu Warberg, Cord v. Veltheim und Ludwig von Wenden, an die „Prälaten", die Äbte Dietrich von St. Ägidien und Hermann von Riddagshausen, sowie den Rat von Braunschweig. Die Ständevertreter mußten schließlich über eine Finanzierung des Krieges durch zusätzliche Steuern entscheiden.[41]

Zu entscheiden haben sie auch über die Bereitstellung von Geldern für die Freilassung der Gefangenen. Die Position der Stände in dieser Frage halten Edelherr Heinrich und die anderen Ständevertreter in „Artikel, was die Stende des Fürstentums Braunschweigk durch den von Werberge, Cord v. Veltem und des Raits von Braunschweigk Geschigten von wegen ihres Hern haben gefürdert"[42] fest. Am 14. November 1519 bürgt Heinrich von Warberg mit anderen Ständevertretern für eine Kautionssumme von 15.000 rheinischen Gulden, die für die zeitweilige Freilassung des gefangenen Herzog Wilhem, des Bruders Heinrichs d. J. zu entrichten waren. Ein Jahr später, am 25. November 1520 erneuert er seine Bürgschaft für diese hohe Kautionssumme.[43]

Auch in den folgenden Jahren des Krieges, in denen sich durch die Wahl des Habsburgers Karls V., das Blatt zugunsten Heinrichs d.J. wendet, tritt Heinrich v. Warberg u.a. 1523 als Vertreter der Ritterschaft und Rat Heinrich d. J. in Erscheinung.[44] Das Ergebnis des Krieges war der Übergang fast des ganzen Hochstiftes Hildesheim in die Hände der Welfen, die damit

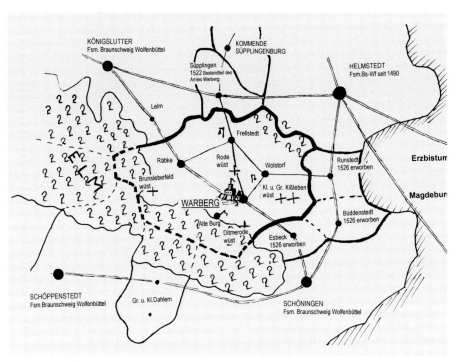

Die Herrschaft Warberg im ersten Drittel des 16. Jahrhunderts.

zugleich dessen rebellische Ritterschaft mit übernahmen, sofern deren Angehörige nicht schon vorher braunschweigische Lehen innehatten.

An Macht und Wohlstand ungebrochen

Auch nach der Stiftsfehde genießen Heinrich v. Warberg und seine Frau, die Gräfin von Wunstorf, ganz offensichtlich das Vertrauen Herzog Heinrichs d. J. „ … 1525 hielt Heinrich der Jüngere mit [seiner Gemahlin] der Fürstin und seinem Bruder Georg einen Abendtanz auf dem alten Rathaus in Braunschweig … wobei die Herzogin, die das erstemal in der Stadt war, … zusammen mit Herzog Georg, dem Geistlichen, den ersten Reigen anführte. Heinrich d. J. und die Edelfrau von Warberg folgten in der zweiten.“[45]

In diesem Jahr fordert der Herzog die Stadt Braunschweig auf, seinen Räten und Gelehrten mit Rat und Tat zur Seite zu stehen. Wiederum wird Heinrich von Warberg in dieser Reihe der Führungskräfte des Herzogtums genannt.[46]

Ob und in welchem Umfang Heinrich bei der Niederwerfung der Bauernrebellion der Jahre 1524/25 beteiligt ist, können wir einstweilen nicht sagen. Bei dem Kampf gegen den Bauernaufstand, der auch das der Herrschaft Warberg benachbarte Bistum Halberstadt erfaßt hatte, spielte zumindest Herzog Heinrich d. J. eine maßgebliche Rolle.

Dem Wohlstand des Warberger Edelherren scheint auch diese Entwicklung kaum Abbruch getan zu haben. Im Gegenteil, seine Geldgeschäfte florieren: 1526 erhält Heinrich v. Warberg für 1000 Gulden wiederkäuflich von Herzog Heinrich d. J. die Dörfer Esbek, Büddenstedt und Runstedt. Der Erwerb dieser drei Dörfer war für die kleine Herrschaft von nicht zu unterschätzender Bedeutung: Seit 1490, als Helmstedt vom Abt von Werden an die Herzöge von Braunschweig abgetreten worden war und dem Fürstentum zugeordnet wurde war Warberg vollständig von welfischem Territorium umgeben. Der Erwerb dieser Dörfer ebnete den Edelherren von Warberg nach einem Vierteljahrhundert für eine kurze Zeit wieder den freien Zugang zum Erzbistum Magdeburg und durchbrach die Umklammerung durch das Fürstentum Braunschweig-Wolfenbüttel.

1528 bekennt Herzog Ernst v. Lüneburg, Heinrich 3000 Goldgulden schuldig zu sein.[47] Noch im selben Jahr ist Heinrich in der Lage, dem Kurfürsten und Markgrafen Joachim von Brandenburg 6000 rheinische Gulden zu leihen.[48] Von der Übertragung der Statthalterschaft zu Wolfenbüttel an den Schwager Georg von Wunstorf im Jahr 1527 war oben schon die Rede. In diesem Zusammenhang sei darauf hingewiesen, daß bislang nicht untersucht ist, welche Rolle die Reichsstandschaft des Grafen von Wunstorf und seine Mitgliedschaft im Niedersächsischen Reichskreis für die Edelherren von Warberg hatte. Ungeklärt ist ob Freifrau Margarethe von Warberg, geborene Gräfin von Wunstorf diese als Erbe mit in die Familie der Warberger Edelherren brachte. Erst in der zweiten Hälfte des 16. Jahrhunderts erlischt die Mitgliedschaft der Grafen von Wunstorf im Reichskreis.

Als Heinrich von Warberg am 27. Januar 1533 stirbt, ist er offensichtlich vom Geist der Reformation nicht erfaßt worden. Er findet seine letzte Ruhestätte im Kloster Mariental, der alten Grablege seiner Familie. Die Grabplatte zeigt auch eine Abbildung und das Wappen seiner Frau.[49]

Margarethe Edle zu Warberg und Gräfin v. Wunstorf selbst wird aber in der Katharinenkirche zu Braunschweig begraben.[50] Sie stirbt im Jahr 1549. In diesem Jahr wird in Prozeßunterlagen beim Reichskammergericht die Burg Warberg als ihre Leibzucht genannt. Margarete v. Warberg hat sich, darauf deutet ihr Bestattungsort hin, nach dem Tode ihres Mannes dem protestantischen Glauben angeschlossen.

3. Antonius der Ältere, Christoph und der Kampf gegen Herzog Heinrich d. J. von Braunschweig-Wolfenbüttel

Das nächste halbe Jahrhundert zwischen 1533 und 1583 stand Antonius d. Ä., der älteste der drei Söhne des Edelherren Heinrich, an der Spitze des Hauses Warberg. Es sollte eine Zeit des Kampfes und des beginnenden Niederganges werden. Dieser Niedergang traf nicht nur die Edelherren von Warberg sondern die Ritter im Reich überhaupt. Deren gesellschaftliche und militärische Bedeutung war durch zumindest zweierlei Entwicklungen in ständigem Abstieg begriffen: An die Stelle des Kampfes mittelalterlicher Ritterheere war in der Schlacht der Einsatz von Landsknechten und die Verwendung von Feldschlangen und anderen großkalibrigen Schußwaffen getreten. Daneben kristallisierte sich langsam eine Entwicklung heraus, die zu Staatswesen mit geschlossenen Territorien und dem Gewaltmonopol des jeweiligen Herrschers in seinem Territorium führen sollte.

Entscheidend in dieser allgemein zu verzeichnenden Entwicklung wurde für unsere Edelherren von Warberg die Auseinandersetzung mit dem mächtigen Nachbarn Herzog Heinrich d. J. von Braunschweig – Wolfenbüttel, dessen Territorium, rechnet man die erst 1526 als Pfandbesitz erworbenen Dörfer Esbeck, Büddenstedt und Runstedt hinzu, die Herrschaft Warberg inzwischen völlig umschloß. Von seinem Herzogtum hatten die Edelherren in nicht unerheblichem Umfang zugleich auch Lehen und Pfandbesitz in ihren Händen. Sie gehörten somit zu dessen Ritterschaft und nahmen – wie gesehen – sogar als Vertreter dieses Landstandes dessen Verträge in Verwahrung. Nicht zuletzt finden wir sie unter den ständigen Beratern, den „Räten", der Wolfenbütteler Herzöge. Die Edelherren gerieten so in mehrfacher Hinsicht in einen Konflikt, den der Wolfenbütteler Herzog bei der Errichtung eines modernen Staates mit den Angehörigen seines Adels ausfocht.

„Zeit seines Lebens versuchte Heinrich der Jüngere die Teilhabe des Adels an der Herrschaft zu beseitigen … Ob der Fürst den Prozeßweg wählte, ob er Gewalt wählte, oder ob er das Schwert wählte – immer ging es darum, das Fürstenrecht über das Ständerecht obsiegen zu lassen, das Ständetum in dem sich formenden Fürstenstaat möglichst zu begrenzen oder gar zu eliminieren."[51]

Hierbei nahm der auf den Adligen, aber auch auf den Städten lastende Druck im Laufe der Regierungszeit Herzog Heinrichs offenbar zu. Eine wichtige Rolle spielte hierbei die Rückforderung von Pfandbesitz aus den Händen des Adels und der Städte. Der Handel mit Herrschaftsrechten und Einkünften des Landesherrn, deren Vergabe als Pfand für Darlehen, hatte meist zum Übergang dieser Rechte und Einkünfte in die Hände von Adligen geführt, die nach jahrzehnte-, bisweilen jahrhundertelangem Besitz jetzt geltend machten, sich Eigentumsrechte ersessen zu haben.

3.1 Die Lunte brennt – Das Aufbrechen des Streits mit Heinrich d. J.

Daß dieser Konflikt auch die Söhne des einst so einflußreichen Edelherren Heinrich von Warberg nicht unberührt lassen würde, war absehbar. Dennoch begnügte sich Heinrich d. J. noch in seiner 1535 entstandenen Regimentsordnung nur mit der Anweisung, die 1505 erworbene Anwartschaft auf Warberg sei auf jeden Fall sicher zu stellen.[52] Die Taktik gegenüber diesem Hause schien zunächst auf ein Abwarten hinauszulaufen.

Für die sich u.a. auf Rehtmeier stützende Behauptung Bergs und Beges, Antonius Bruder Christoph sei schon seit 1530 gemeinsam mit anderen Adligen in einen Prozeß wegen fürstlicher Häuser verwickelt gewesen[53], die vom Herzogtum pfandweise ausgegeben gewesen seien, finden sich in den Quellen keine Belege. Merkwürdig an dieser Aussage ist nicht nur, daß Christoph noch zu Lebzeiten seines Vaters, der offenbar noch bis zu seinem Tode 1533 Berater Heinrichs d. J. war, an einer solchen Auseinandersetzung beteiligt gewesen sein soll.

Merkwürdig ist auch, daß dieser Streit das Verhältnis des Wolfenbütteler Herzogs zu Christophs Bruder Antonius d. Ä. nicht berührt haben soll. Tatsächlich fungiert Antonius bis 1538 nachweislich als Rat des Wolfenbüttelers. Von einem Zerwürfnis ist nichts zu spüren. Im November 1535 ist er Zeuge des Primiogeniturvertrages zwischen Herzog Heinrich d. J. und dessen Bruder Herzog Wilhelm.[54] Im April 1538 noch wird er als erster unter Heinrichs „rethen und lieben getrewen" als Bürge in einem Schuldbrief des Herzogs über knapp 10.000 Gulden genannt.[55]

Erst nach 1538 scheint es zum Streit gekommen zu sein: Von Antonius Bruder Christoph erfährt man 1552 über die Ursache des Konflikts: „Nach dem Tode seines Vaters habe Herzog Heinrich ihn und seinen Bruder ‚dahin tringen wollen, daß wir unser freye herschaft von ime und seinen nachkhomen zu lehen empfachen sollen', was sie aber verweigert hätten. Daraufhin habe der Herzog ihnen derartig zugesetzt, daß die Familie beim Kaiser den Klageweg beschritten hätte."[56]

Präziser sind die 1549 vor dem Reichskammergericht gemachten Ausführungen des herzoglichen Rechtsbeistandes. Darf man ihnen Glauben schenken, so hätten sich die Warberger geweigert, die Landbede für Warberg zu entrichten: „...als vor dieser zeit seiner f.[ürstlich] g.[naden] ain steur und landschatzung uff die underthanen des Fürstenthumbs durchaus bewilligt worden, das sich der gegentail [Antonius] sampt seinen Brüdern de facto unterstanden solche schatzung ... dem ... Fürsten ... zu verwaigern und vorzuhalten, das doch zuvor bei seines vatters und vorfahren zeit nie gewesen."[57]

Tatsächlich hatte Heinrich von Warberg dem Herzog in den Jahren 1515 und 1522 für das Amt Warberg jeweils eine Summe von 100 Gulden geliehen und dafür die Einnahmen aus dem Landschatz des Gerichtes Warberg als Pfand erhalten.[58] Dies Gericht oder Amt setzte sich aus Bestandteilen zusammen, die die Warberger zu unterschiedlichen Rechten besaßen. Da war zunächst die als Eigenbesitz innegehabte Burg, hinzu kamen die vor über zweihundert Jahren als Pfandlehen erworbenen Rechte an dem Dorf Warberg, an Wolsdorf, Groß- und Kleinkißleben und Rohde[59], die inzwischen als erblicher Besitz angesehen wurden. Schließlich gehörte zum Amt auch neuerer Lehens- und Pfandbesitz.1522 wird besonders die Amtszugehörigkeit Süpplingens betont. Die Landbede konnte nur für die Bestandteile des Amtes erhoben werden, für die der Wolfenbütteler Herzog als Landesherr zuständig war, nicht aber für das als Eigenbesitz angesehene Warberg und nicht für die Dörfer, die samt ihren Einnahmen vor über zwei Jahrhunderten an die Edelherren verpfändet worden waren. Die galten anscheinend inzwischen ebenfalls als erblicher Eigenbesitz, auf den – nach der 1505 verbrieften Anwartschaft – die Wolfenbütteler Herzöge erst wieder nach dem Aussterben der Warberger Anspruch hatten. Es ist anzunehmen, daß der einflußreiche Edelherr Heinrich v. Warberg auch nur für die zweifelsfrei als Wolfenbütteler Lehen angesehenen Bestandteile des Amts gezahlt hat.

Eine mögliche Rekonstruktion des Konfliktbeginns hat von dem Versuch einer Ausdehnung der Ansprüche Heinrich d. J. auch auf die anderen Besitzungen der Warberger unter Hinweis auf eine jetzt behauptete Lehensabhängigkeit auszugehen. Das Ergebnis war offenbar, daß ihm die Zahlungen von den Warbergern generell vorenthalten wurden. Hieraufhin scheint er das beanspruchte Recht in die eigene Hand genommen zu haben und die Schatzung mit Gewalt eingetrieben zu haben.

Der Versuch der Durchsetzung der Ansprüche, die Herzog Heinrich d. J. an Warberg zu haben behauptete, ist auch noch vor einem anderen Hintergrund zu sehen: Die Stadt Braunschweig hatte sich 1531, wie vorher schon zahlreiche andere protestantisch gewordene Städte und Fürsten, dem Schmalkaldischen Bund angeschlossen. Dieser Bund war eine Vereinigung protestantischer Fürsten und Städte unter Führung von Kurfürst Johann Friedrich von Sachsen und Landgraf Philipp von Hessen. 1538 war das Jahr, in dem in Braunschweig eine große Bundesversammlung des schmalkaldischen Bundes stattfand.[60] Was als Provokation gedacht war, wurde von Heinrich d. J., der am alten Glauben festhielt, offenbar auch als solche verstanden. Aus dem Landschatz, dessen Bezahlung die Edelherren verweigert hatten, sollten die Ausgaben für Rüstungsanstrengungen bezahlt werden, die sich in erster Linie gegen Braunschweig und den schmalkaldischen Bund richteten.[61]

Es ist davon auszugehen, daß die Söhne des Edelherren Heinrich von Warberg noch zu Beginn der dreißiger Jahre wie ihr Vater am alten Glauben festhielten. Margarethe von Warberg, die Schwester Heinrichs, war wie

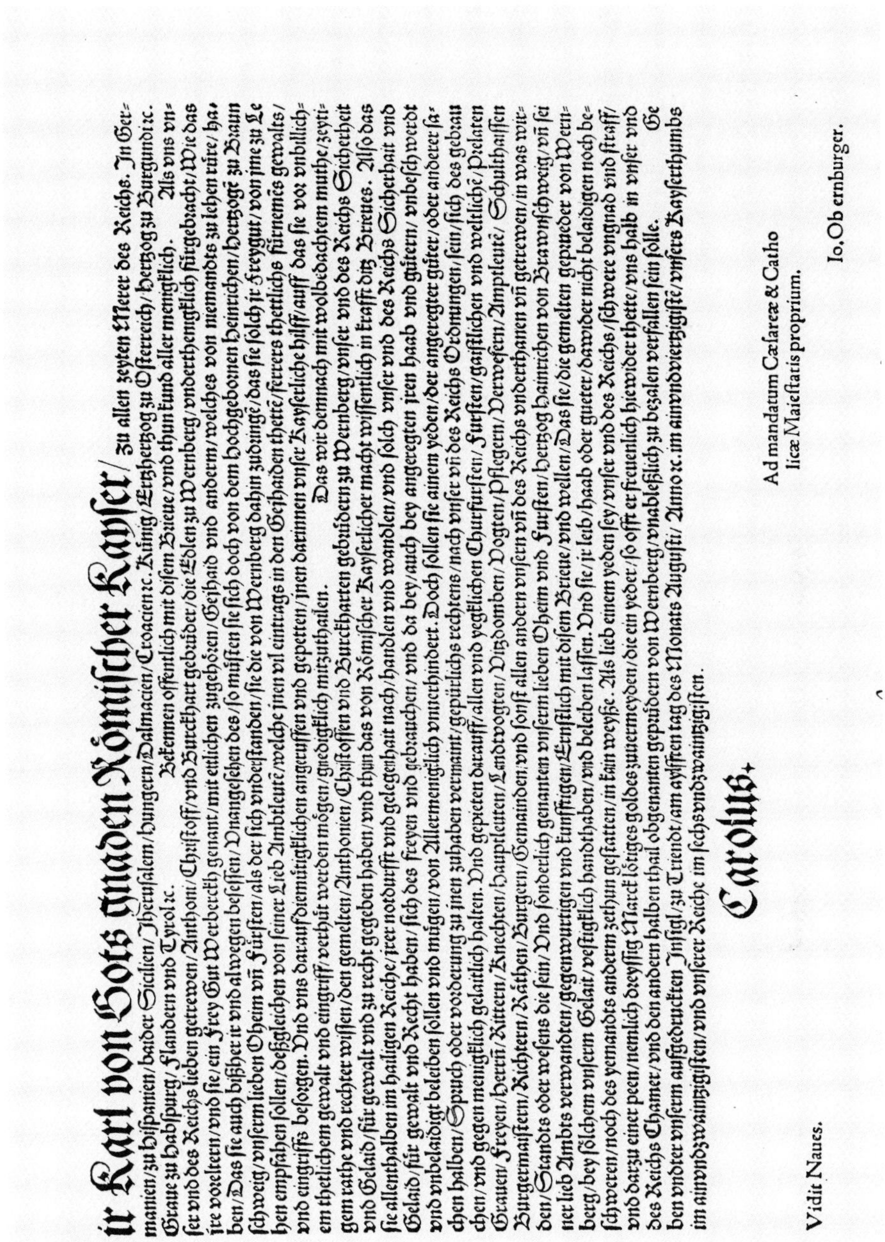
Wir Karl von Gots gnaden Römischer Kayser/ zu allen zeyten Merer des Reichs. In Germanien/zu Hispanien/baider Sicilien/Jherusalem/Hungern/Dalmacien/Croacien ꝛc. Künig/Ertzhertzog zu Österreich/Hertzog zu Burgundi ꝛc. Graue zu Habspurg/Flandern vnd Tyrol ꝛc. Bekennen offentlich mit disem Brieue/vnd thun kund aller menigklich. Als vns vnser vnd des Reichs lieben getrewen/Anthoni/Christoff/vnd Burckhart gebrüder/die Edlen zu Wernberg/vnderthenigklich fürgebracht/Wie das jre voreltern/vnd sie/ein Frey Gut Werberckh genant/mit etlichen zugehören/Gejhaid vnd anderm/welches von niemandts zu lehen rüre/haben/Das sie auch bißher ir vnd alwegen besessen/Vnangesehen des/so müsten sie sich doch von dem Hochgebornen Heinrichen/Hertzogē zu Braunschweig/vnserm lieben Oheim vñ Fürsten/als der sich vnderstanden/sie die von Wernberg dahin zudringē/das sie sölch jr Freygut/von jme zu Lehen empfahen sollen/deßgleichen von seiner Lieb Ambtleutē/welche jnen vil eintrags in den Gejhaiden thettē/ferrers thettlichs fürnemēs gewalts/vnd eingriffs besorgen. Vnd vns darauf diemütigklichen angeruffen vnd gepetten/jnen darinnen vnser Kayserliche hilff/auff das sie vor vnbillichem thetlichem gewalt vnd eingriff/verhüt werden mögen/gnedigklich mitzuthailen. Das wir demnach mit wolbedachtem muthe/zeytigem rathe vnd rechter wissen/den gemelten/Anthonien/Christoffen vnd Burckharten gebrüdern zu Wernberg/vnser vnd des Reichs Sicherheit vnd Gelaid/für gewalt vnd zu recht gegeben haben/vnd thun das von Römischer Kayserlicher macht wissentlich in krafft ditz Brieues. Also das sie allenthalben im hailigen Reiche/jrer notdurfft vnd gelegenhait nach/handlen vnd wandlen/vnd solch vnser vnd des Reichs Sicherhait vnd Gelaid/für gewalt vnd Recht haben/sich des freyen vnd gebrauchen/vnd da bey/auch bey angeregten jren haab vnd gütern/vnbeschwerdt vnd vnbelaidigt beleiben sollen vnd mügen/von Allermenigklich vnuerhindert. Doch sollen sie ainem yeden/der angeregter güter/oder anderer sachen halben/Spruch oder vorderung zu jnen zuhaben vermaint/gepürlichs rechtens/nach vnser vñ des Reichs Ordnungen/sein/sich des gebrauchen/vnd gegen menigklich gelaitlich halten. Vnd gepieten darauff/allen vnd yegklichen Churfursten/Fursten/gaistlichen vnd weltlichē/Prelaten Grauen/Freyen/Herrñ/Rittern/Knechten/Hauptleuten/Landtvogten/Vitzdomben/Vogten/Pflegern/Verwesern/Amptleutē/Schulthaissen Burgermaistern/Richtern/Räthen/Burgern/Gemainden/vnd sonst allen andern vnsern vñ des Reichs vnderthanen vñ getrewen/in was wirden/Standts oder wesens die sein/Vnd sonderlich genantem vnserm lieben Oheim vnd Fursten/Hertzog Hainrichen von Brawnschweig/vñ seiner lieb Ambts verwandten/gegenwurtigen vnd kunfftigen/Ernstlich mit disem Brieue/vnd wellen/Das sie/die gemelten gepruder von Wernberg/bey sölchem vnserm Gelait/vestigklich handthaben/vnd beleiben lassen. Vnd sie/jr leib/haab oder gueter/dawider nicht belaidigen noch beschweren/noch des yemandts anderm zethun gestatten/in kain weyße. Als lieb einem yeden sey/vnser vnd des Reichs/schwere vngnad vnd straff/vnd darzu einer peen/nemlich dreyssig Marck lötiges goldes zuuermeyden/die ein yeder/so offt er freuenlich hiewider thette/vns halb in vnser vnd des Reichs Chamer/vnd den andern halben thail obgenanten geprüdern von Wernberg/vnableßlich zu bezalen verfallen sein solle. Geben vndter vnserm aufgedruckten Insigl/zu Triendt/am aylfften tag des Monats Augusti/ Anno ꝛc. im ainvndviertzigistē/vnsers Kayserthumbs im ainvndzwaintzigisten/vnd vnserer Reiche im sechsvndzwaintzigisten.

Carolus.

Ad mandatum Cæsareæ & Catholicæ Maiestatis proprium.

Vidit Naues.

Io. Obernburger.

1541 läßt Kaiser Karl V. einen gegen Herzog Heinrich d. J. von Braunschweig-Wolfenbüttel gerichteten Schutzbrief für die Edelherren von Warberg drucken und veröffentlichen.

schon erwähnt, „mater" im St. Annenkloster zu Göttingen.1533 forderte Christoph ihre Mitgift, 1000 Gulden, vom Göttinger Rat zurück.[62] Christoph nahm offenbar an, der Rat habe diese Aufnahmezahlung seiner 1524 verstorbenen Tante nach der Einführung der Reformation an sich genommen Diese Rückforderung scheint mir zumindest ein Indiz für die zu diesem Zeitpunkt noch altgläubige Einstellung des Edelherrn.

Acht Jahre später sind die Edelherren offensichtlich zum Protestantismus übergetreten. Im Juni des Jahre 1541 nimmt die Mutter der drei Brüder v. Warberg an der sogenannten Stollbergischen Hochzeit zu Wernigerode teil, auf der Graf Wolfgang zu Stollberg sich mit Dorothea von Regenstein vermählte. „Durch ihre Honsteinsche Mutter stand sie [Margarethe von Warberg] wohl zumeist dem gräflichen Brautpaare nahe."[63]

Diese Hochzeit war eine prachtvolle Veranstaltung: allein an dem Fest und Ehrenzug nahmen etwa 450 berittene Gäste teil. „... Herzog Philipp von Braunschweig mit seinem Gefolge zählten dreißig, die Grafen Philipp und Hans Georg zu Mansfeld, Oheime der Braut, zusammen ebenfalls 30, Graf Günter von Schwarzburg 20, Graf Ernst von Honstein 12, die Edle von Warberg 6, die Äbtissin von Quedlinburg 10 Rosse."[64] Die Hochzeit war zugleich auch eine Demonstration der Stärke der inzwischen protestantischen Harzgrafengeschlechter. Eine Umgebung, in der sich unsere Warberger Edelfrau, eine Gräfin von Wunstorf, offenbar heimisch fühlte. Das Haus Braunschweig-Lüneburg vertrat Herzog Philipp von Braunschweig-Grubenhagen, der zu diesem Zeitpunkt der einzige protestantische Herzog aus diesem Hause war. Heinrich d. J. war und blieb katholisch.

Interessant an der Teilnahme der Edelfrau von Warberg an dieser protestantischen Manifestation ist auch der Zeitpunkt. Er findet zwei Monate vor der Ausstellung eines Schutzbriefes Kaiser Karls für die Edelherrenfamilie statt. Möglicherweise läuft der Prozeß gegen Heinrich d. J., der diesen Brief als Ergebnis hat, bereits. Der Bericht über die Hochzeit erweckt den Eindruck, Margarethe von Warberg sei es nur mit der Hälfte ihrer avisierten 12 Pferde gelungen, nach Wernigerode zu kommen, und dies auch noch verspätet.[65] Es ist denkbar, daß die Verspätung und die geringe Anzahl der mitgeführten Pferde auf die andauernde Bedrängungen durch Herzog Heinrich d. J. zurückzuführen ist.

Am 11. August 1541 erlangen Antonius, Christoph und Burchard von Warberg nach einer auch im Namen der Mutter, der geborenen Gräfin von Wunstorf, geführten Klage auf dem Regensburger Reichtag von Kaiser Karl V. den eben erwähnten Geleit- und Schutzbrief. Der fordert Herzog Heinrich d. J. und seine Amtsleute bei Strafandrohung auf: "Das sie die gemelten geprueder von Wernberg bey soelchem Galait vestigklich handthaben ... Und sie ir leib haab oder gueter dawider nicht belaidigen noch beschweren noch des yemandts anderm zethun gestatten..."[66] Der Brief hat, wie Christoph von Warberg später erklären wird, auf das Verhalten des Herzogs keinen Einfluß, so daß „wir als junge gesellen uns zu andern chur- und fursten zu dienst begeben muessen und unser lieb fraw mutter unsere freye Herrschaft verwalten lassen."[67]

Antonius der Ältere war möglicherweise schon früher an den Hof des Kurfürsten Joachim II. von Brandenburg gegangen. Das legen zumindest seine Beziehungen zu diesem Herrscher nahe. Das Kurfürstentum war den Warbergern verschuldet. Von 1528 hat sich ein Schadlosbrief des Kurfürsten erhalten, in dem eine Schuldforderung Heinrichs von Warberg über 6000 Gulden bestätigt wird.[68] Schon 1533, im Sterbejahr seines Vaters, ist Antonius als Rat am kurfürstlichen Hof nachweisbar. Im Oktober dieses Jahres ist er Zeuge des Zerbster Vertrages, in dem sich der Kurfürst Joachim II. v. Brandenburg mit seinem Bruder dem Kardinal Albrecht Erzbischof zu Magdeburg aussöhnt.[69] Die Bedeutung die Anton d. Ä. von Warberg zugemessen wird, zeigt seine Stellung innerhalb der Zeugenreihe des Kurfürsten: In ihr wird er zwischen dem Erbmarschall Johann Herrn zu Putlitz und dem Ritter und Hauptmann der Altmark Gebhard v. Jagow genannt.

Die Wiederbelehnung aller drei Brüder von Warberg mit den Halberstädter Lehen durch den Magdeburger Erzbischof Albrecht von Brandenburg, der zugleich Administrator zu Halberstadt ist, erfolgt am 22. Januar 1534.[70] Da im Jahr 1535 die Tochter Maria geboren wird[71], muß Antonius d. Ä. schon vorher seine Gemahlin Anna v. Oppen geheiratet haben. Anna von Oppen stammt aus einem alten brandenburgischen Haus, das u.a. auch in Anhalt begütert war.[72] Die engen Verbindungen nach Brandenburg, die Antonius als Vertreter der Familie aufrechterhält, werden noch einmal deutlich durch die Ehestiftung zwischen Antonius Schwester Anna und Johann Gans zu Putlitz, die der Kurfürst 1537 errichtet und bestätigt. Sicherlich nicht zuletzt auf Betreiben Antonius.[73] Die Familie zu Putlitz war Inhaber des Erbmarschallsamtes der Markgrafschaft. 1548 wählt Anton d. Ä. für den Brandenburgischen Landesherren die Bezeichnung „mein gnädigster Herr der Churfürst zu Brandenburg".[74]

Christoph, der zweitälteste der Brüder, begab sich in den Dienst des Kurfürsten Johann Friedrich von Sachsen.[75] An dessen Seite nahm er an der Vertreibung Heinrich d. Jüngeren von Braunschweig-Wolfenbüttel durch den Schmalkaldischen Bund teil. Diesen Weg schlug vermutlich auch der jüngste Bruder Burchard ein.

3.2 Unter dem Schutz des Schmalkaldischen Bundes …

Einer Bedrängung durch Heinrich d. J. waren zu Beginn der vierziger Jahre nicht nur die Edelherren von Warberg ausgesetzt, sondern auch die Reichsstadt Goslar und das der Herrschaft Warberg benachbarte mächtige Braunschweig.

1540 kommt es zu einer Eskalation der Auseinandersetzungen Heinrichs d. J. mit der Stadt Braunschweig. Diese erhält, als die Bedrohung durch eine militärische Besetzung wächst, vom Schmalkaldischen Bund Hilfe zugesagt. Diesem Bündnis gehörte Braunschweig seit 1531 an. 1538 hatte es – wie schon erwähnt – seinen Bundestag in Braunschweig abgehalten.

Noch 1540 rückt ein Hilfskontingent bestehend aus 400 reisigen Pferden und zwei Fähnlein Landsknechten in die Stadt ein.[76] Wie wichtig die Schmalkaldener diese Hilfe nahmen, wird an der Person des Befehlshabers über diese Truppen deutlich: Sie stehen unter dem Oberbefehl von Bernhard von Mila, der als Rat des Kurfürsten von Sachsen eine gewichtige Position an dessen Hof innehat.

1541 steht Bernhard von Mila nach der Eroberung Wolfenbüttels an der Spitze eines Konsortiums, das den Schutz und die Verwaltung des Schlosses übernimmt.[77] Im folgenden Jahr, nach der Vertreibung Heinrichs des Jüngeren, finden wir ihn als kursächsischen Statthalter an der Spitze der Schmalkaldischen Landesverwaltung wieder, einem achtköpfigen Regierungskollegium.[78]

Zu den Gebieten, die nach dem Juli des Jahres 1542 in die Hand des Schmalkaldischen Bundes gelangen, gehört auch die Herrschaft Warberg. Wir haben schon gesehen, daß Christoph und vermutlich auch Burchard von Warberg im Dienst des sächsischen Kurfürsten standen. Dessen Truppen öffneten sie ihre Burg Warberg und gewährten ihnen Unterstützung. Gleichzeitig wirkten sie an der Einnahme von Stadt und Amt Schöningen mit. Auch am Vorgehen gegen das vor Schöningen gelegene St. Laurentius Kloster und gegen altgläubige Pfarrer waren die beiden auf der Seite der Reformation stehenden Brüder offenbar maßgeblich beteiligt. Das zumindest hält eine an das Reichskammergericht gerichtete Anklageschrift von Heinrich d. J. fest.[79]

An diesen Aktionen war, wie wir aus späteren Äußerungen Christophs erfahren, Antonius entgegen der Klage Heinrichs d. J. nicht beteiligt: „Mein bruder Anthonii aber hat gegen den hertzogen nit gedient oder sich gebrauchen lassen"[80]. Der Kurfürst von Brandenburg, in dessen Diensten der ältere Bruder stand, hatte an den Aktionen der Schmalkaldener nicht teilgenommen. Antonius befand sich zu diesem Zeitpunkt offenbar auch nicht in Warberg.

Dennoch ist davon auszugehen, daß er das Handeln seiner Brüder nicht ohne Wohlwollen gesehen hat. Im Oktober 1542 ist er es, der der Schmalkaldischen Visitationskommission anzeigt, daß er seine Gemeinden bereits mit evangelischen Pfarrern versorgt habe, woraufhin von einer Überprüfung und Examinierung abgesehen wird.[81] Dies weist im Übrigen daraufhin, daß auch er zu diesem Zeitpunkt nicht mehr Anhänger der alten Kirche war, sondern sich der evangelischen Lehre angeschlossen hatte.

Das Verhältnis zu den neuen Herren im Herzogtum Braunschweig-Wolfenbüttel war nach den Bedrängungen der vergangenen Jahre ein offensichtlich entspanntes. Die Versuche Herzog Heinrichs, eine Lehensabhängigkeit Warbergs herzustellen, hatten ihr Ende gefunden. Unmittelbar nach der Eroberung des Herzogtums belehnt das Schmalkaldische „Bundesoberhaupt" Kurfürst Johann Friedrich von Sachsen am 24.08.1542 alle drei Brüder mit Gütern, die vom Herzogtum Sachsen zu Lehn rühren.[82] Wohl nur wenig später übergibt Bernhard von Mila, der kursächsische Statthalter und Leiter der schmalkaldischen Landesverwaltung in Wolfenbüttel, an die Mutter der drei Warberger Brüder, Magarete von Warberg, das Haus Gandersheim als Pfandbesitz für eine Summe von 6400 Goldgulden. Diese Summe hatte schon deren Bruder Georg v. Wunstorf dem Hause Wolfenbüttel geliehen. Den Schuldtitel hatte die geborene Gräfin von Wunstorf 1533 geerbt.[83]

In dieser Zeit der Schmalkaldischen Besetzung Braunschweig-Wolfenbüttels ergibt sich eine enge persönliche Bindung, die die guten politischen Beziehungen zwischen der neuen Regierung und den Edelherren von Warberg besiegelt: Der kursächsische Statthalter Bernhard von Mila heiratet Elisabeth von Warberg, eine Schwester Antons d. Ä.[84] Diese Heirat unterstreicht die Bedeutung, die den Edelherren auch von den neuen Herren zugemessen wurde. Umgekehrt wird Heinrich der Jüngere später der Mutter und den Brüdern v. Warberg vorwerfen, sie hätten diese Heirat mit „meinem ergisten feindt und widerwertigem" nicht verhindert, sondern gebilligt.[85]

Für die Burg Warberg hatte diese Verbindung möglicherweise Folgen: Geht man davon aus, daß das zerstörte Wolfenbütteler Schloß keine angemessene Residenz für Bernhard von Mila darstellte, so kann man leicht auf den Gedanken kommen, er habe – zumindest zeitweilig – auf der Burg der Familie seiner Frau gewohnt. Immerhin hatte hier auch schon der Graf von Wunstorf mehr als ein Jahrzehnt verbracht. Gesichert ist, daß die Mutter der Warberger die Burg verläßt und nach Gandersheim zieht, so daß von ihr bislang genutzte Räumlichkeiten frei werden.[86]

Unter diesen Umständen läßt sich vorstellen, daß weitere Umbauten des „Neuen Hauses" in einen Renaissancebau mit auf diese Verbindung zurückzuführen sind. Immerhin würde sie das Vorhandensein von Stilelementen erklären, die so sonst nur noch in Sachsen anzutreffen sind.[87]

Nach der Vertreibung aus seinem Herzogtum 1542, bemühte sich Heinrich d. J. schon bald nach Kräften um eine militärische Rückgewinnung des Landes. Hierbei gerät er 1545 sogar für zwei Jahre in hessische Gefangenschaft. Erst die Niederlage der Schmalkaldischen Truppen gegen das Kaiserliche Heer auf dem süddeutschen Kriegsschauplatz bei Mühlberg, die zur Gefangennahme des sächsischen Kurfürsten und schließlich auch zur Unterwerfung des Landgrafen von Hessen führt, befreit ihn aus dem Gefängnis.

In Norddeutschland endet diese Aera noch einmal mit einem Sieg der

Schmalkaldener in der Schlacht bei Drakenburg 1547. Dieser Sieg führt hier zum Abbruch der Belagerung der Hansestadt Bremen durch im Auftrage des Kaisers tätige Truppen und damit, wie einige Historiker meinen, zur Rettung des Protestantismus in Norddeutschland. Sie vermag an der Niederlage des Schmalkaldischen Bündnisses allerdings nichts mehr zu verändern.

In dieser Schlacht hat nach den Aufzeichnungen der Hildesheimer Bürgermeisters Tile Brandis Burchard von Werberg, der jüngste der Brüder Antons d. Ä., auf der Seite der Schmalkaldener sein Leben gelassen. „Dar bleif dot junker Borchart van Warbarge".[88] Diese Nachricht scheint zuverlässig zu sein, da auch die Hildesheimer mit einem Kontingent an dieser Schlacht beteiligt waren. Nicht unwahrscheinlich ist auch die Teilnahme von Christoph an dieser Schlacht.

Mit dem Ausgang des Zwischenspiels des Schmalkaldischen Bundes begannen für die Edelherren von Warberg die alten Bedrängnisse aufs Neue in einer noch viel ärgeren Weise.

3.3 „rebellen und widerwertige" – Christoph Edelherr von Warberg an der Seite der Stadt Braunschweig

„Nach der Wiedereinsetzung in seine Lande im Juli 1547 galt das ganze Streben Herzog Heinrichs d. J. der Zurückdrängung der ständischen Gewalten, der Beschneidung der Unabhängigkeit insbesondere der Stadt Braunschweig und der braunschweigischen Junker. Der gemeinsame Gegensatz zum Landesherren einte die städtischen Kräfte und führte zum Erstarken einer innerterritorialen Oppositionsbewegung, die sich im September 1549 in einem formellen Bündnis gegen den Herzog manifestierte."[89] Dies Bündnis kalkulierte den bewaffneten Konfliktfall ausdrücklich mit ein.

Schon 1547, unmittelbar nach der Wiedereinsetzung Heinrichs d. J., klagen Christoph v. Warberg und andere Adlige sowie die Stadt Braunschweig wegen der Beschlagnahme von Gütern durch den Herzog vor Kaiser Karl V. und König Ferdinand.[90] Noch in diesem Jahr wird die Burg Warberg von Truppen des Herzogs besetzt, der Warberg als erledigtes Lehen betrachtet wissen möchte. Gleichzeitig wird die Mutter Margarethe von Warberg aus Gandersheim vertrieben, ohne daß ihr Gelegenheit gegeben wird, ihr bewegliches Habe mit sich zu nehmen. Offenbar wird auch das Amt bei dieser Gelegenheit geplündert. Wie Christoph, so reicht auch Margarethe beim Kammergericht eine Klage ein. Hierbei weist sie noch einmal darauf hin, daß sie Gandersheim immerhin ja als Pfand für Schulden, die Heinrich bei ihrem Bruder gehabt habe, erhalten hätte.[91] Anfang des Jahres 1549 stirbt sie, ohne daß eine Restitution erfolgt wäre. Sie wird in der Braunschweiger Katharinenkirche bestattet.[92]

Am 31. Oktober 1548 fordert Antonius Heinrich d. J. unter Hinweis auf eine Unterredung zwischen ihm und Kurfürst Joachim II. von Brandenburg in Torgau auf, „Das e.f.g.[Euer Fürstiche Gnaden] mir – aus ursachen die Hochgedachter mein Gnedigster Herr der Churfürst zu Brandenburgk meiner unschuld halben [an der Öffnung Warbergs für die Schmalkaldener] die zeit [=seinerzeit] fürgewandt – zu dem meinen samth aufgehobener nutzung widerumb wolle kommen … lassen"[93]. Trotz des Rückhaltes, den Antonius offensichtlich beim Kurfürsten besitzt, stößt die Aufforderung, ihn wieder in den Genuß seiner Rechte kommen zu lassen, offensichtlich ins Leere.

Wie wenig Herzog Heinrich d. J. bereit ist, sich mit den Edelherren zu versöhnen, verdeutlicht seine Reaktion auf die Bitten des Kurfürsten und anderer Fürsten, sich mit dem Adel seines Fürstentums auszusöhnen. Zwar legt Heinrich d. J. den von seinen Strafaktionen betroffenen Adligen seines Füstentums eine „Kapitulation", ein Versöhnungsangebot vor. Christoph von Warberg und zwei weitere Adlige nimmt er aber ausdrücklich hiervon aus.[94]

Nach dem Tode seiner Mutter klagt nun auch Antonius vor dem Reichskammergericht. Unter Hinweis auf den Schutzbrief von 1541 fordert er vom Herzog die Räumung der freien Herrschaft Warberg. Tatsächlich wird Heinrich d. J. in einem kaiserlichen Mandat vom 22. Juli 1549 unter Androhung einer Geldbuße aufgefordert, die Burg binnen 14 Tagen zu räumen und die Entscheidung des Gerichts abzuwarten. Eine Räumung indes erfolgt nicht.[95] Dem Kaiser fehlen offenbar nicht nur die Mittel, sondern auch der Wille, eine Räumung durchzusetzen. Schließlich war Heinrich d. J. von Braunschweig-Wolfenbüttel der einzige Partner von Gewicht, den er in Norddeutschland besaß.

Des vergeblichen Wartens und Prozessierens überdrüssig, versucht Christoph sich am 16. Januar 1550 mit einem Handstreich wieder in den Besitz der Burg zu bringen. Aus einer Prozeßakte erfahren wir über die mißlungene Nacht- und Nebelaktion: „Item nach dießem ist der von Warberg für das Schloß gerückt ungefehrlich mit zwanzig pferden, aber für dem dorff seind im hind[er]halt noch mal 30 pferde gehalten; als der aber befunden die brueck alle ufgezogen gewesen, da hat er selbander loßgeschossen und … ist alßbald von dannen nach Braunschweig wid[er] ingeritten. Und etliche deren so mit dem von Warberg dises begehen helffen sollen sich auch gantz geschwartzt gehabt haben…"[96]

Dieser fehlgeschlagene Versuch der Selbsthilfe gehört schon zu Aktionen, die in einen größeren Zusammenhang einzuordnen sind. Im September 1549 kommt es angesichts der bis dahin erfolglosen Klagen vor dem Reichskammergericht und einer zunehmenden Bedrohung Braunschweigs zu einem formellen Bündnis zwischen der Stadt und Christoph von Warberg, dem sich mehr als fünfzehn weitere Adlige anschließen, ein Bündnis, das sich zwar als Defensivbündnis versteht, aber militärische Aktionen ausdrücklich mit einschließt.[97] Dieser Allianz schließt sich auch der Erbmarschall des Fürstentums, Ludolf von Oldershausen, an.[98]

Am 30. Oktober fordert Kaiser Karl V. die Braunschweiger auf, ihre Rüstungen einzustellen.[99] Einen Monat später wirft Karl V. der Stadt ihre Kontakte „zu den Adligen, insbesondere Christoph von Warberg und anderen ‚rebellen und widerwertigen'" vor. Sie verstießen gegen die „Kapitulation", gegen die Bedingungen also, unter denen die kaiserlichen Truppen ihr Vorgehen gegen die Schmalkaldener Bundesgenossen eingestellt hätten, gegen Bedingungen, deren Einhaltung eine Voraussetzung für die Aussöhnung mit dem Kaiser sei.[100] – Im August des folgenden Jahre erneuert die Stadt das Bündnis, in dem sich die Adligen verpflichten 1000 Pferde und 4000 Landsknechte zu stellen.[101]

Dieses breite Bündnis zwischen Stadt und braunschweigischen Adligen hat seine Ursache darin, daß nach der Rückkehr Heinrichs d. J. nicht nur die Edelherren von Warberg, sondern auch andere Angehörige des aufsässigen Adels, der sich „1542 dem sächsisch-hessischen Heere angeschlossen hatte, … von dem … Landesherrn auch seiner Lehensgüter beraubt"[102] worden waren. 1550 waren nicht nur die Warberger sondern auch die anderen Adligen nicht wieder in ihrem Besitz restituiert worden, so daß Herzog Heinrich erneut die Fehde angesagt wurde. Als es 1550 tatsächlich zur ersten Belagerung Braunschweigs kommt, sehen wir Christoph von Warberg und die anderen Adligen an der Seite der Städter in militärische Aktionen gegen von Heinrich d. J. kontrollierte Dörfer und Ämter beteiligt[103]: „Do nu de von Brunswick sampt dem hern von Warberge, clawes Barner, Christoffer von Swigelde und itliche von Adel mer, des Hertogen vint geworden, reden ore ruter vaken in des fursten Lant, nemeden mede, wat se wechbringen mochten."[104]

Dieser Waffengang endet mit einem am 11. Sept. 1550 zwischen dem Herzog, der Stadt, Christoph v. Warberg und den anderen Adligen aufgerichteten Vertrag[105], der zum Waffenstillstand und dem Abzug der Truppen Heinrichs d. J. führt. Am Zustandekommen dieser Übereinkunft sind auch die Kurfürsten Moritz v. Sachsen, Joachim II. v. Brandenburg und Herzog Erich II. v. Braunschweig-Calenberg beteiligt. Sie legt u.a. fest, daß beide Parteien die gegenseitigen Übergriffe einzustellen haben. Darüberhinaus ist vorgesehen, daß sie „sich gegenseitig ihre Renten, Zinsen, Pachten Zehnten, Gerichte, die während der Kriegshandlung vorenthalten wurden, wieder zukommen … lassen." Da sich aber beide Seiten nicht über Schatzung und Steuern einigen können, und eine Entscheidung hierüber dem Kaiser vorbehalten sein soll, ist das Wiederaufflammen der militärischen Aktionen nur eine Frage der Zeit. Es ist fraglich, wieweit Heinrich d.J. nach diesem Vertrag auch Warberg hätte räumen müssen. Tatsächlich behält er aber die Burg weiter in seinem Besitz.

Während Christoph von Warberg in dieser Zeit, wie schon gezeigt, an der Seite Braunschweigs aktiv an Versuchen der militärischen Wiedergewinnung Warbergs beteiligt ist, hält sich Antonius der Ältere von diesen Händeln fern. Wir haben schon darauf hingewiesen, daß er sich am Hofe des Kurfürsten von Brandenburg aufhält, den er 1548 als seinen Herren bezeichnet. Seine Prozeßschriften sind, sofern sie eine Ortsangabe tragen, in Cöln an der Spree abgefertigt. Schon 1547, unmittelbar nach der Niederlage der Schmalkaldener, finden wir Antonius in des Kurfürsten Dienst und im Auftrag Moritz von Sachsens als Vermittler bei Erzbischof Sebastian von Mainz tätig.[106]

Am 25. Januar 1549 verschreibt ihm Joachim II. von Brandenburg das Kloster auf dem Berge zu Brandenburg samt den zugehörigen Dörfern. Der Übergabevertrag bekräftigt offenbar ein schon vorher existierendes Schutzverhältnis: „Darbei und uber das wollen wir [Joachim II.] ihn jegen meniglich schutzen, schirmen und handhaben, gleich anderen unseren underthanen."[107] Dieser Schutz galt offensichtlich vor allem auch gegenüber Heinrich d. J.

Hatte sich Joachim II. aus den Auseinandersetzungen heraushalten können und war 1550 als Vermittler bei der Belagerung Braunschweigs bestimmt worden, so setzte Antonius d. Ä. wie dieser, bis zu diesem Zeitpunkt mehr auf Verhandlungen als auf militärischen Druck. 1551 setzt Joachim II. sich erneut in Gesprächen, die er mit Heinrich d. J. bei der Belagerung Magdeburgs führt, für eine Aussöhnung zwischen dem Braunschweiger Herzog und den Warbergern ein.[108] Heinrich d. J. ist aber offensichtlich weder zu einer Aussöhnung mit den Edelherren von Warberg noch mit den anderen adligen „rebellen und widerwertigen" bereit.

3.4 „Du willest auch den von Werbergh ore erbe und gut … weddergeben" – Christoph von Warberg und die Fürstenrebellion

Anfang 1550 war in Königsberg als das erste „neue antikaiserliche Bündnis seit der Zerschlagung des Schmalkaldischen Bundes"[109] der Königsberger Bund entstanden. Diesem geheimen „Defensivbündnis zur Erhaltung des Protestantismus" gehörten Markgraf Hans von Brandenburg-Küstrin, Herzog Johann Albrecht von Mecklenburg und Albrecht von Preußen an. Als Magdeburg 1551 von Truppen Moritz von Sachsens, Joachims II. von Brandenburg und dem Wolfenbütteler Heinrich d. J. im Auftrage des Kaisers belagert wurde, begannen diese drei Fürsten ein Entsatzheer aufzustellen, das u.a. unter der Leitung Volrad von Mansfelds stand. Magdeburg hatte sich einer Unterwerfung unter Karl V. widersetzt und war der kaiserlichen Acht verfallen.

Im Auftrag dieser drei Fürsten ist Christoph von Warberg 1551 offensichtlich dabei, die gegen Heinrich d. J. rebellierenden braunschweigischen

Adligen in das Bündnis zu bringen und in Niedersachsen insgeheim Truppen zu werben. Zumindest vermerkt Heinrich d. J. in einem Brief an Moritz von Sachsen, im Auftrage der Söhne des Grafen Albrecht von Mansfeld bestehe u.a. durch Christoph von Warberg und Klaus Barne „viel Reiten und Rennen".[110] Anfang 1552 liegen in Hildesheim zahlreiche der mit Heinrich d. J. verfeindeten Adligen: „De here von Warborch was ore rute mester (Rittmeister), Clawes barner sin Lutenant, Christoffer von Swychelde … und der vom Adel mere" vermerkt später der Chronist Oldekop.[111]

Kurfürst Moritz von Sachsen – er hatte die sächsische Kurwürde nach der Niederlage des Schmalkaldischen Bundes vom Kaiser verliehen bekommen, hatte doch an dessen Spitze der ehemalige sächsische Kurfürst Johann Friedrich gestanden – Moritz von Sachsen also gelingt es, sich an die Spitze der Bewegung zu stellen. Ihr schließt sich auch Joachim II. von Brandenburg an. Als Moritz von Sachsen zu Beginn des Jahres 1552 gegen den Kaiser marschiert, stellt Albrecht v. Preußen in einem Brief an den Markgrafen von Küstrin eine Liste von Rittmeistern auf, denen er erlaubt, diesem Truppen zuzuführen. Die Liste belegt, daß Christoph von Warberg tatsächlich in Albrechts Diensten stand und damit auch im Auftrag des Bündnisses handelte: Er gehört zu den Rittmeistern, die Landsknechte heranführen sollen. Nur ihm und Klaus Barner gestattet er, sich von Moritz v. Sachsen bestallen zu lassen, „ihres Dienstes sind sie dadurch aber nicht ledig".[112]

Unterstützt wurde die Fürstenrebellion durch König Heinrich II. von Frankreich, der sich dem antikaiserlichen Bündnis im Januar 1552 im Vertrag von Chambord angeschlossen hatte.

Die aufständischen braunschweigischen Adligen erreichten Anfang dieses Jahres „ein mandat von den Frantzosen gegen hertogen Hinrichen den junger to Brunswick, und dat Mandat was gedrucket und in velen steden angeslagen, ok to Wulffenbuttel gesant. Und was dut des mandates inhalt und befeil, wo hire folget:

Wir Heinrich der ander, konning zu Franchrich, enbeden dir N., du willest von stunt dat stift zu Hildesheim vorlassen und dem bischoppe wedderumme mit geleten shaden und ingezogen guteren zustellen. //

Desgleichen deinen bruder herzogen Wilhelm sein deil und erbe des brunschwickschen landes weddergeben und folgen lassen.

Du willest auch den von Werbergh ore erbe und gut, desgleichen itlichen andern vom adel das ore weddergeben…".[113]

Nach einer militärischen Niederlage des Kaisers kommt es zu Verhandlungen, bei denen u.a. auch die Beschwerden der braunschweigischen Adligen vorgelegt werden. Aus den Anklagen Christoph von Warbergs wird deutlich, daß Heinrich der Jüngere kaiserlicher Mandate zum Trotz auch jetzt noch nicht die Burg geräumt hat.[114] Damit ist auch der Teil des Erbes, der Antonius vorbehalten war, trotz der nachgewiesenen Haltlosigkeit der Anschuldigungen Heinrichs d. J. gegen ihm nach wie vor nicht übergeben worden.

Die zeitgenössische Darstellung einer Schlacht des 16. Jahrhunderts bei Pomarius (1588) zeigt den Ausschnitt einer Reiterschlacht. Auf die Wiedergabe der moderneren Feuerwaffen und ihrer verheerende Wirkung wurde – nicht nur bei ihm – verzichtet.

Am 2. August 1552 kommt es in Passau zu einem Vertrag zwischen dem Kaiser und den Kurfürsten und Fürsten. Er legte u.a. fest, auf welche Weise „die junkern wedderumme restitiueret und to den oren komen konden."[115] Vorgesehen war eine kaiserliche Kommission unter der Leitung der Kurfürsten Moritz von Sachsens und Joachims II. von Brandenburg, die über die Wiederherstellung der alten Rechte entscheiden sollte. Die Kommission beginnt mit ihren Untersuchungen noch im Spätherbst desselben Jahres.

Während die meisten der braunschweigischen Adligen den Vertrag annehmen, verweigern Christoph von Warberg, Klaus Barner, sowie Bartold und Gise von Mandelsloh anscheinend von vornherein ihre Zustimmung, ohne daß die Ursache hierfür deutlich wird. Möglicherweise ist ihre Haltung durch die schlechten Erfahrungen mit Heinrich d. J. geprägt. Tatsächlich verhält der sich gegenüber dem Passauer Vertrag eher ablehnend. Im Juli des folgenden Jahres läßt er seine Position noch einmal durch seinen Sohn Philipp verdeutlichen. Der stellt das rechtmäßige Zustandekommen des Passauer Vertrages infrage und bezeichnet die Kommission als parteiisch. Das aufgestellte Restitutionsverzeichnis enthielte u.a. Schlösser und Städte, die ausschließlich Heinrich d. J. zuständen. Er nennt hierbei ausdrücklich auch Gandersheim, das ja von Christoph von Warberg als sein Erbe betrachtet wurde. Philipp muß allerdings mit der Feststellung schließen: „das die gegentheile mittlerweil angezogener restitution unerwartet mit solcher feindlicher Kriegsgewalt, sich selbst eingesetzt haben."[116]

Die Fortsetzung der militärischen Auseinandersetzungen auch nach Passau findet eine ihrer Ursachen im Vorgehen Heinrichs gegenüber den Städten Goslar und Braunschweig. Kaum war die Belagerung Magdeburgs beendet, hatte sich der Herzog der freien Reichsstadt Goslar zugewandt und ihre Unterwerfung im Juni 1552 im Riechenberger Vertrag erreicht.

Da ein gewaltsames Vorgehen Heinrichs auch gegen Braunschweig zu erwarten war, schloß die Stadt Mitte Oktober 1552 einen Vertrag mit Volrad von Mansfeld, der ebenfalls den Passauer Vertrag ablehnte und im Begriff war, mit seinen Truppen das Herzogtum zu besetzen. In diesem Vertrag verspricht der Graf von Mansfeld, die Stadt bei ihren Privilegien zu schützen und ihr nach dem Sieg über Heinrich d. J. ein Amtsschloß zu übergeben. In der Folgezeit mußte der Herzog „mit ansehen, wie der Freibeuter [Mansfeld] von Claus Barner und dem übrigen aufsässigen Adel tatkräftig unterstützt, den größten Teil des Landes in Besitz nahm und bei Gandersheim und Seesen die Winterquartiere bezog."[117] Es ist nicht unwahrscheinlich, daß jetzt auch Warberg den Händen Heinrichs wieder entrissen werden konnte.

Nach dem Abzug des Mansfelders, der im Auftrag Moritz von Sachsens im Februar 1553 an den französischen Hof zog,[118] übernimmt zunächst Christoph von Warberg dessen zurückgelassene Söldner. In der Folgezeit behaupten die rebellierenden Braunschweigischen Junker und die Stadt Braunschweig große Teile der von Heinrich d. J. in der Stiftsfehde eroberten Ämter. An der Seite der Rebellen kämpft diesmal Erich II. von Braunschweig-Calenberg, der über Eingriffe seines Vetters in seinen Regierungsbereich erbost ist. Seit April 1553 besteht ein Bündnis zwischen ihm und der Stadt Braunschweig. Am 18. Juni gewinnt die Stadt die Unterstützung des Markgrafen Albrecht Alkibiades von Brandenburg - Kulmbach. Dieser Condottiere sieht sich seit dem Mai dieses Jahres einer Allianz gegenüber, der u.a. König Ferdinand, Moritz von Sachsen und Heinrich d. J. angehören.

Das Vorhaben der gegen Heinrich d. J. Verbündeten sieht vor, einerseits Heinrich d. J. durch seinen Bruder Herzog Wilhelm zu ersetzen, der sich um eine Restitution des Hildesheimer Stifts bekümmern soll, andererseits wollen sie mit den einmal eroberten Amtshäusern belehnt werden. So erhebt der Rittmeister Christoph von Warberg Anspruch auf Liebenburg. Verhandlungen, die hierüber unter Vermittlung der Hansestädte mit dem neuen Hildesheimer Bischof Adolph von Holstein geführt werden, kommen zu keinem Ergebnis.[119]

Die militärische Entwicklung läßt schließlich eine Entscheidung über-
flüssig werden. Am 4. Juli 1553 verliert vor Dassel bei einem Scharmützel
einer der Edelherren von Warberg sein Leben. Es muß einer der Söhne
Antons gewesen sein, da Christoph zu diesem Zeitpunkt noch am Leben ist.
Erst in der blutigen Schlacht von Sievershausen am 9. Juli gerät er anscheinend in Gefangenschaft.

Der Hildesheimer Bürgermeister Tile Brandis notiert in seine Diarien:
„Negen retmesters sin up der walstede des markgraven hupen gebleven,
darunder sint gewesen Moritz Slegel, Levin van Hodenbarge, Joist Hake,
Brun Voget, Gise van Mandelse, Johan van Valkenberch, Christoffer van
Hanense, Philips van Mandelse und noch ein junker Christoffer van War-
barge gefangen, Joist van Alten des marggraven lutenante gefangen,…"[120]

3.5 Das Ende des militärischen Widerstandes

1557 kommt es in der Auseinandersetzung zwischen Heinrich d. J. und der
Stadt Braunschweig sowie ihren ehemaligen Verbündeten zu einer vom
Kammergericht angeordneten Anhörung der Beklagten. Eine Ladung erhal-
ten auch Bernhard von Mila und der Edelherr Christoph von Warberg.
Während der erste sich dem Verhör unterwirft und sich befragen läßt, legt
Christoph von Warberg gegen das Verfahren Protest ein.[121] Da das aus dem
Jahr 1557 stammende Schreiben das Siegel Christophs trägt, ist davon aus-
zugehen, daß der Schreiber zu diesem Zeitpunkt noch am Leben ist, wie
auch immer er nach der Schlacht bei Sievershausen überlebt hat.

Offensichtlich ist er aber untergetaucht, wie seinerzeit Luther. Manches,
u.a. die Tatsache, daß er den Anwalt Georg Besselmeier von Magdeburg
1558 mit der Übergabe eines seiner Schreiben beauftragt, deutet daraufhin,
daß sich Christoph zumindest zeitweise auch hier aufhält. Als zeitweiliger
Aufenthaltsort wird auch Berlin genannt. Vorladungen an Christoph von
Warberg zu einer Untersuchung sind nur unter Schwierigkeiten zustellbar,
da er seinen Aufenthaltsort anscheinend oft wechselt. Dennoch gilt
Christoph in einer Auflistung von 1558 als befragt.[122]

Wie sein Schreiben an die kaiserliche Kommission belegt, ist er bis zum
Ende von der Richtigkeit seines Handelns überzeugt. Die Kommission, die
seine Verfehlungen untersuchen soll, stelle ihren Zeugen die falschen
Fragen, schreibt er 1558. Sie sollte lieber nach den Verfehlungen Herzog
Heinrichs fragen, der der eigentliche Friedensbrecher sei.

Sie solle, so schreibt er, danach fragen, ob die Zeugen nicht wüßten, „das
die herschaft werbergk ein frey guth sey. Welchs die Herren von werbergk …
die itzo am leben seindt, auch ihre vorfahren, etliche hundert Jahr besessen,
und von den hertzogen von Braunschweig von den lebendigen und von den
verstorbenen, odder sonst Jemands anders niemals In Lehen entpfangen."

Sie sollte fragen, ob sie nicht wüßten, „das gedachter Hertzog Heinrich von Braunschweig, gantz verdechtiglich und fürsetzlich solch key:[serliches] Mandat uebertretten und den Herrn von werbergk, auch ihren Unterthanen Ihr vieh und schaff, durch den hauptman von Scheninghen Niclausen von Segerde und anderer Irer f.g. Diener und leutthe benehmen. Und wider kayserliche gleitt und penal mandat befrembden hatt lassen."

Und sie sollten fragen, ob sie nicht wüßten, oder gehört hätten, „das … Hertzog Heinrich von Brunschweig, widder den Kaiserliche gleitt und poenalmandatt wolgedachter heren von warbergk Fraw mutter Jhre schaff und hemmel auß den horden bey nechtlicher weyle für ihrem freyen hause wernbergk nehmen und hinwegtreiben lassen…"

Schließlich sollten sie die Zeugen fragen ob sie nicht gehört hätten „In gemeynem geruecht, das Hertzog Heinrich von Braunschweig, die Herren vonn werberg widder den landtfrieden, widder recht, widder pilligkeit, widder seinen geschworenen leiblichen Eydt zum hoehsten beleidiget, bedrengett, bedruckt und beschwert habe."[123]

Nach diesem letzten Zeichen von ungebrochenem Unrechtsbewußtsein – und hatte er nicht eigentlich recht? – verliert sich seine Spur. Möglicherweise zieht er sich nach Preußen zurück, dessen Herzog Albrecht er ja zu Diensten verbunden gewesen war. Zumindest scheint er bald darauf im Exil verstorben zu sein.

Zu einer Versöhnung zwischen Heinrich d. J. und Christophs Bruder Antonius von Warberg ist es auch in dieser Zeit nicht gekommen. Noch 1562 setzt sich Sigismund von Brandenburg, Erzbischof von Magdeburg und Administrator von Halberstadt, erfolglos für eine Aussöhnung zwischen beiden Kontrahenten ein.[124]

Ob die Burg nach der Einnahme durch die Truppen des Grafen von Mansfeld in den Händen des Edelherren geblieben ist, scheint fraglich. Die anderen vom Edelherren Anton d. Ä. von Warberg beanspruchten Besitzungen sind zu Lebzeiten Heinrichs d. J. ebenfalls nicht mehr in seine Hände gelangt.

Es ist anzunehmen, daß Antonius d. Ä. sich auch in dieser Zeit vornehmlich am Brandenburgischen Hof Joachims II. aufgehalten hat. Noch 1557 erhält Antonius Gelder aus der Märkischen Landschaft für den Kurfürsten von Brandenburg.[125]

Gewohnt hat Antonius d. Ä., Edelherr von Warberg in dieser Zeit, wie aus einem Anschreiben aus dem Jahr 1549 hervorgeht : „zue Richaue auff dem hove, ein meil wegs von der statt alten Brandburg gelegen an einem Wasser die Haffel genannt."[126]

Der Tod Herzog Heinrichs sollte alles ändern.

4. Anton d. Ä. und Herzog Julius
von Braunschweig-Lüneburg –
Die Herrschaft Warberg wird Lehen

In den Jahren zwischen 1568 und 1583 gibt es für eine kurze Zeit nach den kriegerischen vierziger und fünfziger Jahren und dem diese Kämpfe überdauernden Tiefstand der Beziehungen zu Heinrich d. J. noch einmal eine kurze Blüte in der Entwicklung des Hauses Warberg.

1568 war Herzog Heinrich der Jüngere von Braunschweig-Wolfenbüttel gestorben. Nachfolger wurde sein Sohn Julius. Der neue Herrscher war im Gegensatz zu seinem Vater und zu dessen größtem Unwillen protestantisch geworden. Auch war der wenig kriegerische Herzog erst nach dem Tod seiner beiden älteren Brüder auf dem Schlachtfeld von Sievershausen zum Nachfolger Heinrichs aufgestiegen. Es liegt auf der Hand, daß der Protestant Antonius von Warberg zu diesem neuen Herren von Braunschweig ein entspannteres Verhältnis haben würde.

Aber das alleine war es nicht, was Antonius d. Ä. in kürzester Zeit wieder in die Reihe der wichtigsten Adligen am Braunschweiger Hof aufsteigen ließ. Wichtiger noch als die Zugehörigkeit zum Protestantismus wurde die Tatsache, daß der zeitweilig von seinem Vater verfolgte Herzog Julius ein ausgesprochen gutes Verhältnis zum Kurfürsten Joachim II. von Brandenburg und dessen Bruder, dem Markgrafen von Küstrin hatte. 1558 flüchtete er vor den Häschern seines Vaters zu Hans von Küstrin, dessen Verwaltungsfertigkeiten und ökonomisches Können ihn offenbar beeindruckten und prägten. Zwei Jahre später, am 25. Februar 1560, heiratete Julius von Braunschweig-Lüneburg die Tochter Hedwig des Kurfürsten Joachim II.

Anton d. Ä. war, wie wir schon gesehen haben, um vor den Nachstellungen Heinrichs d. J. sicher sein zu können, schon frühzeitig an den Brandenburgischen Hof gegangen und gehörte als Rat zur engsten Umgebung des Kurfürsten Joachim II. In dieser Funktion wird er auch an den Hochzeitsfeierlichkeiten des Jahres 1560 teilgenommen haben.

Als Herzog Julius nach dem Tode des Vaters die Regierungsgeschäfte übernahm, kam es offensichtlich zu einem Austausch der bislang unter seinem Vater herrschenden Eliten durch Personen, die das Vertrauen des neuen Landesherren besaßen. Neben der Tatsache, daß alsbald das evangelische Bekenntnis die von seinem Vater nach der Zeit der schmalkaldischen Herrschaft wieder eingeführte katholische Religion als Staatsreligion ablöste und in die führenden Positionen folglich Angehörige dieser Lehre gelangte, wurde bedeutsam, daß Julius zur Durchführung seiner wirtschaftspolitischen Vorstellungen, die auch auf den Erfahrungen in Küstrin beruhten, zahlreiche ausländische Fachkräfte z.T. aus den Niederlanden ins Land rief.[127] Unter diesen Voraussetzungen war es natürlich von Belang, mit Antonius von Warberg den Angehörigen eines Geschlechtes an seiner Seite zu haben, das in der Zeit vor seinem Vater über mehr als ein Jahrhundert zu den Stützen des Hauses gehört hatte.

Der Belehnungsvertrag

Schon am 9. Oktober 1568, unmittelbar nach Julius Amtsantritt, verständigen sich beide darauf, die alten Streitigkeiten zu beenden und schließen einen Belehnungsvertrag ab.[128] Er beginnt mit den Worten:

„Zu wissen Jedermenniglichen, Als sich zwischen weyland dem durchlauchtigen Hochgebornen Fürsten und Herren Heinrichen dem Jüngeren Hertzog zu Braunschweig und Lüneburg etc, Christmilter Hochlöblicher gedechtnuß, Oheimen, und den Eddellen Herrn zu Warberg, anders theils, eine gerahume Zeit hero mißverstende Irrung und geprechen erhalten haben, Von wegen einziehung des Hauß Warberg und seiner ein und Zugehorungen, nutzung und gefällen, und sonsten, Darzu auch von wegen aller handt unraths und schaden so hochgedachtem Fürsten durch den Eddelen und wolgebornen Herrn Christoff, Eddellen Herr zu Warberg, und desselben mit vorwa ... zugefuegt, derowegen, dan Hochgedachter Fürst wolgedachte Herren von Warberg, an dem Kayserlichen Cammergericht beclaget und kegen Ihnen allerhandt proceß erlangt und außgebracht das dieselb auf heut daro durch uns Adrian und Melchior gebrüdern von Steinberg, Joachim Minsinger von Frondeck .....und Herrn Juliussen Hertzogen zu Braunschweig und Lüneburg etc., unseres gnedigen Fürsten und Herren ... nachgesatzter maßen und getalt zu grunde verglichen und vertragen sein worden."

Ganz offensichtlich richtete sich aus dieser Perspektive die Gegnerschaft Heinrichs d. J. gegen Christoph und nicht gegen Antonius, der aber die Suppe jetzt auslöffeln muß:

„Erstlich hat hochgedachter Fürest gnediglich bewil[li]gt und zugesacht, wolgedachten Herrn Anthonissen, das gantze Hauß Warberg mit aller seiner ein und Zubehörungen hoch- und obrigkeit uber hals- und handgericht und rechte, gepothen und verpotthen, und was demselben anhengig ist auch alten Itzigen vorredt an getreidig und aller freyheit- Schlachten, nutzungen, Jagten und Diensten und sonsten aller gerechtigkeit ihn hultz, in velde, wasser, weiden, kein außzuscheiden auf ... kommenden Freitag den 15 tag dieses Monats Octobrius plenaria zu restituieren und überantworten zu lassen. Item allermassen, wie Seiner g. Vorfahren loblicher gedechtnus und S.g. selbs dasselb vor obberurter einverirrung Jnengehabt und ehrsessen, dessen vor sich und seiner g. Erben und Nachkommen zu irem besten und frommen zu geniessen und zu gebrauchen, Jedoch dero gestalt das wolgedachter Her zu Warberg das obberürte Haus, mit seinem Ahn und Zubehörungen gleich anderen Braunschweigischen Lehnstucken, nuenhinfüro zu behuf seiner g. und derselben Manlichen Lehens Erben von hochbenenten Fürsten, zu Lehen empfangen und von S.f.g. und derselben Erben, whan wir offte felle hier inde khommen, nach Lehensrechts geprauch und gewohnheit Sinnen entfangen, haben und tragen solle."

Beim Fehlen männlicher Erben soll das Lehen an die Tochter „in linea descendente" vererbt werden können. Antonius und seine Erben müssen sich verpflichten für dies Lehen „ so offt des von nöten sein und solches von Ihen und seinen Erben gefordert wirdt Ihren Ritter Dienst, mit sieben wolgerüsteten Reisigen Pferden … Jedesmahls getrewlich zu leisten … ".

Im Gegenzug verpflichtet sich Julius „als auch insonderheit etzlicher schulde und der bis anhero von dem Hause Warberg auffgehoben nutzung halber durch wolgemelten Herren zu Warberg anfürderung geschehen, so ist dieser Punkt dahin endtlich verhandelt das … unser gnediger fürst und Herr gnediglich zugesacht und versprochen hatt, vor angeregte schuldt forderung, da dieselb dermassen, wie angegeben mitt sieglen undt briefen khan und mag beweiset und dargethan werden, ahn heubtsummen, kosten und schaden, auch die aufgehobene nutzung eines vor als funnffzehen Tausend thaler … zu bezahlen."

Antonius und seine Erben sollen ihrerseits alle Schuldverschreibungen an Julius übergeben.

Julius verpflichtet sich, auch die beim kaiserlichen Kammergericht anhängigen Verfahren gegen den verstorbenen Christoph „und darnegst Anthonii auch eddelen Herren zu Warberg … abzuschaffen."

Am 7. Juli 1569 nimmt Antonius neben dem Gericht jetzt auch das Haus Warberg, das ja bislang immer Allodialbesitz gewesen war, als Lehen von den Welfen.[129] Das war das endgültige Aus der Herrschaft Warberg. Von nun an waren die Edelherren ohne jeglichen Allodialbesitz und nur noch Inhaber von Lehen.

Neuer Glanz

Von jetzt ab sehen wir Anton von Warberg wieder im Dienste des Braunschweiger Herzogs, der ihn seinerseits unterstützt. Schon bei der Huldigungszeremonie der Stadt Braunschweig am 3. Oktober 1569 nimmt der Edelherr von Warberg mit sechs, nach anderen Quellen sogar mit 12 Pferden am Einritt des Herzogs in die Stadt teil.[130]

Herzog Julius ernennt ihn 1573 zum Hofrichter.[131] Er folgte damit dem verstorbenen Komtur von Lucklum als Vorsitzender des höchsten Gerichts im Fürstentum. Außer dem Hofrichter gehören ihm je zwei Vertreter der Ritterschaft und der Städte sowie vier Gelehrte an. Zur Zeit des Edelherren von Warberg tagte das Gericht in Helmstedt.[132]

Antons Gemahlin aus erster Ehe, Anna von Oppen, war zu diesem Zeitpunkt schon nicht mehr am Leben. Sie hatte vier Söhnen und sechs Töchtern das Leben geschenkt. Wie viele der Kinder in frühem Alter starben, wissen wir nicht genau. Zu ihren Söhnen gehört mit Gewißheit nur Christoph d. J. und möglicherweise ein Sohn namens Heinrich. Während wir uns über Christoph ein genaueres Bild machen können, erscheint dessen Name nur in einer Prozeßakte des Jahres 1614[133]. Von den Töchtern kennen wir Marie, Anna, Margarethe und Elisabeth.[134]

Die „Warberger Jungfrau" war vermutlich Bestandteil der Ornamente des von Antonius d. Ä. erbauten Erkers oder der ebenfalls auf ihn zurückgehenden Renaissancegiebel des „Neuen Hauses".

Vermutlich schon 1568 heiratet Anton d. Ä nach dem Tod seiner ersten Frau zum zweitenmal: Seine Gemahlin ist diesmal Gertraud von Veltheim. Aus dieser zweiten Ehe geht mit Antonius d. J. (14. 6. 1569 – 4. 5. 1596) ein weiterer Sohn hervor. Der Vater bittet Herzog Julius, Pate des neugeborenen Kindes zu werden.[135]

1572 heiratet Maria, die jetzt 26 Jahre alte Tochter Antons den brandenburgischen Adligen Werner von Plotho, der u.a. auch Domherr zu Magdeburg war. Bei dieser Familienangelegenheit kommt es wie schon bei der Geburt seines Sohnes zur Einbindung des Landesherren. Der wird zunächst vom Verlöbnis in Kenntnis gesetzt, dann aber mit seiner ganzen fürstlichen Familie zur Hochzeit geladen.[136]

Nach der Heirat Antonius d. Ä. kommt es zur Neugestaltung des Burgeinganges, der jetzt die Wappen Antons, seiner Eltern und seiner beiden Gemahlinnen aufweist. Dieser neugestaltete Eingang ist auf dem Merian-stich von 1654 andeutungsweise erkennbar. Die Überbauung des Einganges der Burg trägt offenbar der Einsicht Rechnung, daß dieser Festung eine wichtige militärische Aufgabe nicht mehr zukommen kann.

Auf diese Zeit zwischen 1568 und 1583 scheint mir auch die Errichtung von zwei Dachgeschossen mit „welschen Giebeln" auf dem „Neuen Hause" der Oberburg zurückzuführen zu sein. In ihnen ist ein großer Tanzsaal für die illustren Gäste des Edelherren vorgesehen. Möglicherweise stand er schon bei der Hochzeit der Tochter Marie 1572 zur Ver-

Das heute über dem Eingang zum „Neuen Haus" befindliche Ornament gehörte ebenfalls zu den Renaissanceumbauten Antonius d. Ä.

fügung. Dem Repräsentationsbedürfnis scheint auch der im Stile der seinerzeit modernen „Utluchten" in diesem Zeitraum errichtete Vorbau auf der linken Hofseite des „Neuen Hauses" zu gehören. Merians Stich deutet ihn an. Fugen im Mauerwerk und einzelne Steinüberreste haben aus dieser Zeit überdauert.

Nicht nur der Umbau der Oberburg entspricht dem Bedürfnis Antons d. Ä. zu repräsentieren. Auch der Lebensstil entspricht diesem Wunsch des herzoglichen Rates. In den folgenden Jahren finden wir Anton immer wieder bei prachtvollen Auftritten im Gefolge des Herzogs Julius. So fungiert er 1572 als Zeuge bei der zwischen dem Herzog und der Landschaft aufgerichteten Verschreibung von 18.000 Gulden Kapital zur Errichtung des Pädagogiums in Gandersheim.[137] Vier Jahre später, 1576, finden wir Anton d. Ä. und seinen Sohn Christoph d. J. im Gefolge des Herzogs unter dem hohen Adel, als dieser zur Einweihung der Universität Helmstedt reist.[138]

1578 gelangt Antonius d. Ä. in den Besitz der Johanniterkommende Süpplingenburg. Schon 1553 war es Herzog Heinrich d. J. gelungen, seinen Kandidaten als Komtur gegen die Vorstellungen des Markgrafen Hans von Küstrin und des Herrenmeisters des Johanniterordens durchzusetzen.

Nachdem dieser Komtur 1577 gestorben war, begann der Streit um die Besetzung der Johanniterkommende erneut. Herzog Julius bestand wie sein Vater auf dem Nominationsrecht. Um es durchzusetzen, verbot er seinen Untertanen, „Dienste an die Kommende zu leisten; diese wurde mit Schlagbäumen abgesperrt, zwei Geschütze, später auch eine Wache von Landsknechten davor postiert."[139]

Zu Beginn des Jahres 1578 hatte Herzog Julius sich durchgesetzt und konnte dem Mann seines Vertrauens die Kommende übergeben. Es war sein Rat Antonius d. Ä. von Warberg,

Nach der Übertragung der Kommende Süpplingenburg stiften Antonius d. Ä. und seine Gemahlin Gertrud von Veltheim der Süpplingenburger Pfarrkirche einen Taufstein mit dem Wappen der Edelherren.

dessen Vorfahr, der Hochmeister Hermann von Warberg, dem Johanniterorden die Kommende einst gewonnen hatte. Vorgesehen war, daß der nachgeborene Sohn Antonius d. J. in den Orden aufgenommen werden und Süpplingenburg erhalten sollte.[140]

Zwischen 1578 und seinem Tode 1583 war Antonius im Besitz der Komturei. In diesen Jahren ließ er einen Taufstein für Süpplingenburg anfertigen, auf dem das viergeteilte Wappen der Edelherren von Warberg und das Wappen derer von Veltheim, der Familie seiner Frau, angebracht waren. Diesen Taufstein kann man heute noch in der alten Ordenskirche bewundern.

Die Warberger Kirche

Anton d. Ä. war spätestens seit 1542 Anhänger des Protestantismus. In diesem Jahr unterblieb eine Visitation Warbergs, da Anton darauf hinwies, er habe seine Kirchspiele bereits reformiert.[141] Er sorgte dafür, daß spätestens seit 1557 mit Petrus Columbinus, der als Mitunterzeichner der Konkordienformel gilt[142] ein qualifizierter evangelische Geistlicher in Warberg tätig war. 1555 wurde dem alten Steinturm, der die Petruskapelle beherbergt hatte, eine Holzkirche angeschlossen. Seit 1555 herrschte Religionsfrieden. Späte-

Epitaph des Christoph von Warberg, gestorben am 6. 7. 1581 (Warberg, Kirche)

Epitaph Anton d. Ä. von Warberg, gestorben am 14. 1. 1583. (Warberg, Kirche)

stens seit diesem Zeitpunkt war im Warberger Umland kein evangelischer Gottesdienst mehr möglich. Protestanten mußten die Warberger Kirche aufsuchen.

Finanzielle Schwierigkeiten und gesundheitliche Probleme

Der Lebensstil, den Antonius seinem Status für angemessen hält und der sich offensichtlich an dem orientiert, was er vom Hofe des Kurfürsten von Brandenburg kennengelernt hatte, der auch nach seinem Tode eine immense Verschuldung hinterließ, führt zu einem beständig wachsenden Geldbedarf. Hinzu kommen Ausgaben für eine Umgestaltung der Burg.

1582 erhält Anton von der Universität Helmstedt ein Darlehen von 500 Reichsthalern.[143] In diesem Jahr auch bekennen Anton und Christoph vom Oberst v. Wulffen 5000 Reichsthalern geliehen zu haben.[144] Finanzielle Schwierigkeiten führen schon früher dazu, daß Anton den Halberstädter Zehnten für 10000 Gulden an den Herzog verpfänden mußte. Im Jahr 1580 verpfändet Anton Warbergische Güter an Achatz von Veltheim für 5000 Reichsthaler.[145]

Finanzielle Schwierigkeiten, aber auch gesundheitliche Gebrechen, lassen es für Anton schon seit Beginn der 1570er Jahre immer schwieriger werden, seinen Verpflichtungen gegenüber dem Herzogshaus gerecht zu werden. Mehrfach wendet er sich an Julius, sein Fernbleiben an Veranstaltungen zu entschuldigen. Gleichzeitig bittet er ihn, offenbar mit Erfolg, seinen Leibarzt, den bekannten Dr. Johann Bökel, zu ihm und seiner Gemahlin zu senden. Dankesschreiben an den Herzog haben sich aus den Jahren 1571, 73, 75 und 77 erhalten.[146]

Christoph d. J. von Warberg, der designierte Nachfolger

Von seinen Söhnen aus erster Ehe hatten Christoph d. J. und möglicherweise ein Hermann, über den wir aber nichts Genaues wissen, die Wirren der Vergangenheit überlebt. Christoph d. J. war offensichtlich derjenige, der die Nachfolge Antons antreten sollte. 1574 oder 75 heiratet er Anne von Schönberg.[147]

1577 nimmt Christoph als „Cammerrat" an der Hochzeitsfahrt der Prinzessin Sophie Hedwig von Braunschweig-Wolfenbüttel nach Pommern teil.[148] Der Begleiter des Herzogs reist mit vier Reisigen und fünf Wagenpferden. Bei der Hochzeit selbst fungiert er als Bedienung der Braut.[149]

1581 gibt Antonius d. Ä von Warberg das Amt des Hofrichters zugunsten seines Sohnes Christoph an Herzog Julius zurück.[150] Der aber kann das ihm zugedachte Amt nicht mehr antreten. Am 6. Juli 1581, so weist es das heute in der Warberger Kirche befindliche Epitaph aus, stirbt er noch vor dem Vater.[151] Gestorben ist Christoph im Alter von etwa 40 Jahren eines natürlichen Todes.

Wird diese Entwicklung Antonius d. Ä. sehr getroffen haben, so kann er auf der anderen Seite noch 1582 kurz vor seinem Tode mit einiger Genugtuung ansehen, wie seine Tochter Margarete nach dem Willen Herzog Julius zur Äbtissin von Gandersheim bestimmt wird.

Am 14. 1. 1583 stirbt Antonius, nachdem er ein halbes Jahrhundert die Geschicke des Hauses Warberg in ungewissen Zeitumständen nach seinen Kräften mehr oder weniger erfolgreich gelenkt hatte. Seine letzte Ruhestätte fand er in der Warberger Kirche, in der ein Epitaph noch immer an ihn erinnert.

Teil V

Gestern noch auf hohen Rossen …
Das Ende der Geschichte
der Edlen von Warberg

1. Margarethe von Warberg, Äbtissin von Gandersheim –
Die „eingemauerte" Sünderin

Margarethe, die vermutlich jüngste Tochter von Antonius d. Ä., wurde Opfer eines tragischen Schicksals, das Gegenstand einer schaurig-schönen Legende wurde. 1881 überliefert sie uns Ferdinand Spehr:

„In Staufenburgs Mauern hatte geheime unerlaubte Liebe lang ihr trauliches Spiel getrieben. [Der verstorbene Herzog Heinrich d. J. hatte hier das Versteck für seine Geliebte Eva von Trott.] Die stille ferne Burg war der Sitz holder Freuden gewesen, und Stunden der glücklichsten Häuslichkeit waren hier verlebt worden. Wie ganz anders sah es aber vierzig Jahre später auf der Staufenburg aus! Da wurde sie der Kerker für geheime, für unerlaubte Liebe, der Kerker einer durch unglückliche Leidenschaft Verirrten; da wurden Klagen und Seufzer in eben den Mauern zum Himmel empor geschickt, wo vordem nur der Wiederhall der Freude erklang. Margarethe von Warberg hieß die Unglückliche, welcher die Natur zu viel Empfänglichkeit für ihre Freuden, der Geist ihres Zeitalters aber eine diesen Empfindungen ganz entgegenstehende Bestimmung gegeben hatte. Sie war seit 1582 Aebtissin von Gandersheim, sollte nur in himmlischen Freuden schwelgen, ergab sich aber lieber den irdischen. Eine geheime Verbindung mit dem Verwalter ihrer Stiftsgüter (Johann Schramm hieß er), die zu lautbar ward, bewog den Schutzherrn des Stifts, den Herzog Julius von Braunschweig, sie als Gefangene auf die Staufenburg setzen zu lassen, wo sie in Folge eines Spruches vom geistlichen Gerichte, lebendig eingemauert wurde. Dies geschah am 10. Juli 1587. Von Zeit zu Zeit reichte man der Unglücklichen durch eine in der Mauer gelassene kleine Oeffnung etwas Brot und Wasser, was wohl mitunter vergessen sein mag; wenigstens führten Kummer und Entbehrung aller Art ihr schleuniges Ende herbei. Acht Monate hatte sie in diesem schrecklichen Kerker, den nur die rohe Denkungsart jener Zeit errichten konnte, zugebracht, als sie der Tod am 27. März 1588 erlöste."[1]

„Bei dem vor etwa 150 Jahren stattgefundenen Abbruche der alten Burg, soll man die halb vermoderten Überreste ihrer Gebeine in diesem Gewölbe vorgefunden haben", fügt der Autor dann noch hinzu.

Wer die Geschichte der Edelherrenfamilie von Warberg nachvollziehen will, kommt nicht darum herum, zu fragen, was an dieser traurigen Erzählung wahr ist. Gab es sie tatsächlich, jene eingemauerte Äbtissin, die den diesseitigen Freuden so sehr zugetan war, daß sie hierfür höchste Risiken auf sich nahm? Und wie war es möglich, daß eine junge Adlige aus protestantischem Haus überhaupt zur Äbtissin eines Klosters werden konnte? Zu denjenigen, die sich intensiver mit diesen Fragen auseinandergesetzt haben, gehören u.a. Kurt Kronenberg und Hans Götting. Folgen wir ihnen bei der Aufklärung dieser Fragen.

Zu den Voraussetzungen der Inthronisation als Äbtissin bemerkt Kronenberg: „Als Herzog Julius nach dem Tode seines katholisch gebliebenen Vaters – Heinrich des Jüngeren – 1567 die Reformation im Lande durchführte, widersetzte sich ihm die Gandersheimer Äbtissin Magdalena von Clum, wobei sie tatkräftige Hilfe bei den Stiftsherren fand. Trotz seiner großen Machtmittel gelang es ihm nicht, den Widerstand zu brechen. Die Äbtissin und mit ihr das Stift Gandersheim blieben katholisch und selbständig, der Herzog mußte seine Pläne zurückstellen. Endlich starb Magdalena am 28. 2. 1577. Das Kapitel wählte sofort ihre – ebenfalls katholische – Schwester Margarete, aber der Herzog ließ die Abtei besetzen und suchte seinerseits eine ihm dienstwillige Äbtissin zu ernennen.“[2]

Herzog Julius Wahl fiel auf seine eigene gerade zehnjährige Tochter Elisabeth, die aber die Abtei nie betrat. Der vom Vater gestellten Aufgabe war sie offensichtlich nicht gewachsen – Wie denn auch? – Als sie gerade das 16. Lebensjahr erreicht hatte, konnte sie Herzog Julius vermutlich ohne große Mühe zur Aufgabe ihres Amtes überreden. Kurze Zeit später sollte sie den Grafen von Schaumburg ehelichen.

Um die landesherrlichen Ansprüche auf das ursprünglich reichsunmittelbare Stift besser wahren zu können, sollte eine andere seiner Töchter oder eine Angehörige seines Adels Elisabeth als Äbtissin folgen. „Er [Hz. Julius] wählte schließlich die Tochter des Edelherren Antonius d. Ä. von Warberg, Margarete, zumal, wie später Kanzler Mutzelin formulierte, Herr Anthonius von Warberg, ein loblich stand dieses fürstenthumbs, etwas herrunderkhomen und denselben widder zu erhöhen und ehr unbefreute döchter gehabt …“ So erfolgte die offizielle Resignation der Elisabeth am 18. Oktober 1582 zu ihren Gunsten.[3]

Auf diese Weise, so hat es den Anschein, meinte Herzog Julius, den alten Antonius von Warberg, von dessen Schulden er zweifellos wußte, unterstützen zu können. Da mangels hinreichender Mitgift seine jüngste Tochter Margarethe kaum noch standesgemäß zu verheiraten gewesen wäre, kam ihm und der Familie die Möglichkeit, ihr das Amt und die Pfründen einer Äbtissin zu übertragen, offenbar sehr gelegen. Bevor Margarethe in ihr Amt eingeführt wurde, mußte sie sich verpflichten, „die Reformation und Kirchenordnung zu beachten, Ihr Recht nur vor dem Fürstlichen Hofgericht, nicht jedoch vor dem Reichskammergericht zu suchen, auch ‚keinen Reichstag als ein Reichsstand, wenn auch dazu aufgefordert, zu besuchen oder zu beschicken, sondern sich vor einen dankbaren vornehmen Stand dieses Fürstentums Braunschweig zu halten'…"[4]

„Am 25. Okt. 1582 wurde sie gegen den Protest des Kapitels, das diesem Akt fernblieb, im Beisein ihres Vaters, mit Notarien und Zeugen auf den Hohen Chor geführt, auf den hohen Altar gesetzt; darüber das Te deum laudamus (auf deutsch) gesungen und mit einer Collecten der gantze Actus beschlossen'…

Während ihre Vorgängerin Elisabeth die Abtei nie betreten hatte, sollte Margarethe von Warberg nach dem Willen des Herzogs ständig residieren. Nachdem sie zunächst schon am 29. Okt. 1582 wieder nach Warberg zurückgekehrt war, erschien sie am 9. März 1583 auf der Abtei und mußte sich verpflichten, dort zu bleiben…"[5]

Die viermonatige Abwesenheit der gerade eingesetzten Äbtissin von ihrem Gandersheimer Kloster läßt vermuten, daß diese Karriere nicht unbedingt ihren Lebensplänen entsprach. Die Aufgabe, als protestantische Äbtissin einem katholischen Kloster vorzustehen, dessen Insassen sich mit Händen und Füßen gegen eine solche Leitung wehren würden, war gewiß kein Zuckerschlecken. Zudem hatte der Rückzug der Tochter des Herzogs dies Vorhaben keineswegs leichter gemacht. Und noch etwas kam hinzu: Während männliche protestantische Geistliche ja geradezu zur Heirat gedrängt wurden, war eine solche Verbindung für die noch junge Äbtissin ausgeschlossen. Zudem war eine Moral, die ein Jahrhundert früher nichteheliche Verhältnisse von Geistlichen mehr oder weniger toleriert hatte, da eheliche untersagt waren, im Jahrhundert der Reformation sehr viel strengeren Maßstäben gewichen.

So kam es denn wie es kommen mußte: „Für die herzogliche Gegenäbtissin trat 1587 die Katastrophe ein, als ‚nach gemeinem Geschrei' im kleinen Keller der Abtei ein totes Kind vergraben aufgefunden wurde, das Verletzungen im Gesicht aufwies. Nach den erhaltenen Untersuchungsakten ließ der Herzog sofort die Abtei bewachen und das gesamte weibliche Personal einschließlich der Äbtissin durch Hebammen und sechs ehrliche Bürgerfrauen ‚besehen'. Nachdem die Milch allein bei der Äbtissin gefunden wurde, gestand diese, von dem inzwischen flüchtigen Abteischreiber Johann Schramm am 23. Juni ein Kind geboren zu haben, welches ihre Kammerfrau, da es nicht lebensfähig gewesen sei, in eine Kiste gelegt und nach seinem Tod dem Schreiber zum Vergraben gegeben hätte. Da auch die ärztliche Untersuchung ergab, daß die Verletzungen bei dem … Vergraben durch den Vater entstanden sein mußten, wurde von einer Anklage wegen Kindstötung abgesehen…"[6]

Hätte ein solches Verfahren Margarethes Leben unmittelbar zu einem Ende gebracht, war das, was sie jetzt erwartete, nicht angenehmer. Folgen wir Kurt Kronenberg: „Margarethe von Warberg erfuhr den Zorn des

Herzogs. Am 17. Februar 1588 erging der Befehl, die Stauffenburg für die ehemalige Äbtissin bereitzustellen. Hier sollte sie auf Kosten der Familie – der Vater lebte nicht mehr – in sicherem Gewahrsam als Gefangene leben …

In der Natur kam der Frühling. In ihrem Wagen hörte die Gefangene die Wälder rauschen, sie spürte, daß es über Berg und Tal ging – aber sie sah nichts. Die Zukunft lag dunkel vor ihr. Sie war noch jung, aber das Leben war zu Ende. Der Wagen hielt und das Burgtor der Stauffenburg öffnete sich. Margarethe v. Warberg erschauderte, als es mit dumpfem Laut hinter ihr zuschlug. Ein undurchdringliches Schweigen breitete sich wie ein Leichentuch über ihr Leben. Der Amtmann Heinrich Greber hat uns einen Bericht über das Zimmer erstattet, in dem die Äbtissin gefangen gehalten wurde. Der Volksmund berichtete, sie sei lebendig eingemauert worden. Das stimmt nicht. Aber es war auch ohne das schlimm genug, denn man hatte alle Vorkehrungen gegen eine Flucht getroffen.

Der Amtmann schrieb: ‚ dass er eine gute Gelegenheit gefunden, da auf dem forderen Turm bey dem Tor, in der dritten Wenderung hoch, ein Gemach vorhanden, so itzo des Küchenschreibers Schlafkammer, bey Elisabeth von Stolbergs Zeiten (1495 – 1521) das Frauenzimmer gewesen. Da könne man einen Kachelofen ohne Feuersgefahr, auch einen Notgang mit guter Gelegenheit machen. Solches Gemach hat einen viereckigen Winkel, darin ein Bett gesetzt ist – und ist die Größe des Gemachs 19 Schuh lang, 12 Schuh breit und 13 Schuh hoch, darinnen drei Fenster, eins im Westen, das andere im Norden, das dritte im Osten, jedes eine Elle lang und breit, auch dieselben mit eisernen Griffen beständig neu verwahrt. Der Ausgang ist von neuen Ziegelsteinen ausgemauert und gewölbt und das Ofenloch 1 1/2 Viertel von einer Elle lang und hoch.

Vor dem Fenster im Norden steht ein kleiner Tisch, und an der Seite nach Osten ist für die Weiber, so der Äbtissin warten sollten – d.h. sie sollten Tag und Nacht um sie sein! – eine Schlafbank verfertigt. Die Tür ist gedoppelt von Tannenholz mit starken Nägeln befestigt und zwei Eisenriegel mit zwei Schlössern. In der Tür ist ein gefirtes, dadurch man sie speisen kann, welches auch mit einem Schloß zugemachet wird. Der Estrich ist vier Finger dick von Gips darin gegossen‘ …‘'[7]

Mehrfach ersuchte Margarethes Mutter, die Witwe Gertrud Edle Frau von Warberg, Herzog Julius Gnade walten zu lassen. Die Familie sei auch bereit, trotz der Schande, die die Äbtissin ihr zugefügt habe, sie aufzunehmen und in Gewahrsam zu halten. Auch Margarethe schrieb Gnadenersuche. Der letzte dieser Briefe wurde am 17. Juni 1590 auf der Staufenburg geschrieben. Damit ist der 27. März 1588 als Sterbedatum nicht mehr zu halten. Der Adressat des Gnadengesuches war jetzt schon nicht mehr Herzog Julius, sondern dessen Sohn Heinrich Julius. Margarethe schrieb: „Hochwürdiger, durchlauchter Fürst, gnädiger Herr. E.F.G. [= Euer Fürst-

liche Gnaden] sein mein ganz innig und demütig Gebet zu Gott dem All-
mächtigen mit besonderem und steten Fleiß zuvor. Ich arme betrübte Sünderin kann es aus großdringender Reu und betrübten Herzen und Gemüt
nicht lassen, E.F.G. mit meinem elenden betrübten Schreiben abermals
demütig zu ersuchen, bitte E.F.G. um des Leidens Christi Willen, E.F.G.
wolle sich über mich arme Sünderin erbarmen und aus lauter Milde und
angeborener Gütigkeit mir meine harte schwere gefängliche Haft in Gnaden erlassen …"[8]

„Damit schließt das Aktenstück und die letzte Nachricht über Margarethe
von Warberg, die Gefangene der Stauffenburg. Es bleibt jedem frei, daraus
zu folgen, dass der Herzog sie freiließ oder, dass sie bald darnach in ihrem
Burggefängnis starb."[9] Mit diesen Worten endet die Darstellung Kronen-
bergs.

Hans Götting nimmt Bezug auf die zeitgenössische Chronik des Rupius.
Demnach „… starb sie ‚in hertzlicher erkenntnuß ihrer sunde' am 1. Sept.
1597 auf der Staufenburg."[10] Dennoch: bedeutet diese Mitteilung des Chro-
nisten nicht nur, daß Margarethe nach diesem Zeitpunkt nicht mehr lebend
gesehen wurde? Und hatte nicht schon Heinrich der Jüngere für seine
Geliebte Eva von Trott eine Scheinbeerdigung arrangiert? War es nicht aus
staatspolitischer Notwendigkeit geboten, selbst bei einer Begnadigung den
Schein des Todes der reumütigen Sünderin zu wahren?

Warum diese Bemerkungen? – Nun, es gab nach dem 1612 aufgerichteten Inventar tatsächlich eine im heutigen Herrenhaus unmittelbar unter
dem Dach gelegene Etage, die den Anforderungen der standesgemäßen
Unterbringung einer scheinbar nicht mehr lebenden Person Rechnung trug.
Diese Etage enthält Gemächer, die von einem Fräulein Elisabeth in
Anspruch genommen wurden: „Frewlein Elisabethen Schlafkammer"[11]. Auffällig ist, daß diese Etage mit einer eigenen Kochstelle ausgerüstet war. Die
Bewohnerin, „Fräulein Elisabeth" nahm also ganz offensichtlich nicht an
den Mahlzeiten teil, die in der den Burgbewohnern gemeinsamen Küche
zubereitet wurden.

Von diesem „Fräulein Elisabeth" erfahren wir nur in der Trauerrede für
Maria von Warberg, in der sie als ihre noch lebende Schwester bezeichnet
wird. Aber benötigte diese Elisabeth tatsächlich eine dermaßen abgeschlos-
sene Etage für sich? Ist es gänzlich auszuschließen, daß unter ihrem Namen
unter dem Dach des heutigen Herrenhauses der Unterburg die ehemalige
Äbtissin Margarethe von Gandersheim lebte?

2. Das kurze Leben des Antonius d. J.

Wir haben oben schon darauf hingewiesen, daß ursprünglich als Nachfolger
Antonius d. Ä. dessen Sohn Christoph vorgesehen gewesen war.[12] Christoph

stammte noch aus der ersten Ehe seines Vaters mit Anna von Oppen. Als Antonius d. Ä. Anfang des Jahres 1581 sein Amt als Hofrichter in die Hände Herzog Julius zurückgibt, wird Christoph an seiner Stelle mit dieser Position betraut. Aber schon am 6. Juni 1581 stirbt Christoph noch vor seinem Vater.

Als Antonius d. Ä. zwei Jahre später, am 14. 1. 1583, selber von dieser Welt geht, ist Antonius d. J. der einzige noch verbliebene Sohn. Er entstammt dessen zweiter Ehe mit Gertrud von Veltheim und ist gerade etwas mehr als 13 Jahre alt. Ein Jahr zuvor finden wir ihn zum erstenmal in den Matrikellisten der Universität Helmstedt.[13] Die Mutter sorgt offensichtlich dafür, daß er seine Ausbildung auch nach dem Tode des Vaters fortsetzen kann. Noch 1585 ist er an dieser Universität als Studierender nachweisbar.[14]

Da Antonius 1583 noch unmündig ist, werden Dr. Johann Borchold, Augustus von der Asseburg, Hans von Wenden, Mathies von Vechlen, Heinrich Schlencke und Matthias von Oberkampf zu seinen Vormündern bestellt.[15] Die Zahl der Vormünder und die bestellten Personen werden von Antonius Mutter offenbar als für das Familieninteresse abträglich angesehen, so gibt es auch hierüber schon im Vorfeld Streit.

Da eine Verschuldung des Besitzes erwartet wird und Ansprüche der beiden Schwiegersöhne Antonius d. Ä. Werner von Plotho und Carl Schenck, sowie der Äbtissin Margaretha von Gandersheim und ihrer unverheirateten Schwester Elisabeth ins Haus stehen[16] und zudem die junge Witwe Christophs, Anne von Warberg geb. von Schönberg versorgt werden muß, wird der bewegliche Besitz der Burg Warberg am 17. Januar 1583 aufgelistet und in einem Inventar festgehalten.[17]

Dieses vom Helmstedter Stadtschreiber und Notar Stephanus Schrader aufgenommene Inventar liefert zwar keine Beschreibung der einzelnen zur Burg gehörenden Gebäude. Wohl aber sind auf diese Weise die wichtigsten Angehörigen des Hofes der Edelherren zu Warberg festgehalten, soweit sie mit der Versorgung befaßt waren. An der Spitze stand Matthias Dürrkampf, „Herrlicher Warbergischer Cantzler". Ihm zur Seite standen der Kornschreiber Albertus Siegler und der Küchenschreiber Hans Biermann. Für die Meierei war Margarete Wolcken zuständig. Um das Vieh kümmerten sich der Schafmeister Barthold Schierling, der mit der Betreuung der Rinder beauftragte Tonnies Schlüter, der Schweinemeister Sewald Botzelmann und der Stallmeister Burchard Leitzig. Hinzu kamen der Schmiedemeister Curd Schande, der für das Bierlager zuständige Hermann Schlüter, der wohl der Braumeister war, und der Böttcher Bernd Scharbarthe.[18] Diesen elf „führenden Mitarbeitern" wird eine größere Zahl an Hilfskräften zur Verfügung gestanden haben, die aber nicht erwähnt werden. Benannt werden auch nicht die Personen, die nicht mit der Ökonomie der Burg zu tun hatten, das Dienstpersonal etwa oder mit militärischen Dingen beauftragte Spezialisten. Insgesamt kommt man zu dem Ergebnis, daß die Edelherren zu diesem Zeitpunkt über einen recht ansehnlichen Hofstaat verfügt haben müssen.

Am 4. Juli 1583 werden auch die Urkunden und Briefe der Familie durchgesehen. Hierbei stellt sich die Existenz von Schulden in Höhe von 50.000 Reichsthalern heraus. Zwar war die Verschuldung der Familie der Edelherren von Warberg anscheinend bekannt, daß sie aber solche Ausmaße erreicht hatte, erschreckt selbst die Vormünder.[19]

Mit dieser schweren Hypothek belastet, tritt Antonius d. J. das Erbe an. Am 23. April 1584 belehnt ihn Herzog Julius von Braunschweig wie schon seinen Vater 1569.[20] Schon am 18. Februar 1584 erneuert Anton den Lehensbrief für den Braunschweiger Bürgermeister Hans Swalenberg.[21] Noch im Sterbejahr Antonius d. Ä. aber erhält Herzog Julius vom Kapitel zu Halberstadt die Anwartschaft auf die von Stift zu Lehen gehenden Warbergschen Güter.[22] Des Herzogs Sohn Heinrich Julius war zu diesem Zeitpunkt Regent des Bistums und wirkte an der Entscheidung maßgeblich mit.

Dennoch bleibt auch Edelherr Antonius d. J. in die Führungsebenen des Braunschweiger Herzogtums eingebunden. So nimmt 1586 der jetzt siebzehnjährige Anton eine Ausfertigung des Landtagsabschlusses und des Reverses vom 23. Dezember für die Ritterschaft in Verwahrung.[23]

1588 muß Anton erleben, wie seine Tante Margarethe, die seit 1582 Äbtissin in Gandersheim war, wegen schwerer moralischer Verfehlungen ihres Amtes enthoben und in die Kerker der Stauffenburg überantwortet wurde. Wir haben schon darüber berichtet.

Daß hierdurch eine Belastung des Verhältnisses zwischen der Familie und dem Herzog eintrat, ist anzunehmen. Dessen ungeachtet finden wir Antonius Edelherrn von Warberg bei der Beisetzung des 1589 gestorbenen Herzogs Julius unter den zehn Grafen, die den Sarg geleiten.[24]

Am 3. April 1590 erhält Anton seinen Lehensbrief von Herzog Heinrich Julius, wie 1584.[25] Hierin ist wiederum die Belehnung der weiblichen Nachkommen eingeschlossen. Die 1578 von dessen Vater Julius an Anton d. Ä. und dann Anton d. J. übertragene Ordenskomturei Süpplingenburg wird ihm allerdings 1591 entzogen. In diesem Jahr kommt es zu einem Vergleich zwischen dem neuen Herzog und den Johanniterordensherren. Hiernach wird die Kommende abwechselnd vom Landesherren und dem Johannitermeister verliehen.[26]

Die Schuldenlast wächst auch unter Antonius d. J. – wenngleich nur geringfügig – weiter. 1592 muß er erneut ein Darlehen aufnehmen: Für 1000 Reichsthaler, die er aus den Händen des Fürstl. Braunschweigischen Rates und Landsekretärs Heinrich Lappen erhält, bürgen Bürgermeister und Räte der Städte Helmstedt und Schöningen.[27] 1591 kommt es zur erneuten Verpfändung der fünf Halberstädter Zehnten zu Warberg, Repke, Frellstedt, Wolsdorf und Hoyersdorf an August von der Asseburg. Die hierfür erhaltenen 13.000 Taler dienten zur Rückzahlung eines Darlehens in gleicher Höhe an Harmen von Mengersen, der zu diesem Zeitpunkt der Hauptschuldner der Edelherren von Warberg war.[28]

Am 6. November 1588 heiratet Antonius d. J. 19jährig Agnes von Bort-feld. Dieser Ehe entsprangen die drei Söhne Heinrich Julius (* 29. 5. 1590), der als ältester die Familienlehen übernehmen sollte, Wolf Gebhard (* 5. 12. 1591) und Gotthelf Werner (*15. 7. 1595) sowie eine Tochter Barbara Agnes (* 18. 4. 1594), die 1612 noch am Leben war.[29] Ein weiterer Sohn Anton Henning (* 6. 4. 1593) lebt nur eineinhalb Jahre und stirbt am 31. 10. 1594. Am 4. 5. 1596, wenig mehr als ein Jahr später, verstirbt Antonius d. J. im Alter von nur 27 Jahren.

Eine genaue Todesursache für sein frühes Ableben ist nicht überliefert. Seine Leichenpredigt weist darauf hin, daß er unmittelbar nach dem Weih-nachtsfest des Jahres 1595, das er offenbar in Braunschweig verbracht hatte, mit schweren Krankheitssymptomen nach Warberg zurückgekehrt war. Da ihm, wie wir hier nachlesen können, weder Salben noch Pflaster helfen, ver-schlechtert sich sein Zustand bis zu seinem Tode offenbar zunehmend. Läßt sich aus dieser Beschreibung schließen, daß er einer allmählichen Vergiftung zum Opfer gefallen ist?[30]

3. Zwischen einstiger Blüte und Verfall – Der Zustand der Burg Warberg um 1600

Mit dem 1654 von Matthäus Merian veröffentlichten Stich steht uns die erste bildliche Darstellung der Burg Warberg zur Verfügung. Entstanden ist er nur wenige Jahre nach dem Ende des 30jährigen Krieges.[31] Dargestellt ist auf ihm eine unbeschädigte Burganlage, die den Betrachter besonders durch das hoch emporragende Gebäude auf der Oberburg beeindruckt.

Zwar hatten die Auseinandersetzungen dieser Zeit in der Nordspange der Burganlage zu größeren Zerstörungen geführt. Dem aus dem Süden schau-enden Betrachter der Abbildung müssen sie entgehen, da vorhandene Rui-nen durch das auf der Oberburg befindliche Bauwerk verdeckt werden. Dar-über hinaus hat der Graveur des Stiches offene Dächer, Beschädigungen im Fachwerk und andere um 1650 vorhandene Zeichen des Verfalls nicht wiedergegeben. Auf diese Weise ist eine Abbildung entstanden, die einen Zustand präsentiert, der so am ehesten noch um 1600 anzutreffen gewesen sein mag.

Sieht man von den verdeckten Baubestandteilen ab, läßt uns der Stich ein recht gutes Bild von der äußeren Gliederung der Burg gewinnen. Für Ein-blicke in den inneren Aufbau der Burgbestandteile und ihre Funktion sind wir auf die Analyse von Inventaren angewiesen. Deren Aufgabe bestand darin, in der Burg vorhandene Werte zu erfassen, seien es nur die Nah-rungsmittelvorräte und das Vieh (1583), sei es darüber hinaus das vorhande-ne Mobiliar mit dem Inhalt einzelner Schränke (1512). Auf ihrer Grundlage konnten einst Verfügungen über den Besitz getroffen werden.

Merianstich von 1654 – Ausschnitt.

Die folgenden Ausführungen basieren auf einer Auswertung von Burgin-
ventaren aus den Jahren 1583, 1612 und 1645.[32] Eine weitere Inventarliste
aus dem Jahr 1597 hat sich bislang nicht auffinden lassen. Hilfreich sind
auch die nach der Übernahme der Burg durch den herzoglichen Amtmann
Röhrig 1655 und 1659 veranlaßten Aufzeichnungen.[33] Während das Inventar von 1583 nur einzelne Räumlichkeiten anspricht, werden 1612 und 1645
die einzelnen Räume in der Reihenfolge beschrieben, wie sie der Rechtsan-
walt und seine Begleiter auf ihrem Rundgang durch die Burg aufgesucht
haben. Eine Zuordnung zu einzelnen Häusern mit Ausnahme des Hauses
auf der Oberburg ist hierdurch nicht immer ganz einfach. Erst die Beschreibung von 1659 ordnet die jetzt nach ersten Renovierungsarbeiten vorhandenen Räume einzelnen Häusern zu.

Die umfangreichste der Beschreibungen entstammt dem Jahr 1612. Sie
ist vor den Verwüstungen des dreißigjährigen Krieges entstanden und erfaßt
auf mehr als einhundert Seiten nicht nur die Zahl der Räume, deren Interi-
eur und Funktion. Aufgelistet sind hier sogar der Inhalt der Schränke, Kisten und Kästen noch bis zum letzten zerbrochenen Glas.

Der engere Burgbereich besteht 1612 aus acht mit unterschiedlichen
Dächern versehenen Gebäuden und Gebäudebestandteilen, die sich um den
unteren und oberen Burgplatz gruppieren. Im Inventar wird der Zustand
der Dächer beschrieben:

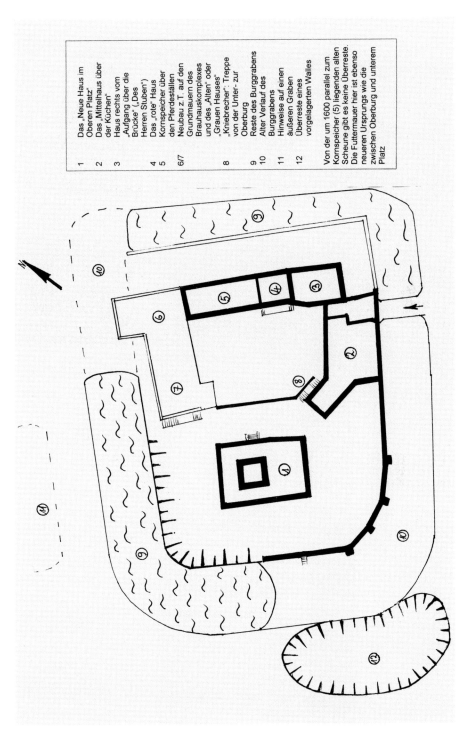

1 Das „Neue Haus im Oberen Platz"
2 Das „Mittelhaus über der Küchen"
3 Haus rechts vom „Aufgang über die Brücke" („Des Herren Stuben")
4 Das „rote" Haus
5 Kornspeicher über den Pferdestallen
6/7 Neubau z. T. auf den Grundmauern des Brauhauskomplexes und des „Alten" oder „Grauen Hauses"
8 „Kniebrecher": Treppe von der Unter- zur Oberburg
9 Reste des Burggrabens
10 Alter Verlauf des Burggrabens
11 Hinweise auf einen äußeren Graben
12 Überreste eines vorgelagerten Walles

Von der um 1600 parallel zum Kornspeicher (5) liegenden alten Scheune gibt es keine Überreste. Die Futtermauer hier ist ebenso neueren Ursprungs wie die zwischen Oberburg und unterem Platz

Bestandteile der Burg Warberg um 1600.

„Die Tächer uffm Newenn undt grawen Hause darneben, wie auch über der Herren-Stube seindt mit Schiefferen belegt, aber bawfällig… Daß rote Hauß, Kornböden, Brauhaus undt daß Mittelhaus über der Küchen ist mit Ziegelen gedeckt, undt noch in zimlicher Beßerung."

Erwähnt wird an derselben Stelle auch „das Malzhaus an der steinern Treppe…"[34]

Die Beschreibung des Jahres 1645 zeigt eine Burganlage, deren Räume nahezu leer sind. Das neue Haus am oberen Platz ist bis hinunter ins Erdgeschoß verfallen. 1612 waren die Räumlichkeiten bis zum 2. Stock noch mit Möbeln versehen und offenbar nutzbar, während sich der Verfall erst in den beiden Dachgeschossen deutlich zeigte. Das alte Haus war 1645 fast gänzlich verfallen. Das zwischen 1612 und 1645 ausgebrannte Brauhaus war mit einem neuen, anscheinend aber provisorischen Dach versehen worden. In den Räumlichkeiten des Hauses über der alten Hofstube zeigt sich der Verfall auf der oberen Etage deutlich. Dasselbe gilt auch für den Kornspeicher. Das graue Haus war fast gänzlich zerstört.

3.1 Die obere Pforte

Wer die Burg betreten wollte, mußte zunächst ein Tor passieren, das durch ein auf zwei hölzernen Pfosten befindliches Ziegeldach gebildet wurde. Der Weg führte dann über die Brücke, deren letzter Teil mit Stangen aufgezogen werden konnte. Das Burgtor bestand aus zwei Flügeln. In dem einen befand sich eine kleinere Pforte. In der Mauer befand sich eine weitere kleine Pforte, die 1659 nicht oder nicht mehr genutzt wurde. Über diesem Eingang befanden sich bis 1654 die Wappen der Edelherren von Warberg. In diesem Jahr wurden sie durch ein Brett mit dem Wappen des Herzogs von Braunschweig zugedeckt. Auf dem Torweg befand sich ein Bretterdach, auf dem sich 1659 zwei alte Doppelhaken, schwere Hakenbüchsen, befanden. 1612 hatten noch acht solcher Hakenbüchsen zur Verfügung gestanden.

3.2 Das neue Gebäude am oberen Platz

Die Inventarlisten lassen ein recht genaues Bild des auf dem oberen Platz gelegenen sogenannten „Neuen Hauses", des „newe Gebewdes im Obern Platz" entstehen, das die Abbildung Merians in ihrer Korrektheit weitgehend bestätigt und sie ergänzt. Das Gebäude weist über den Kellern fünf Etagen auf. Die Außenwände der unteren drei Etagen bestehen bei Merian aus massivem Mauerwerk. In der Inventarliste von 1612 und in den anderen Quellen gibt es kein Indiz, das dies auch nur andeutungsweise in Frage stellen würde. Bei den obersten beiden Geschossen handelt es sich um Dachgeschosse.

Das über eine „gedoppelte steinerne Treppe" (1612) zu erreichende bis heute erhalten gebliebene Erdgeschoß beherbergt zur linken Hand die „neue Hofstube". Auf der anderen Seite befinden sich hinter einer eisernen Tür das „vordere und hintere Gewölbe", die „Schatzkammer" der Anlage. Hinter dem Turm liegt dann noch eine – vermutlich vom Flur zugängliche – Kammer, die sogenannte „Diebe-Kammer".

Betrat man das Gebäude durch die zweiflügelige Außentür, fiel der erste Blick auf die alte Tür zum Gefängnis im Turm. In der durch zwei Fenster erleuchteten Diele selbst waren sechs Hirschgeweihe an der Wand befestigt. Gegenüber der Haustür befand sich eine große grün bemalte Truhe, deren Inhalt Leinentücher waren. Neben der Haustür stand eine zweite grüne Truhe mit Tüchern. Noch drei weitere Truhen mit Stoffen, Bettwäsche und Geschirr befanden sich auf der Diele. Zwei von ihnen waren schwarz angemalt, die dritte war eine unbemalte Eichentruhe.

Durch eine bemalte Tür gelangte man in die „große neue Hofstube". Die neue Hofstube wies zahlreiche Tische und Bänke auf, von denen sich drei auch in dem ihr vorgebauten Erker befanden. Noch heute deutet ein Stützbogen im Mauerwerk zum Hof hin die ungefähre Lage des 1612 erwähnten Erkers an. Der Merianstich läßt die Deutung zu, daß sich diese gegen Ende des 16. Jahrhunderts modern werdende „Utlucht" bis zum Dach hinauf zog. Möglicherweise ist eine steinerne Frauendarstellung, die sich noch heute auf der Burg befindet, Bestandteil dieses Renaissance-Erkers gewesen.

Die Beheizung der Hofstube wurde ursprünglich durch einen Kamin sichergestellt. Wie Überreste im Mauerwerk belegen, befand er sich an ihrer Stirnseite. In der Raumecke links vom Kamin befindet sich noch heute die Wendeltreppe. Ihr Eingang war 1612 hinter einer roten Tür verborgen.

Eine weitere rote Tür verbarg die auf der linken Seite befindliche schmale in den Bier- und Weinkeller führende Treppe. Vor dieser Treppe war ein Tresen, ein „Schankstüblein" aufgebaut worden. Tresen und Bestuhlung zeigen den gastfreundlichen Charakter dieses Raumes. In der Hofstube wurden den Besuchern der Burg, die aus geschäftlichen Gründen gekommen waren, etwa um ihre Geldabgaben zu entrichten oder sich einen neuen Lehensbrief ausstellen zu lassen, ein Imbiß und Getränke gereicht. Zu den Gästen dieser Stube gehörten gewiß auch die Begleiter von hochrangigeren Besuchern. Für die Bewirtung bedeutenderer Gäste griff man auf die eine Etage höher gelegene Stube zurück. Hier jedenfalls wurde der mit der Aufnahme des Inventars beauftragte kaiserliche Notarius 1612 empfangen.

Da die neue Hofstube ein Raum mit öffentlichem Charakter war, war er auch geeignet, die Gesinnung der Burgherren zu demonstrieren. 1612 befanden sich an den Wänden neben den obligatorischen Hirschgeweihen acht anscheinend kleinere Gemälde und 15 „Brustbilder", vermutlich von

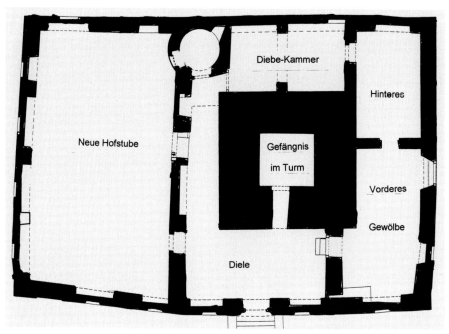

Das Erdgeschoß des „Neuen Hauses" in der Oberburg.

Familienangehörigen. Herausragend aber waren „drey große gemahlete Bilder alß 1. des Fursten zu Anhalt, 2. Lutheri, 3. Philippi Melanchtonis." Noch vor den beiden großen Reformatoren Luther und Melanchton finden wir an erster Stelle jenen Georg III. von Anhalt, der für die Reformation des Erzbistums Magdeburg und des Bistums Halberstadt gewirkt hatte. Mit dem Zeigen dieses Bildes verdeutlichten die Edelherren von Warberg zugleich, daß sie bei der Reformation einen anderen Weg gegangen waren, als das ihr Territorium umgebende Fürstentum Braunschweig.

Von einer schweren eisernen Tür geschützt, befanden sich auf der rechten Seite des Erdgeschosses das Archiv und die Schatzkammer der Burg. Noch 1612 wurden hier die Urkunden und Briefe der Edelherren von Warberg aufbewahrt. Die am Mauerwerk noch heute erkennbaren Bögen sind Überreste der Gewölbedecke, von der es wenig mehr als dreißig Jahre später heißt: „Das Gewölbe oben ist sehr geborsten."

Im „forderen Gewölbe" wurde anscheinend das Geschäftliche abgewickelt. Vier an der Wand befestigte Bänke waren für die Besucher gedacht, während der Schreiber der Edelherren anscheinend hinter einem „grün gemahleten" Tisch Platz nahm. Hier standen mehrere Schränke mit Fächern, die Schriftwechsel enthielten. Daneben aber gab es hier auch Schachteln mit den halberstädtischen und brandenburgischen Lehensbriefen. In einer breiten „wolbeschlagenen verschloßenen Lade" befanden sich schließlich „drey Lehnbücher, in gelb, grün undt weiß Leder eingebunden. Noch ein alt Lehnbuch … de anno 1534" sowie „ein eingehefft Protokoll uber die Lehensachen zu Warberg".

Aufbewahrt wurden in diesem Raum unter anderem auch 98 bemalte Bier- und Weingläser, 28 zerbrochene Gläser sowie 26 Steinkrüge mit zinnernen Deckeln. Diese Trinkgefäße wurden anscheinend nur bei besonderen Gelegenheiten benutzt. Hinter diesem ersten Raum befand sich das „hintere Gewölbe". Es ist anzunehmen, daß sich hier bis in die vierziger Jahre des 16. Jahrhunderts das Archiv der Ritterschaft befand. 1612 stapelten sich hier 12 größere und kleinere Kisten, sogenannte „Laden", sowie je ein kleiner und ein großer eiserner Kasten.

Als die mit der Aufnahme des Inventars befaßten Herren in das hintere Gewölbe kamen, befanden sich hier neben allerhand Stoffen zwar immer noch einige goldene und silberne Pretiosen. Aber der Großteil der noch vorhandenen Schmuckstücke und des „Familiensilbers" scheint schon vorher entfernt worden zu sein. Möglicherweise galten die Räumlichkeiten zu diesem Zeitpunkt auch schon als unsicher. Ein späterer Nachtrag zum Inventar benötigt vier Seiten um die zu diesem Zeitpunkt an anderen Stellen der Burg vorhandenen Wertgegenstände aufzulisten. Auch von einer Truhe mit Münzen ist nirgendwo die Rede. Die große eiserne Truhe im Gewölbe enthielt lediglich ein Verzeichnis Warbergischer Lehensleute sowie Inventare aus den Jahren 1597 und 1583.

Das übrige Gebäude

Der durch eine Türöffnung im Erdgeschoß zugängliche Turm beherbergt in seinem unteren Bereich den Gefängniskeller. Unter der Hofstube finden wir über eine Treppe erreichbar einen 1612 als Bierlager genutzten Keller, hinter dem sich der Weinkeller befindet. Beide Räume werden 1645 als der „große gewölbte Keller" bezeichnet. Das Inventar von 1612 kennt weiter einen Milchkeller und einen Krautkeller unter dem Hause. 1645 werden diese Keller als „Der Molckenkeller unter diesem Gebewde", und „ein kleiner Keller an der Wallthür" genannt.

Die beiden Etagen über dem Erdgeschoß sind über eine Wendeltreppe, einen „Wendelstein", erreichbar. Das Treppenhaus besitzt insgesamt drei Fenster, auf jeder Etage vermutlich eines. Das unterste ist mit Eisenstäben gesichert. Die beiden Dachgeschosse sind mit einer „gebrochenen" Treppe miteinander verbunden. Ob das untere Dachgeschoß mit den darunter liegenden Ebenen ebenfalls durch diese Treppe oder noch durch die Wendeltreppe verbunden war, wird aus den Quellen nicht recht deutlich. Der Aufgang war, dies können wir mit Gewißheit annehmen, mit einer Falltür gesichert.

Der erste Stock wird geprägt durch die schon erwähnte neue Mittelstube und die ihr gegenüberliegende kleine Stube. Hinzu kommen weitere drei Kammern. Im zweiten Stock finden wir neben der großen oberen Mittelstube und einer kleinen Stube gegenüber wiederum drei Kammern. Hinzu kommt jeweils ein „Sekret", eine Toilette.

Das unterste Dachgeschoß beherbergt in seinem Zentrum den „neuen Saal". Hinzu kommen eine dem Saal gegenüberliegende Stube und zwei Kammern. Die bei Merian erkennbare große Anzahl von Fenstern scheint das Inventar von 1612 zu bestätigen. Allein der Saal besitzt 14 Fenster! Wozu er gedient haben mag, kann man sich gut vorstellen: Hier oben, weit erhoben über den Geschäften des Alltags ließ sich prachtvoll feiern. Hier waren die Edelherren und ihre Gäste unter ihresgleichen. Die Musik und ihr Lachen werden weit geschallt haben. Die Höhe des Saales demonstrierte Distanz zu den einfachen Bewohnern des Dorfes und der Burg, die allenfalls von unten einen Blick auf die hell erleuchteten Fenster werfen konnten. Von den Festteilnehmern erblickten sie bestenfalls die Schatten.

Im darüberliegenden oberen Dachgeschoß finden wir noch einmal eine Stube und drei Kammern. Die Fenster werden hier durch Dachluken ergänzt. Das Dachgeschoß einschließlich der Zwerchgiebel bestand offenbar aus Fachwerk. Schon 1612 sind im unteren Dachgeschoß starke Schäden der Bausubstanz erkennbar. Bei der Beschreibung des neuen Saales findet sich die Feststellung: „Oben sind die geflochtenen Felder meistlich eingefallen und ist an zwei Örtern gestützt." Ähnliche Formulierungen finden wir auch bei den anderen Räumen auf dieser Ebene. Im oberen Dachgeschoß sieht es noch schlimmer aus: „Die ausgeflochtenen Felder sind unten und oben [in einem] durchaus böse[n Zustand]."

Der Turm

Im ersten Stock des „neuen Hauses" führt eine rote Tür in den Turm. Von hier aus wird er über fünf übereinander liegende Treppen erschlossen. Damit befand sich die oberste Ebene des Turmes zwei Etagen über dem oberen Dachgeschoß. Noch heute vorhandene Fenster- und Türöffnungen, die sich innerhalb des Gebäudes befunden haben, werden im Inventar von 1612 nicht erwähnt. Waren sie zu diesem Zeitpunkt schon wieder verschlossen worden? Erst auf der Ebene des oberen Dachgeschosses ist von einem Glasfenster die Rede. Eine Etage höher folgen vier Fenster, die mit acht Fensterläden gesichert sind. „Zu oberst im Turm" fehlen Fenster ganz. Es gibt hier nur noch acht Fensterläden, die sich, nimmt man die Abbildung von Merian zur Hilfe, vor jetzt acht Maueröffnungen befinden.

Die beiden oberen Turmebenen waren bis zum Jahre 2000 nicht mehr vorhanden. Ein in diesem Jahr nach dem historischen Vorbild aufgesetztes

Turmgeschoß läßt inzwischen wieder mehr von dessen einstiger Größe erahnen. Es ermöglicht zudem einen besseren Blick auf die Umgebung der Burg, die zum Herrschaftsbereich der Edelherren von Warberg gehörte. Die beiden Funktionen der Burg, Demonstration von Macht und Kontrolle des Umfeldes werden hierdurch deutlicher erkennbar.

Vom Innenhof gesehen, befindet sich rechts neben dem „Neuen Haus" die Wallpforte, wie die Bezeichnung „Kleiner Keller an der Walltür" für den Krautkeller unter der rechten Seite des Gebäudes zeigt. Auf der vom Innenhof gesehen rechten Seite muß sich auch das „Alte graue Gebäude" befunden haben. Die linke Seite fällt für den Standort schon deswegen aus, weil der Merian-Stich hier kein unmittelbar anschließendes Gebäude aufweist. Bei der Beschreibung des ersten und zweiten Stockes des Neuen Hauses finden wir bei der Inventierung der kleinen Stube gegenüber der Mittelstube und der darüberliegenden kleinen Stube „eine braune Tür aufs alte Haus", resp. „eine graue Tür zum alten Haus."

Da diese Bezeichnungen bei den nach oben noch folgenden Geschossen fehlt, die wie auch der Augenschein noch heute betätigt, ebenfalls Türen auf den Turm aufweisen, müssen wir annehmen, daß es sich tatsächlich um Verbindungstüren vom Neuen Haus zum „Grauen Hause daneben" handelt. Wie diese Verbindung, die sich über der Walltür befunden haben muß, ausgesehen hat, entzieht sich einstweilen unserer Kenntnis.

1645 ist das Gebäude selbst in einem schlimmen Zustand, so daß eine Inventierung nur unter Gefahr für Leib und Leben möglich gewesen wäre. Auch sind „die Seitengebäude an Erkern, Auslagen und Sekreten zum Teil ganz herunter gefallen, mehrenteils ganz baufällig"[35].

1655 wird der neu eingesetzte braunschweigische Amtmann Nicolaus Röhrich über eventuelle Aufwendungen für die Reparatur des Gebäudes auf der Oberburg befragt, das er selbst vier Jahre später „das kostbare steinerne um den Turm herum schön gewesene ganz gemauerte Gebäude" bezeichnen sollte. Röhrich kommt zum Schluß, daß – nicht gerechnet die aus den herzoglichen Wäldern zu beschaffenden Balken und Latten und nicht gerechnet die durch Hand- und Herrendienste zu erbringenden Arbeiten – fast 1000 Thaler aufgewandt werden müßten. Die Reparatur des Kornhauses erforderte demgegenüber nur 20 Thaler.[36] Angesichts dieser Summe wird auf eine Wiederherstellung verzichtet. Stattdessen muß man sich mit der Gefahr durch herabstürzende Steine herumschlagen.

3.3 Das „Mittelhaus über der Küchen"

1659 erfahren wir, daß „das Gebeu zur lincken Handt über der Pforten" aus Steinen so hoch gemauert sei, wie der Torweg. 1655 wird es als „Küchen, Schlacht und Proviantgebeu" bezeichnet, womit seine Funktion zu diesem

Zeitpunkt eindeutig beschrieben ist. Das 1612 auch als „Mittelhaus über der Küchen" bezeichnete Gebäude war mit Ziegeln gedeckt.

Eine Rekonstruktion der genauen Aufteilung der Etagen und der Räume ist heute kaum noch möglich, da wegen zahlreicher späterer Überbauungen nur noch Teile des an der Treppe liegenden Gebäudes original erhalten geblieben zu sein scheinen. Die Hofmauer des südöstlichen Gebäudeflügels ist neueren Datums. Ob die Wehrmauer tatsächlich – wie heute – die Außenmauer des Gebäudes war, läßt sich nicht mit aller Sicherheit sagen. Der Merian-Stich deutet zumindest eine Rückversetzung des Bauwerks an.

Die Beschreibungen weisen auf der unteren Ebene des Mittelhauses neben dem Tor die obere Pfortstube – mit einem Fenster zum Torgang – aus. Ihr folgt die Küchenstube. (1645, 1655, 1659) Beide sind aus einer noch 1612 hier vorhandenen „Capittelstube", einem Versammlungsraum, hervorgegangen. An die Räume grenzt vermutlich zur Außenmauer hin ein kleiner gewölbter Küchenkeller. Es folgt die eigentliche Küche. Im Inventar von 1612 füllt die Aufzeichnung des Küchengerätes noch drei Seiten.

Von der Küche gelangte man in den „Fleischkeller" (1612), der mit einer Balkendecke versehen war (1659). Eine weitere Tür führte zum „Küchen- oder Schlachthof", auf dem ein eigener Brunnen vorhanden war. Seine einstige Überdachung war schon 1612 verrottet. Von hier führte noch 1612 eine kleine Treppe hinauf zur Fleischkammer, die 1659 die Bezeichnung „Rauchkammer" trägt. Im Küchenbereich befindet sich 1659 noch eine Kohlkammer. In der Rauchkammer befinden sich 1612 insgesamt 183 Seiten Speck, sechs ganze Schweine, 320 Rot- und Bratwürste, sowie ein „ziemlicher" Vorrat an Schweine-, Gänse- und Hammelfleisch. Hinter der von außen erreichbaren mit einem Spitzbogen versehenen Tür an der Treppe befand sich 1659 die das „Gewelbe" genannte Speisekammer. Die Darstellung zeigt, daß die Burgbewohner zumindest keinen Hunger zu leiden hatten.

Der Eingang zum „Mittelhaus über der Küchen" war über fünf steinerne Stufen erreichbar. Von hier wie auch von der Speisekammer gelangte man auf einen Gang, der sich vor den im oberen Bereich des Hauses befindlichen Gemächern hinzog. Sein Licht erhielt er 1659 von insgesamt 16 Fenstern. Die Gemächer bestanden 1659 aus drei Stuben mit fünf Kammern, zwei Sekreten, einem „Cabinett" sowie einer fensterlosen „finsteren Kammer". Vierzig Jahre früher hatten sich hier die Frauengemächer befunden. Wie genau der Aufgang zu dieser Ebene beschaffen war, geht aus den Aufzeichnungen nicht hervor. Unklar bleibt, wie ein anscheinend vorhandener Übergang zum Haus rechts vom Tor beschaffen war.

3.4 Der „Hausstock zur rechten Handt im Aufgange über die Brücke"

Der „Hausstock zur rechten Handt im Aufgange über die Brücke", der Burg-

Der Keller unterhalb der „alten Hofstube" im Gebäude rechts vom Burgtor dient heute als gemütlicher Schankraum.

bestandteil in dem sich heute die Verwaltung der Bundeslehranstalt befindet, war zum Zeitpunkt der Entstehung des Meriansstiches „3 Ständer [= Etagen] hoch umbher uffgemauret und mit Ziegeln gedeckt". (1659). Wie für das Mittelhaus gilt auch hier die Feststellung, daß aufgrund der zahlreichen Überbauungen eine genaue Zuordnung der Etagen und Räume nicht durchgängig möglich ist. Überreste von Renaissancefensterlaibungen im Mauerwerk sind Zeugen dieser Veränderungen. Auch der heutige Eingang ist erst in diesem Jahrhundert einige Meter links des alten Zuganges neu geschaffen worden.

Erdgeschoß und Keller

Über den beiden noch heute vorhandenen „gewölbten Kellern" befinden sich 1659 die „Hausdääl", die Diele, und eine Hofstube, die 1645 die „alte" Hofstube genannt wird. Aus der Hofstube führte 1645 eine mit einem Absatz versehene Treppe in die Höhe zum ersten Stock nach „deß Herren Stuben".

Der erste Stock

Auf der Ebene dieser Herrenstube befanden sich an einem Gang, der eine Verbindung zu den Frauengemächern im Mittelhaus herstellte, neben der

Herrenstube und der kleinen Herrenstube weitere zwei Kammern und eine „Cabbuß". Vor der „Herrenstube" zog sich 1645 ein dem Innenhofe zugewandter weiterer Gang hin, der auf langen gedrechselten Pfosten stand. Zwei Treppen mit einem Absatz führten von hier ins Erdgeschoß. Eine weitere Treppe führte nach oben in den zweiten Stock. Auf ihr erreichte man einen mit einer Falltür gesicherten Boden, der den Zugang zur Harnischkammer freigab.

Der zweite Stock

Die „Harnischkammer", oder wie sie 1612 hieß, die „RustCammer", war die Waffenkammer der Edelherren. Sie bestand aus einem vorderen und einem hinteren Teil. 1645 ist sie ganz verwüstet. Dreißig Jahre früher befanden sich hier noch militärische Ausrüstungsgegenstände, die allerdings kaum dem neuesten Stand der Waffentechnik entsprachen. Immerhin läßt ihre Aufzählung erahnen, welche Ausrüstung für die Verteidiger der Burg hier einst lagerte.

1612 lagerten hier u.a. zwanzig Harnische mit den dazugehörigen Sturmhauben und Handschuhen. Zehn von ihnen waren modisch geschwärzt. Alle aber befanden sich in einem schlechten Zustand. Hinzu kamen zwei Stechharnische und ein schoßfreier Harnisch mit Zubehör. Sieben alte, mit eisernen Ringen belegte Rüstungen waren ebenfalls vorhanden. Hinzu kamen sieben Sättel mit Zubehör. Mehrmals vorhanden war auch das Zaumzeug für Kutschen.

Auf der „RustCammer" (1612) befanden sich ebenfalls 14 Paar alte „Stangen", gemeint sind wohl Spieße. Neun Streitkolben und drei alte Köcher, wohl noch für die Bolzen von Armbrüsten, kamen noch hinzu. Zu den modernsten Stücken der Sammlung gehören offenbar jene sechs Paar Pistolen, zu denen auch Pulverflaschen und Halfter vorhanden waren.

Der dritte Stock

Vor der Rüstkammer befand sich wiederum eine Treppe, die in den dritten Stock führte. Diese Etage wurde von Fräulein Elisabeth in Anspruch genommen. Hier finden wir neben der Stube „Frewlein Elisabethen Schlafkammer" sowie 1612 drei weitere Kammern und eine Küche. In der Beschreibung von 1645 taucht mehrfach der Hinweis auf, die Zimmerdecke „über diesen Gemächern [sei] ganz baufällig und untüchtig." Diese Etage war das zum Hause gehörige Dachgeschoß. Ein Blick auf das heute noch nicht wieder erschlossene Dachgeschoß des Gebäudes bestätigt diesen Eindruck.

3.5 Das „rote Haus"

Die sich in der Beschreibung sowohl 1612 als auch 1645 an die Räumlichkeiten von Fräulein Elisabeth anschließende alte Mittelkammer und die alte Mittelstube „im rotten Hause" können nicht auf der gleichen Ebene liegen wie die Räumlichkeiten von Elisabeth. Da diese Mittelstube vor dem mittleren Kornboden liegt, und eine Treppe von hier zum untersten Kornboden führt, werden sie im zweiten Stock des Gebäudeteiles zu suchen sein, der sich zwischen das eben beschriebene Haus und den folgenden Getreidespeicher schob.

Das Vorhandensein der „Mittelstube" auf dieser Etage erklärt auch, warum in der Beschreibung des zweiten Stockes bislang nur die zwei Räume der Rüstkammer aufgeführt wurden.

Im Erdgeschoß befindet sich an dieser Stelle zwischen Speichergebäude und Diele die „Stallstube" (1612/1659). Im ersten Stock scheinen die entsprechenden Räumlichkeiten 1612 von den Gemächern um die Herrenstube herum eingenommen zu sein.

Während der Gebäudeteil, der sich über den Kellern erhob und in dem sich die Herrenstube befand, mit Schiefer gedeckt war, war der Bereich des „rotten Hauses" wie auch der sich anschließende Kornspeicher mit Ziegeln gedeckt. Auch besaß das „rotte Haus", folgt man der Abbildung bei Merian, mit dem Speicher die gleiche Firsthöhe, nicht aber mit dem Gebäudeteil, in dem sich die Herrenstube befand.

3.6 Der Kornspeicher

Den nördlichen Teil der Ostspange der Unterburg nimmt das „Kornboden – und Stallgebeu" ein. Es war „von unten bis oben unter das Dach aufgemauert und mit Ziegeln gedeckt." (1659) Das Erdgeschoß des Gebäudes wies drei Pferdeställe auf. Der „Reisige Stall" hatte Stallplätze für sechs Pferde. Im „großen Pferdestall" konnten acht Pferde untergebracht werden. Im „kleinen Pferdestall" konnten noch einmal drei Pferde stehen. (Die Anzahl der Pferde, die in diesen Ställen jeweils untergebracht werden konnten, schwankt zwischen den einzelnen Aufzeichnungen.) Über den Pferdeställen befanden sich drei übereinander liegende Kornböden.

Im ersten Stock beherbergte der Kornspeicher neben dem „untersten Kornboden" die „große neue Kammer", die über eine vierstufige Treppe zugänglich war. Hinzu kam eine kleine Kammer (1612: „Erdt Krayen Cammer"). Auf dem mittleren Kornboden befand sich zum besseren Transport des Getreides ein Rollwagen. (1645) Auf dem obersten Kornboden, der schon unter der Dachschräge lag, war eine Seilwinde installiert. Der Giebel, unter dem sich die Winde befand, ist auch auf dem Merian-Stich abgebildet,

1645 ist der oberste Kornboden als Getreidelager nicht mehr brauchbar. Der mittlere Kornboden befindet sich noch in einem guten Zustand. Das „Ziegeldach über ... [dem obersten] Boden und ganzen Gebäude ist sehr durchsichtig".

3.7 Der Brauhauskomplex

Das Brauhaus schließt sich unmittelbar an das Speichergebäude an. Zwischen dem „kleinen Pferdestall" des Speichers und dem Brauhaus gibt es 1645 eine Verbindungstür. 1612 wird an dieser Stelle auch ein Stall am Krugkeller erwähnt, in dem noch einmal sechs Pferde Platz hatten. Eine Vorstellung vom Aufbau dieses Burgbereiches läßt sich nur in Umrissen gewinnen, da er nur in den Aufzeichnungen von 1612 genauer beschrieben wird. Die aber unterlassen, wie schon erwähnt, eine genaue Zuordnung der Räume zu einzelnen Gebäudeteilen.

Das Brauhaus selbst befand sich mit der Backstube unter einem Dach. Dies war seinerzeit notwendig, da man um die Wirkung des Hefepilzes noch nicht wußte, sondern nur einen Zusammenhang zwischen Backen und Brauen vermutete. Ein weiterer Bestandteil dieses Gebäudekomplexes war das Darrhaus. In dessen Räumen befanden sich ein großer Backofen „so etwas baufällig" sowie eine große Malzdarre, zu der eine Treppe hinaufführte. Über der Backstube lag eine Kammer, während ein Boden über dem Brauhaus als Lager diente. Ebenfalls in diesem Gebäudekomplex befand sich die Kammer des Oberschließers.

In der Aufzählung von 1612 erfahren wir auch von einer „gemahleten Stube überm Brauhause" von der aus eine Treppe zu einer anscheinend tiefer gelegen Kammer führt. Neben dieser Kammer lag eine weitere kleine ausgemalte Kammer, in der sich unter zwei Falltüren ein „tief gemauertes Loch" befand, von dem wir nicht wissen, wohin es führt. Am Gang vor der „gemahleten Stube" gab es eine weitere Kammer, die ursprünglich die alte Badestube gewesen war, wie das Inventar von 1612 festhält. Von diesem Gang führte eine Tür nach der „langen Scheune" auswärts.

Wenn man sich vergegenwärtigt, daß das Baden im Mittelalter nicht nur der Reinlichkeit, sondern auch der Geselligkeit diente, so läßt sich schon nachvollziehen, warum die Badestube ausgerechnet über dem Brauhaus lag. Auch das Vorhandensein der ausgemalten Stube deutet an, daß die Edelherren in diesem Bereich ihrer Burg handfesten Freuden nachgingen. Immerhin stiegen seinerzeit Männlein und Weiblein gemeinsam in die Wanne. So manches Glas Wein oder Bier wurde geleert. Zeitgenössische Abbildungen zeigen dies recht drastisch. Der Leser kann sich denken, daß dies noch nicht das Ende des Tages war.

1645 unterscheidet das Inventar nur noch Backhaus und Backstube, deren Dach durchsichtig war, während das Brauhaus „nebst denen darüber gewesenen Gebäuden abgebrannt" war.

3.8 Das alte oder „Graue Haus"

Das alte oder graue Haus befand sich im Nordwesten der Burganlage. Der Merian-Stich läßt es hinter dem Neuen Haus am oberen Platze verschwinden, so daß wir von dessen Aussehen keinerlei Abbildung besitzen. Auf die Verbindungen zwischen diesem Gebäude und dem „Neuen Haus" der Oberburg ist schon hingewiesen worden.

In seinem Erdgeschoß befanden sich die alte Küche, eine Badestube, die Käsekammer, eine Stube an der alten Küche, die mit einem schon 1612 sehr baufälligen Erker durch eine Tür verbunden war. Über dem Keller lag ein weiterer Erker. Von dem innerhalb des Gebäudes befindlichen Gang führte die „Papentreppe" aufwärts zum ersten Stock. Im Erdgeschoß folgen noch das vordere und hintere Waschhaus.

Auf der zweiten Ebene finden wir zunächst den mit einer großen Seilwinde, „Rolle", ausgestatteten Rollboden, eine Kammer am Rollboden, dann die lange Stube, die über achtzehn Glasfenster mit Rauten verfügt sowie der „alte Predig Saal", zu dem anscheinend die Papentreppe führte. Er besitzt acht Glasfenster mit Eckscheiben.

Weiter werden im grauen Haus eine Schneiderkammer, eine Federkammer, der Käseboden, die „Trevekammer" mit einem Boden davor erwähnt, ohne daß wir mit Sicherheit feststellen können, auf welcher der Etagen wir uns befinden. Unterhalb des grauen Hauses befindet sich an einer Treppe das Malzhaus.

Wenig mehr als dreißig Jahre nach der Beschreibung von 1612 vermeldet das Inventarverzeichnis von diesem Teil der Burg, das Gebäude sei „allenthalben oben und unten ganz verfallen, durchsichtig, und durchaus sehr verwüstet, dergestalt, daß es nicht bewohnt werden kann. Ist Dach- und Fachlos… Ansonsten ist ein gänzlicher Ruin desselben zu besorgen, in maßen der Augenschein solches mit mehren dartut und ausweist." Der Bericht von 1659 bestätigt den fortschreitenden Verfall. Wir lesen, daß das mit Schiefer gedeckte „Graue Gebäude" aus „etlich alt Stenderwerk und Balken" bestehe. Wir erfahren, daß jetzt „der forderste Giebel … ganz offen" sei. Auch der ursprünglich mit Balken abgedeckte Keller sei jetzt ganz offen.

3.9 Die Plätze

Auf dem unteren Platz vor dem Brauhaus befand sich 1645 „ein Röhrenpfahl mit laufendem Wasser" und „ein alter Wassertrog, welcher über die Hälfte untüchtig". Einen „Ständer zum Röhrwasser mit einem alten eichen Troge" hatte es hier auch 1612 schon gegeben. Zum „Neuen Haus" gelangte man, wenn man den „Kniebrecher", die Treppe zur Oberburg emporstieg (1612/1659). Vor dieser Treppe befand sich eine Tür. Auch am „Kniebrecher" befand sich 1659 ein Wasserpfahl mit einem Trog.

1645 erfahren wir über den Zustand des Bereiches vor den Neuen Gebäudes im oberen Platz: „ dafür ist das Pflaster, steinerne Treppe, steinerne Mauer ganz baufällig und ein groß Stück davon eingefallen." Vor dem neuen Haus steht nach dieser Beschreibung ein alter Wasserpfahl mit zwei Wassertrögen. Hinzu kommen auf dem oberen Platz selbst noch einmal „zwei Wassertröge, nebst einem Pfahl mit laufendem Wasser worinnen das Röhrwasser fallet, deren einer ist ganz alt und untüchtig. Imgleichen ist bei der einen Röhre ein groß Stück von dem Pflaster eingesunken." Die Quelle von 1612 kennt nur einen Wasserpfahl auf diesem Platz: hier befinden sich zu diesem Zeitpunkt eine große eicherne Badewanne, ein Ständer zum Röhrwasser und zwei schlecht erhaltene Fischtröge.

3.10 Die alte tiefe Scheune und der Burggraben

Der Merian-Stich zeigt rechts neben dem über eine Zugbrücke erreichbaren Eingang zum unteren Hofe eine zweite Pforte, durchschritt man diese, kam man zunächst an einem auf der Mauer befindlichen Wachthaus vorbei. Sodann erreichte man über sechzehn eicherne Bohlen die „alte tiefe Scheune" (1645). Diese Scheune war auf der Seite zum Hause hin fast bis unter das Dach gemauert, wies hier jedoch auch Ständerwerk auf. Auf der Seite zum Burggraben war sie bis an das Dach ganz aufgemauert (1645). Hinter der Scheune befand sich eine weitere Zugbrücke, die das Gebäude mit dem Hinterhause verband. Wir haben von einer Tür zur tiefen Scheune schon bei der Beschreibung des Ganges vor der gemalten Stube gehört. Aufgrund dieser Angaben scheint es uns plausibel, davon auszugehen, daß diese Scheune zwar durch einen Graben von Hause getrennt war, aber selbst nach außen hin durch einen Graben, der zum Burggrabensystem gehörte, gesichert war.

Vom Burggraben und der Befestigung erfahren wir 1612: „Das Haus Warberg ist mit einem Wassergraben umgeben, und einer Mauer, daran hinterwärts noch ein groß Stück Mauer mangelt, so itzo mit einem Zaun verwahrt.

4. Gerichtsbarkeit, Galgen und Steinkreuze

Ein wesentlicher Bestandteil der Herrschaftsrechte der Edelherren über die Herrschaft Warberg war das Recht der Ausübung der niederen und höheren Gerichtsbarkeit. Diese höhere oder Blutgerichtsbarkeit umfaßte die Rechtsprechung über alle Delikte, die mit Strafen an Leib und Leben geahndet werden konnten, Urteile, bei deren Vollzug Blut floß. Dies Recht übten die Edelherren von Warberg über Vergehen in den zu ihrem Herrschaftsbereich gehörenden Orten Warberg, Frellstedt, Wolsdorf und Räbke und ihrer jeweiligen Feldmark sowie der Feldmark der inzwischen wüst gefallenen Siedlungen Rode, Klein und Groß Kißleben, Brunsleber Feld und Detmerode aus.

Auch nachdem die Herrschaft Warberg 1568 zum Lehen der Wolfenbütteler Herzöge geworden war, nahmen die Edelherren diese Rechtsprechung wahr. Als nach dem Tode Antonius d. J. seine Witwe, die junge Agnes von Bortfeld, die Herrschaft ausübte, war dies ebenfalls eine Selbstverständlichkeit. Von der Vollstreckung eines Todesurteils in dieser Zeit berichten die Annalen des Hildesheimer Bürgermeisters Joachim Brandis. Nach dieser Quelle wurde am 26. November 1602 in Hildesheim Hinrich Hosanges „mit dem swerde gerichtet wegen des begangenen mords, so er und sine swester den 25. September zu Wolstorf by Warberge an einer kramerschen begangen. De swester word zu Warberge gerichtet."[37]

Äußerlich erkennbares Zeichen der ausgeübten Blutgerichtsbarkeit war der möglichst gut sichtbar aufgerichtete Galgen. „Der Ort aber, wo der Galgen aufgerichtet war, ist da zu suchen, wo der Salzweg kurz vor Wolsdorf die Höhe erreicht hat, also an öffentlicher Straße, daß „es" auch jeder zur Abschreckung sähe."[38]

Noch um die Mitte des 18. Jahrhunderts befand sich südwestlich des Ortes Wolstorf „vor der sogenannten Krugstraße auf dem Galgenberg" ein heute verschollenes Steinkreuz oder ein Stein, in den ein Kreuz gehauen war.[39] Ein Anlaß für dessen Errichtung an der alten Richtstätte der Warberger Edelherren ist nicht überliefert.

Steine, wie wir sie an dieser Stelle aber auch vor Frellstedt und Räbke finden, gehören meist zur großen Gruppe der Memorien- oder Sühnesteinen. Dies waren Steine, die man besonders in der Zeit zwischen dem 13. und dem 16. Jahrhundert für Menschen setzte, die eines plötzlichen und gewaltsamen Todes gestorben waren. Sofern es sich hierbei nicht um einen Unfall, sondern um ein Verbrechen gehandelt hatte, war es in dieser Zeit überlieferter Rechtsbrauch, zur Sühne der Tat einen solchen Stein zu errichten. Die Verpflichtung zur Aufstellung der Steine wurde in Sühneverträgen festgelegt.[40] Neben der Sühne war vor allem die Sorge um das Seelenheil der Getöteten von Bedeutung, die ohne den Beistand der Kirche ihr Leben lassen mussten. So galten die Kreuze auch als Mahnung für die Lebenden, ihrer im Gebet zu gedenken.[41]

Steinkreuze, die in einem Zusammenhang mit einer Richtstätte der Warberger Edelherren stehen, haben sich innerhalb der Herrschaft Warberg nicht nur bei Wolstorf, sondern auch an anderer Stelle erhalten.

Heinz-Bruno Krieger berichtet: „Kommt man von Süpplingen nach Frellstedt, so stehen einige hundert Meter vor Frellstedt auf einer etwas ansteigenden Höhe, dort, wo ein Richteweg rechts nach der Räbker Straße abzweigt, beiderseits der Straße zwei alte verwitterte Steinkreuze. Alte Leute wußten über diese Kreuze folgendes zu berichten:

Hier auf dem Berge soll sich in alten Zeiten die Gerichtsstätte der Warberger Ritter befunden haben. ‚Se hett ok e'seijt, da herren se freuer mal en paar Ridders unschullig hennerichtet, un as et / sick naher ruterstellt harre, dat dä Ridders unschullig wörren, da hätt dä ut Warberg düsse Krüze hier upstellet.'⁴²

Auch in diesem Fall ist die Richtstätte weithin sichtbar, liegt sie doch oberhalb der über Süpplingen verlaufenden Straße von Königslutter nach Helmstedt. In dieser Erzählung taucht als Motiv für die Errichtung der Steine ohne Zweifel das der Sühne für eine begangene Untat auf. Es ist nicht das einzige Motiv, das sich in Überlieferungen bewahrt hat. So fährt Krieger fort:

„Es haben auch Frellstedter und Süpplinger mir folgendes erzählt: ‚Hier auf der Höhe vor Frellstedt haben sich mal vor vielen Jahren ein Warberger und ein fremder Ritter in heftigem Streite gegenübergestanden. Als nun

Steinkreuze vor Frellstedt.

keiner der Streithähne nachgeben wollte und die Sonne schon die letzten, goldenen Strahlen über den nahen Elm herüberschickte, da machte der fremde Ritter dem Kampf durch einen gewaltigen Schwerthieb ein Ende. Zu Tode getroffen wankte der edle Warberger, doch unter Aufbietung seiner letzten Kraft gab er dem Feinde noch einen tödlichen Streich zurück. So fanden beide, Freund und Feind, hier auf der Höhe vor Frellstedt den Heldentod. Zur Erinnerung und zum Angedenken an jene Begebenheit errichteten die Dörfer der alten Herrschaft Warberg an dieser Stelle zwei Steinkreuze, die heute noch dem aufmerksamen Wanderer Kunde geben von dem vergossenen Herzblut zweier gefallener Streiter.'"[43]

Es ist denkbar, daß ein solcher Zweikampf durchaus im Zusammenhang mit einem Gerichtsurteil ausgefochten wurde. Dies war dann möglich, wenn der Ausgang eines derartigen Kampfes als Gottesurteil über Schuld oder Unschuld entscheiden sollte, wie dies im Hochmittelalter üblich war.

Nach dieser Überlieferung handelt es sich bei den Kreuzen dann aber nicht um Sühne- sondern um Memoriensteine. Diese Erzählung ist mit einer nicht geringen Anzahl anderer in eine Reihe zu stellen, in denen das Sagenmotiv der gegenseitigen Tötung von zwei oder drei Menschen gleichen Standes zum Ausgangspunkt für die Errichtung von Kreuzsteinen wird. Müller/Baumann weisen im Raum Niedersachsen allein siebenmal die Setzung solcher Steine im Zusammenhang mit der gegenseitigen Tötung zweier Ritter nach.[44]

Welches Motiv der Aufrichtung der beiden Kreuzsteine tatsächlich zugrunde liegt, läßt sich aus heutiger Sicht schwer beurteilen, zumal noch weitere genannt werden. So weisen Müller/Baumann darauf hin, daß sich für die Steine im Volksmund die Bezeichnung „Mordsteine" erhalten hat.[45] Dies wiederum wäre als Indiz für den Sühnecharakter ihrer Aufrichtung zu werten.

Auf eine ganz andere Möglichkeit weist Krieger hin, der notiert: „Andere sagen, hier sei die Grenze des fürstlichen Amtes Königslutter zu der Herrschaft Warberg hin gewesen."[46] In der Tat endete zwischen Frellstedt und Süpplingen der kleine Herrschaftsbereich der Warberger Edelherren. Sollten die Kreuzsteine zur Markierung der Grenzen gedient haben, so stammen sie möglicherweise vom Friedhof des im 14. Jahrhundert untergegangenen Dorfes Rode, das zwischen Frellstedt und Warberg gelegen hatte. Von hier sind sie an ihren neuen Standort gelangt, als die Edelherren im Zuge der Verdichtung ihrer Herrschaft eine solche Markierung für notwendig hielten.

Neben den beiden erwähnten Steinkreuzen soll noch ein drittes nordöstlich von Frellstedt an der Straße nach der Roten Mühle gestanden haben. 1988 ist es nicht mehr nachweisbar. Anhaltspunkte für den Grund seiner Errichtung sind nicht bekannt.[47]

Ein weiteres Steinkreuz schließlich befand sich bis in die 60er Jahre des zwanzigsten Jahrhunderts am östlichen Ortsende des Ortes Räbke am nördlichen Grabenrand der Straße, die nach Frellstedt führte. Der Überlieferung nach wurde das als „Mordstein" bezeichnete Kreuz an einer Stelle errichtet, an der jemand erschlagen worden war.[48] Eindeutig ist in diesem Fall der Hinweis auf den Sühnecharakter des Steines.

5. Die letzten Edelherren

Nach dem frühen Tod Antonius d. J. ist seine ebenfalls noch junge Witwe Agnes, geb. von Bortfeld, gezwungen, die Geschäfte des Hauses allein weiter zu führen. 1599 belehnt Herzog Heinrich Julius sie als Vormund ihrer Söhne Heinrich Julius, Wolf Gebhard und Gotthelf Werner mit den braunschweigischen Lehen.[49] Im selben Jahr belehnt Agnes Edle Frau von Warberg, Witwe, den Braunschweiger Bürgermeister Hans Schwalenberg in Vormundschaft ihrer drei Söhne, wie ihn schon 1584 Antonius d. J. belehnt hatte.[50]

Mit den Lehen übernimmt sie auch die Schulden des Hauses Warberg. Und sie ist gezwungen noch weitere Gelder aufzunehmen. 1602 leiht sie sich vom Hildesheimer Bürgermeister Joachim Brandes 2000 rh. Goldgulden.[51] 1609 ist Agnes gezwungen, zur Tilgung der Schulden gegenüber den v. Asseburg und v. Alvensleben bei Elisabeth von Braunschweig-Lüneburg, der Witwe Herzog Heinrich Julius, einer geb. Prinzessin von Dänemark einen Schuldschein über 16.000 Thaler zu unterschreiben. Für diese Summe wurden ihr das Haus Warberg und dessen Zubehörungen zum Unterpfand überschrieben.[52]

Am 28. September desselben Jahres leiht Agnes sich von Herzogin Elisabeth weitere 17.000 rh. Thaler zur Bezahlung von Caspar Berlipsens Forderungen über insgesamt 13.250 Fürstengulden.[53] Weitere 1000 rh. Thaler aus dieser Summe dienten zur Bezahlung der v. Schönberg und 300 rh. Thaler waren für Frl. Elisabeth von Warberg bestimmt. Pfand ist erneut die Herrschaft Warberg.[54]

Antonius d. J. Witwe Agnes von Bortfeld stirbt im Jahr 1611. Sie wird in der Kirche zu Warberg beigesetzt.[55]

Die drei Söhne studieren in der Zeit zwischen 1605 und 1608 an der Universität Jena, wie die Leichenpredigt für einen Dr. Heinrich Gebhard ausweist, der in dieser Zeit ihr Informator war, der sich also darum kümmerte, daß sie gewissermaßen „ihre Schularbeiten machten".[56]

5.1 Heinrich Julius, der Älteste

Heinrich Julius (* 29. 5. 1590 – † 30. 6. 1654), der im Alter von etwas mehr als 20 Jahren nach dem Tode der Mutter die Geschäfte des Hauses übernommen hatte, beteiligt sich wie sein jüngerer Bruder Wolf Gebhard an den Auseinandersetzungen des Dreißigjährigen Krieges auf der Seite der Herzöge von Braunschweig. Die Folge war, daß „nach der Schlacht bei Lutter am Barenberge [1626] kaiserliche Truppen unter Tilly die Herrschaft Warberg in Besitz nahmen und daß Tilly sie dem Generalfeldmarschall Johann Grafen Altringer überwies. Da dieser aber am 12. 7. 1634 bei Landshut blieb, bevor ihm die kaiserliche Bestätigung zugestellt war, erhielten die Brüder [von Warberg] durch Vermittlung des Kurfürsten von Sachsen ihre Herrschaft zurück. 1639 wies jedoch Herzog August d. J. erneut einen Hauptgläubiger, den Obristen Johann Sigismund von Fränking, in ihren Besitz ein. 1642 wurden dem Heinrich Julius eine Wohnung auf dem Schloß Warberg und eine jährliche Rente von 500 Rthl. bewilligt."[57]

1633 heiratete Heinrich Julius seine Haushälterin Magdalene Bülten, nachdem der vom fürstlichen Konsistorium die Auflage erhalten hatte, „die Person entweder zu heiraten oder von sich zu schaffen". Mit ihr verband den Edelherren ein langjähriges Verhältnis, aus dem mehrere Kinder hervorgegangen waren. Heinrich Julius war offenbar ein militärischer Aufstieg wie seinem Bruder Wolf Gebhard nicht möglich gewesen. So fehlte ihm eine entsprechende finanzielle Absicherung, die diesem teilhaftig geworden war. Unter diesen Umständen war an eine standesgemäße Heirat nicht zu denken und er hatte sich in das Unvermeidliche, die Heirat der Magdalene Bülten zu fügen. Ihr verschreibt er, wie die Ehestiftung vom 23. April 1633 ausweist, seinen Zehnten und einen dienstfreien Hof zu Gr. Rodensleben (= Romsleben?), von dem die auf ihm lastenden Beschwerungen aus der Herrschaft Warberg abgetragen worden waren. Hinzu kam sein Haus zu Halberstadt.[58]

Am 26. Juni 1654 wird in Halberstadt das Testament des Heinrich Julius[59] niedergeschrieben. In ihm bestimmt er, daß sein Sohn, der ebenfalls den Namen Heinrich Julius trug, ihm als Lehensherr nachfolgen sollte. Ihm wurde auch die Sorge für die Schwestern übertragen. Seine ihm am Stande nicht gleiche Frau hätte er zwar erst etliche Jahre „nach der Beiwohnung" geehelicht, hierdurch aber seien auch die schon vorher gezeugten Kinder legitimiert. Zu Testamentsexekutoren bestimmt er den Halberstädter Regierungsdirektor v. Kanstein und den Wolfenbütteler Kanzler Dr. Schwarzkopf.[60]

Nur wenige Tage nach der Abfassung des Testamentes, am 30. Juni 1654, verstirbt der verarmte Edelherr Heinrich Julius in Halberstadt. Erst im Jahr 1672 kann er in der Warberger Kirche neben seiner ihm im Tode voraufgegangenen Gattin bestattet werden, nachdem Herzog Rudolf Anton für die Beisetzung in der Familiengruft eine Unterstützung von 66 Thaler bewilligt hat.[61]

Smalian zitiert aus dem Warberger Kirchenbuch: Der Letzte der Edelherren sei „... von Halberstadt mit sechs schwartz bedeckten pferden geholet und alhier in ihr begräbnis auf Befehl des fürstlichen Consistoriy ohne

Leich sermon beygesetzet, da in allen Kirchen der Herrschaft Warberg geläutet und die Unterthanen aus allen vier Dörfern gefolget."[62]

5.2 Wolf Gebhard

1613 begleitet Wolf Gebhard (* 5. 12. 1591 – † 15. 12. 1648), inmitten der vornehmsten Adligen des Herzogtums Braunschweig, den verstorbenen Herzog Heinrich Julius auf seinem letzten Wege. Abbildungen des Leichenzuges belegen dies.[63]

In seiner zum Druck gegebenen Leichenpredigt[64] findet sich ein umfangreicher Lebenslauf wieder. Es ist der Lebenslauf eines Adligen, der nach dem Bedeutungsverlust seiner Familie und ihrem weitgehenden Besitzverlust gezwungen war, eine militärische Karriere einzuschlagen.

1607 wird der 15jährige – offensichtlich nach seinem Aufenthalt in Jena – an die Universität Leipzig geschickt, wo er sich zur Zufriedenheit seiner Professoren dem Studium widmet. Anschließend ruft ihn die Mutter zurück auf die heimische Burg, „wo er nach dem Vorbild der Ahnen in militärischen Übungen ausgebildet wurde".[65]

Als 1615 Braunschweig belagert wird, ist er Kornett im Regiment zu Roß des Obristen Wessperling. In der Folgezeit bleibt er als Kornett bei den Regimentern Herzog Friedrich Ulrichs zu Braunschweig. Nach dem Ausbruch des Dreißigjährigen Krieges nimmt er an zahlreichen Treffen teil, u.a. an der Schlacht am Weißen Berge. Es folgen einige Jahre, in denen er dem Herzog Friedrich Ulrich als Kammerjunker dient. 1625 übernimmt er in der Kriegsexpedition des Königs von Dänemark eine Compagnie zu Roß mit 200 Pferden.

Längere Zeit weilt er dann an dessen Hof zu Dänemark, begibt sich dann aber, wohl aus finanziellen Erwägungen heraus, wieder auf den Kriegsschauplatz in Deutschland. Hier bringt er es schließlich zum Rittmeister, wird Obristwachtmeister und Obristleutnant im kurfürstlich-sächsischen Leibregiment. 1634 übernimmt er das „Rothe Regiment zu Roß" des Herzogs Georg von Braunschweig und Lüneburg. Er kommandiert es über sechs Jahre. In dieser Zeit wird er vom Herzog als Oberkommandierender von drei Regimentern zu Roß und einem zu Fuß zur Reichsarmee zum Kurfürsten von Sachsen gesandt. 1640 nimmt er schließlich seinen Abschied. Nach Erlangung einer Präbende in der erzbischöflichen Stiftskirche zu Magdeburg nimmt er hier 1643 seine Residenz.

1539 heiratet der fast fünfzigjährige Edelherr Ilsa Magdalena von Wettbergen. Kinder gehen aus dieser Verbindung anscheinend nicht mehr hervor. Am 15. Dezember 1648 stirbt Wolf Gebhard Edelherr zu Warberg im Alter von 57 Jahren. Es ist das Jahr, in dem auch der Dreißigjährige Krieg endet, der ihn lange Zeit genährt hatte. Wolf Gebhard mußte wie seine Brüder mit ansehen, daß „ seine uralte väterliche freie Herrschaft Warberg in fremde Hände kam, was ihm bei seinem heroischen Gemüte sehr zu Herzen ging und nicht geringe Ursache seiner Lebensverkürzung gewesen sein mag."[66]

5.3 Gotthelf Werner

Auch der dritte der Brüder, Gotthelf Werner (* 15. 7. 1595), war in Jena von Dr. Heinrich Gebhard betreut worden. Welchen Weg er nach dem Ende seiner Studien eingeschlagen hat, ist nicht überliefert. Es ist aber davon auszugehen, daß auch er an den Kriegszügen des Dreißigjährigen Krieges teilgenommen hat, in dessen Verlauf sich seine Spur verliert.

Aus dem Jahr 1640 stammt ein Teilungsvorschlag, der die Herrschaft Warberg betrifft, aber nur die Namen der beiden Brüder Wolf Gebhard und Heinrich Julius nennt.[67] Hieraus lässt sich möglicherweise folgern, daß Gotthelf Werner, der jüngste der drei Brüder, zu diesem Zeitpunkt bereits nicht mehr am Leben ist.

5.4 Die letzten Nachkommen

Von den Söhnen Antons d. J. hatte nur Heinrich Julius Kinder. „Er hinterließ einen Sohn und vier Töchter, … jener ist in alle Welt gegangen und ist ungewiß, wo er geblieben…."[68]

Während der gleichnamige Sohn verschollen geblieben ist, wissen wir über die im Kirchenbuch erwähnten vier Töchter ein wenig mehr. Ausgestattet waren sie mit einer jährlichen Rente von 30 Thalern. Agneta Elisabeth war mit einem Vicar Haddäus in Halberstadt verheiratet, Betha Catharina verw. Reimann lebte in Helmstedt und hatte nach dem Tod ihres ersten Mannes einen Herren Fahrendorf geheiratet. Anna Elisabeth war ledig geblieben und lebte in Frellstedt vermutlich auf dem alten Vorwerk der Edelherren von Warberg. Über die letzte der Schwestern, deren Namen Rode mit Hedwig Ilse angibt, ist nichts bekannt.[69]

Die Töchter Agneta Elisabeth, Betha Catharina und Anna Elisabeth von Warberg vermachen der Kirche zu Frellstedt 1664 eine Patene und einen Abendmahlskelch aus vergoldetem Silber von 18 cm Höhe.[70]

Smalian beendet seine Ausführungen zur Geschichte der Edelherren mit der Bemerkung:

„In der Tat liegt darin etwas Rührendes, Bewegendes, daß am Ende einer 450jährigen stolzen Vergangenheit das Geschenk eines Abendmahlsgerätes an die Dorfkirche zu Frellstedt steht, als Reichtum, Macht und selbst das heimatliche Schloß schon verloren, verschaffen sich die letzten Warberg-

Töchter mit dem spärlichen Einkommen von jährlichen 30 Thl. noch einen großartigen Abgang: Sie müssen sich zusammentun, um ihren Plan in die Wirklichkeit umsetzen zu können, aber sie setzen sich ein Denkmal ihrer Freigebigkeit und ihrer Frömmigkeit."[71] Dem ist nichts hinzuzufügen.

Das Wappen der Edelherren über dem Eingang zur Burg hat sich erhalten.

Ausblick

Als der wolfenbüttelsche Amtmann Nicolaus Röhrig die Burg übernahm, befand sich über dem Burgtor ein Brett mit dem aufgemalten fürstlichen Wappen. Es deckte die Wappen der Vorbesitzer ab. Als Datum der Übernahme der Burg durch den Landesherren vermerkte es den 30. Juni 1654.[1] In den nächsten 150 Jahren war die Burg der Sitz des Amtes Warberg, das die Orte Frellstedt, Räbke, Warberg und Wolsdorf umfaßte. Die folgende Zuordnung zunächst zum Amt Königslutter, später dann zu Schöningen und Helmstedt löschte die letzten Spuren der verwaltungsmäßigen Selbständigkeit der ehemaligen Herrschaft Warberg.

Nicolaus Röhrich war, wie die Amtmänner nach ihm, bemüht, die Gebäude der Burg als Verwaltungs- und Wirtschaftbauten zu erhalten. Röhrich plädierte auch dafür- wir haben es schon gesehen-, das „kostbare steinerne um den Turm herum schön gewesene ganz gemauerte Gebäude" in seiner alten Pracht wieder herzustellen. Die von ihm genannten Kosten reichten ohne Berücksichtigung der aus den Wäldern des Fürstentums zu entnehmenden Balken und Latten und ohne Berechnung der zu erbringenden Hand- und Herrendienste an 1000 Thaler heran. Die Instandsetzungsarbeiten an allen anderen Burggebäuden verschlangen nicht ein Zehntel dieser Summe.

So kam es wie es kommen mußte: Angesichts der erdrückend hohen Kosten wurde von einer Wiederherstellung der alten Pracht Abstand genommen. Die Folge war eine ständig beklagte Gefährdung durch herabfallende Steine. Die anderen Burgbestandteile konnten demgegenüber entweder weiter genutzt werden oder waren bald wiederhergestellt.

So konnte die im Krieg zerstörte Wasserzuleitung schon bald wieder in Betrieb genommen werden. Die Brauerei nahm ihren Betrieb in dem wieder

Warberg. Der Freyherrn von Warberg Stammhaus. Matthäus Merian (älteste Ansicht der Burg von 1654).

errichteten Brauhaus auf. Auch die für die Gutsökonomie erforderlichen Bauten waren bald wieder voll nutzbar.

Die Burg und ihre Ländereien wurden 1659 zum herzoglichen Kammergut gezogen. Zwischen 1668 und 1686 waren sie noch einmal Pfandgut in den Händen der Familie des Generalmajors v. Stauffenberg. Danach wurden sie als Domäne von Pächtern verwaltet. Die Domänenzeit endete erst 1938, als in die Burg – zunächst vorübergehend – der Schulverein Reichslandhandelsschule einzog. Zwischen 1942 und 1955 dienten die ehrwürdigen Gemäuer als Wehrmachtslazarett, Ausländerlager und Tuberkuloseheilstätte. 1955 konnte die Geschäftsstelle des Schulvereins der Bundeslehranstalt Burg Warberg e.V. ihre Arbeit in der Burg aufnehmen. Die Gebäude wurden zur Seminar- und Fortbildungsstätte. Als solche wird sie schon lange nicht mehr nur von den Landhändlern in Anspruch genommen. Darüber hinaus sind heute auch Gäste willkommen, die nicht an solchen Tagungen teilnehmen.

Während zahlreiche Überbauungen und Neubauten im Bereich der Unterburg Zeugen einer ständigen Nutzung waren, gilt dies nicht in gleicher Weise für die Oberburg. Zwar wurde auch sie seit dem 18. Jahrhundert nach der Herunternahme der oberen Geschosse als Wohn- und Verwaltungsgebäude durch die Domänenpächter genutzt. Auch später noch diente das Gebäude zum Wohnen oder aber als Lager. Bauliche Veränderungen wurden ebenfalls vorgenommen: Zwischenwände wurden eingezogen, neue Fenster und Türöffnungen geschaffen, Haus und Turm bekamen neue Dächer. Die Kellergewölbe und die starken Mauern des Hauses blieben davon abgesehen unangetastet. Zur Sicherung der Gebäudesubstanz selbst wurde in diesem langen Zeitraum kaum etwas getan, so daß in den letzten Jahrzehnten des 20. Jahrhunderts zunehmend mit einem Auseinanderfallen des Gebäudes der Oberburg zu rechnen war. Mit dem allmählich voranschreitenden Verfall dieses einst so prächtigen Hauses gerieten auch seine Erbauer, die Edelherren von Warberg, allmählich in Vergessenheit. Nur noch in „Insiderkreisen" war man sich ihrer einstigen Bedeutung bewußt.

Als die Bundeslehranstalt 1955 die Burg wieder in ihre Hände nahm, war der Lehrbetrieb wichtiger als die Erhaltung oder gar die Restaurierung der Oberburg. So wäre das inzwischen als Baudenkmal eingestufte Gebäude des ehemaligen „Neuen Hauses" dem sicheren Verfall preisgegeben gewesen, hätte die Leitung der Bundeslehranstalt und ein inzwischen gegründeter Freundeskreis der Burg Warberg nicht im letzten Jahrzehnt des 20sten Jahrhunderts begonnen, Konzepte einer Erhaltung und Nutzung der Oberburg zu entwickeln und umzusetzen. Das Ergebnis dieses von den Denkmalschutzbehörden bereitwillig unterstützten Unterfangens sind Sanierungsmaßnahmen an Haus und Turm der Oberburg, die einerseits den Erhalt des Baudenkmals sicherstellen, andererseits dies Bauwerk der Öffentlichkeit wieder ohne Gefahren zugänglich machen. Auch eine wirtschaftlich sinn-volle Nutzung, die den Rückhalt für die Erhaltung des Gebäudes bildet, ist durch diese Maßnahmen wieder möglich geworden.

Mit dem Erhalt des „Neuen Hauses" der Oberburg und der Erhöhung seines Turmes auf eine Höhe, die der ursprünglichen nahekommt, wird ein beeindruckendes Bauwerk bewahrt. Sein Alter, seine Größe und die an vie-len Stellen noch erkennbare einstige Prachtentfaltung seiner Bewohner sind Anhaltspunkte für die Bedeutung der einstigen Herren dieser Burganlage: der Edelherren von Warberg. Das Wirken dieser Herren hat – wir haben es im vorliegenden Buch gezeigt – die Region über Jahrhunderte entscheidend geprägt. Die gelungenen Erhaltungsmaßnahmen entreißen auch die Edlen von Warberg dem allmählichen Vergessen. Auf diese Weise wird die Burg zum Kristallisationspunkt für die Identität einer ganzen Region.

Anhang

Fußnoten

Einführung (Seite 9 – 16)

[1] Vgl. z.B. Die Kunstdenkmale des Kreises Helmstedt, S. 287, Kleinau 1967, S. 672.
[2] Lenz 1751.
[3] StAWf, VII A Hs 76/77 (Wahnschaffe)
[4] Bege 1844
[5] Bode 1911
[6] Moll 1915
[7] Berg 1943

[8] Rohloff 1952, StAWf VII A Hs 80a (Pini)
[9] Hensel 1960
[10] StAWf, 38 TSlg (Regestensammlung Wieter).
[11] Smalian Manuskript (Bundeslehranstalt Warberg)
[12] Rode Manuskript (Bundeslehranstalt Warberg)

Teil I (Seite 17–33)

[1] Heine 1997, S. 260.
[2] Georg Bode hatte diese Position in seiner 1911 veröffentlichten Arbeit über Herkunft und Heimat Gunzelins von Hagen des ersten Grafen von Schwerin vertreten. Ihm folgen Berg 1943 sowie Rohloff und auch der Kenner der Geschichte der Warberger Edelherren, Friedrich Smalian in den 50er Jahren.
[3] Schultz 1965 b, S. 260.
[4] Schultz 1964, S. 21.
[5] Heine 1997, S. 260. Heine und nach ihm Müldner (1999) kommen im Gegensatz zu Schultz zu dem Ergebnis, daß es sich nicht um eine Motte gehandelt haben kann, da das hierfür konstituierende Merkmal, der künstlich aufgeschüttete Hügel fehlt. Müldner klassifiziert die Anlage als „Hangburg". (Müldner 1999, S. 16 f.) In der jüngst veröffentlichten Geschichte des Landes Braunschweig ist dagegen wieder von einer Motte die Rede. (Braunschweigische Landesgeschichte 2000, S. 383.)
[6] Schultz 1964, S. 20.
[7] Vergleiche auch zu den folgenden Ausführungen die Grabungsergebnisse von Schultz in: Ders. 1964, 1965 a, 1965 b und die Ausführungen von Müldner 1999.
[8] Müldner 1999, S. 21. Vgl. ibid. S. 94 ff. Für einen Hineinbau der Burg in eine schon vorhandene ältere Befestigungsanlage, etwa eine frühmittelalterliche Fluchtburg, gibt es derzeit keinerlei archäologische Anhaltspunkte. Dies kann aber auch darauf zurückzuführen sein, daß die Grabungen nicht immer bis auf den gewachsenen Boden durchgeführt wurden, wie Müldner (S. 93) betont.
[9] Vgl. Müldner 1999, S. 10; Karte des Landes Braunschweig im 18. Jahrhundert, Braunschweig 1968, Blatt 3731; Smalian Manuskript, S. 15.
[10] Zit. nach Hucker 1990, S. 691, Hochdt. vom Verf.; Hucker rechnet das Geschehen dem Jahr 1200 zu. Vgl. ibid S. 690 f.
[11] Ibid.
[12] Regesta Archiepiscopatus Magdeburgensis, Bd. II, S. 24.
[13] Schultze 1964, S. 19.
[14] Vgl. zu den folgenden Ausführungen Zillmann 1975, S. 294 ff.
[15] Hucker 1990, S. 693.
[16] Hucker 1990, S. 49.
[17] Vgl. Zillmann 1975, S. 301 f.; vgl. auch Abschnitt II.2.1. Der in Meiboms Chronik des Klosters Mariental genannte Bischof Ludolf kann das Pfandlehen nicht vergeben haben, da er schon 1205 starb.
[18] Meibom, Chron. Marienthalense, p. 253.
[19] Zillmann 1975, S. 300.
[20] Sowohl die Sachsenchronik wie auch die Schenkungsurkunde der Odilis sprechen allerdings vom Jahr 1199. Vgl. zu dieser Falschdatierung u.a. Bode 1911, S. 67.
[21] Bode 1911, S. 21.
[22] Ibid., S. 21 f.
[23] Ibid., S. 32 f.
[24] Ibid. S. 33.
[25] Vgl. ibid., S. 35.
[26] Ibid., Anlage IV.
[27] Petke, Lothar III. 1985, S. 160.
[28] Bode S. 23 f.; UB HHalb I, Nr. 261.
[29] Smalian Manuskript, S. 28.
[30] Jordan 1993, S. 206.
[31] Bode 1911, S. 46 f.
[32] Ibid., S. 47.
[33] Ibid., S. 51.
[34] Bege 1844, S. 139.
[35] Ballenstedt 1809, S. 2, zit. bei Pini, o. J.
[36] Kleinpaul 1915, zit. bei Smalian, Manuskript, S. 38.

181

Teil II (Seite 34–64)

1 Vgl. Braune 1997, S. 266 f.
2 UB HHalb I, 416.
3 Vgl. zu den Leibhörigen auch Abschnitt II.2.3.
4 Die folgenden Ausführungen zur Baugeschichte der Oberburg basieren auf einer Untersuchung der Arbeitsgruppe Altstadt Braunschweig aus den Jahren 1994/95.
5 Rode etwa folgt im Entwurf seiner Konzeption zur Geschichte des Geschlechts der Edelherren v. Warberg unter Hinweis auf Bahlow der zweiten Version. Rode 1995, S. 3.
6 Vgl. Arbeitsgruppe 1995, S. 2 ff, S. 50.
7 Vgl. ibid., S.5 f.
8 Vgl. ibid., S. 52 f.
9 Ibid., S. 5.
10 Vgl. ibid., S. 7.
11 Vgl. Abschnitt III.3.1.
12 Vgl. Pini o.J., S. 3.
13 Freytag von Loringhoven 1961. Tafel 72.
14 Vgl. Bege S. 145 f.
15 Hucker 1990, S. 181.
16 Vgl. UB Plesse Nr. 53.
17 Vgl. Hucker 1990, S. 180 f.
18 Vgl. Pischke Landesteilungen 1987, S. 15 f., 21 Fn 137. Die bei Oldenburg gelegene Wardenburg ist erst zu einem späteren Zeitpunkt entstanden.
19 Vgl. Bege 1844, S. 145.
20 Vgl. ibid.
21 Vgl. Zillmann 1975, S. 296.
22 Vgl. ibid., S. 301, Fn 2570; Berg 1943, S. 54; Bege 1844, S. 145 Fn 21.
23 Vgl. Zillmann 1975, S. 279, 301.
24 Vgl. Berg 1943 S. 54; Smalian Manuskript S. 40. Smalian verweist auf Grote 1870.
25 SUD I, 18.
26 Smalian Manuskript, S. 48.
27 Bode 1911, S. 53 f.
28 UB Plesse, Nr. 101; Riedel II 1, S. 16 f.
29 Vgl. Bege 1844, S.146.
30 UB Lüneburg. Bd. I, Nr. 67.
31 SUD I, Nr. 29.
32 Riedel I 24, S. 338.
33 Reg. Arch. Magdeburg II, S. 572, Nr. 1282.
34 Regesten der Papsturkunden, 1993, Nr. 412, UB HHi 2, Nr. 906, S. 57 f.
35 UB Braunschweig 2, S. 72 f.
36 SUD I, 16 (1238).
37 Bode 1911, Anhang.
38 Vgl. Bege 1844, S. 148; Berg 1943, S. 86.
39 StAWf 63 Urk Nr. 1.
40 Reg. Arch. Magdeburg III, S. 734.
41 UB Marienberg Nr. 119, 122; Reg Arch Magdeburg III, S. 740 f., UB Marienberg, Nr. 132.
42 UB Marienberg Nr. 101.

43 Berg 1943, S. 54.
44 Reg. Arch. Magdeburg III, S. 219, Nr. 580.
45 UB Marienberg, Nr. 121.
46 Reg. Arch. Magdeburg III, S. 94.
47 Ub Marienberg Nr. 119.
48 Ub Marienberg, Nr. 122.
49 Vgl. UB Marienberg, Register.
50 Vgl. Bege 1844, S. 148.
51 Vgl. ibid.
52 Vgl. Bode 1911, S. 56 f.
53 Vgl. Bode. 1911, S. 54, Bege 1844, S. 148.
54 UB Marienberg, Nr. 100.
55 UB Marienberg, Nr. 101.
56 UB Marienberg, Nr. 180, 181,182, 186, 204, 204; vgl. Bode 1911, S. 54 ff.
57 Vgl. Bode 1911, S. 58.
58 Ibid., S. 54.
59 Ibid.
60 Vgl. Bege 1844, S. 150, Smalian Manuskript, S. 439.
61 Bertram I, S. 297.
62 Vgl. Bege 1844, S. 152.
63 Berg nennt sie alle als Kinder Konrads. Berg 1943, S. 82 f.
64 StAWf, Urk.63, Nr. 31.
65 Reg. Arch. Magdeburg Bd. III, S. 346.
66 Berg 1943, S. 82 f.
67 Smalian Manuskript, S. 50.
68 Vgl. Bode 1911, S. 56.
69 StAWf VII A Hs 65 (Kopialbuch v. 1491) „B XIII".
70 StAWf VII A Hs 65 (Kopialbuch v. 1491) „F XXI".
71 Riedel A 17, S. 441 – 477.
72 SUD I, S. 170.
73 StAWf 63 Urk, Nr. 16.
74 Opgenoorth 1963, S. 46.
75 StAWf 63 Urk, Nr. 12.
76 StAWf 63 Urk, Nr. 10.
77 StAWf 63 Urk, Nr. 19.
78 StAWf 63 Urk, Nr. 18, 22.
79 Bertram 1896, S. 79.
80 DUB 1, Nr. 875 [Übertr. H.H.].
81 Vgl. III.2.1.
82 Meibom, Chron. Marienthalense, P. 253.
83 Vgl. Jordan 1979, S. 203.
84 Berg 1943, S. 55.
85 Vgl. ibid.
86 UB Marienberg, Nr. 184.
87 UB Marienberg, Nr. 200.
88 SUD II, Nr. 38 f., von Sudendorf den v. Wettbergen zugeordnet.
89 Vgl. Bege 1844, S. 166.
90 Vgl. Die Kunstdenkmale des Kreises Helmstedt, Smalian Manuskript, S. 65.
91 UB Marienberg, Register, S. 496.
92 Vgl. Berg 1943, S. 86.

[93] Berg 1943 , S. 56.
[94] Vgl. Smialan Manuskript, S. 112 a.
[95] Zedler 1747 Bd. 52, Sp. 2096.
[96] StAWf, 63 Urk, Nr. 55.
[97] Vgl. Berg 1943, S. 83.
[98] StAWf, 63 Urk Nr. 32 Vgl. Bege 1844, S. 161.

[99] SUD II, Nr. 213.
[100] SUD II, S. 199, Nr. 376.
[101] Bege 1844, S. 141; Meibom, Chron. archiep. Magdeburgense, P 342; ders. Chron. Riddagshusene, P. 350.
[102] SUD II, Nr. 563.
[103] Wehking/Wulf 1996 S. 66.

Teil III (Seite 65–103)

[1] SUD II, Nr. 563; vgl. Abschnitt 2.5.
[2] Vgl. Abschnitt II.2.3.
[3] StAWf, 63 Urk Nr. 5,6.
[4] StAWf, 63 Urk Nr. 35; vgl. Smialan Manuskript, S. 71.
[5] StAWf, 63 Urk Nr. 51.
[6] StAWf, 63 Urk Nr. 83.
[7] StAWf, 63 Urk Nr. 67.
[8] Vgl. Friedrich 1997, S. 16.
[9] StAWf, 63 Urk Nr. 5, 6.
[10] StAWf, VII A Hs 65 (Kopialbuch v. 1491), P. 81 u. Register.
[11] StAWf, 63 Urk Nr. 23.
[12] StAWf, 63 Urk Nr. 27.
[13] StAWf, 63 Urk Nr. 51.
[14] StAWf, 63 Urk Nr. 35.
[15] StAWf, 63 Urk Nr. 177 spricht ein halbes Jahrhundert später von einem Garten im Hagen.
[16] Pini Manuskript o.J., S. 3.
[17] StAWf, 63 Urk Nr. 132, 159.
[18] Voges, Theodor: aus dem Lande Braunschweig, Braunschweig 1895, S. 179.
[19] Krieger 1967, S. 94.
[20] Roloff 1952, S. 47 f.
[21] Vgl. 4 Alt 2 Warberg Nr. 3335.
[22] UB HHi VIII 1241.
[23] Vgl. Abschnitt 3.4.1.
[24] StAWf, 63 Urk Nr. 50.
[25] StAWf, 63 Urk Nr. 52, 53.
[26] StAWf, 63 Urk Nr. 56 – 59.
[27] StAWf, 63 Urk Nr. 66.
[28] StAWf, 63 Urk Nr. 72.
[29] StAWf, 63 Urk Nr. 75.
[30] StAWf, 63 Urk Nr. 78.
[31] StAWf, 63 Urk Nr. 85.
[32] Vgl. zum Folgenden Opgenoorth 1963, S. 40 ff und Hensel 1960.
[33] Hensel 1960, S. 282 f.
[34] Vgl. ibid., S. 288.
[35] SUD III 47.
[36] Hensel 1960, S. 290.
[37] Meibom in Letzner 1715, S. 64.
[38] Ibid. S. 65.
[39] Vgl. zu den folgenden Ausführungen Meier 1967, S. 346.
[40] StAWf, 63 Urk Nr. 31.
[41] Vgl. Berg 1943, S. 83; Smialan Manuskript S. 66.

[42] UB HHi 6, S. 154 f. Nr. 268.
[43] StAWf, 63 Urk Nr. 79.
[44] UB HHalb 4, Nr. 2722a.
[45] StAWf, 63 Urk Nr. 54.; StAWf, VII A Hs 65 (Kopialbuch v. 1491) „B II".
[46] StAWf, 63 Urk Nr. 60.
[47] StAWf, 63 Urk Nr. 89.
[48] StAWf, 63 Urk Nr. 82. Die Aufgabe des Kanonikats durch den Propst 1366 müßte überprüft werden, da sie dieser Darstellung entgegen steht.
[49] StAWf, 63 Urk Nr. 84.
[50] Berg 1943, S. 83.
[51] Vgl. Abschnitt 3.4.1.
[52] StAWf, 63 Urk Nr. 85 ff.; s.o.
[53] UB Marienberg Nr. 326.
[54] UB Marienberg 336, 341.
[55] SUD V, Nr. 221, 222.
[56] SUD VI, Nr. 141.
[57] SUD VI, Nr. 162.
[58] Vgl. Pischke 1987, S. 90 f.
[59] SUD VIII, Nr. 39, 178.
[60] SUD IX, Nr. 18,19.
[61] SUD IX, Nr. 47.
[62] Vgl. Riedel I. 10, S. 489; Smialan Manuskript, S. 79 a.
[63] Vgl. Bege 1844, S. 167.
[64] Berg 1943, S. 84.
[65] Schwarz, Register 1998, Nr. 1, 3.
[66] Vgl. Geschichte Niedersachsens Bd II.1, S. 784.
[67] SUD IX, Nr. 102.
[68] Schwarz, Register 1998, Nr. 182, 161; SUD X, S. 253, Nr. 109.
[69] SUD IX, Nr. 251.
[70] SUD X, Nr. 9, 10, 34, 38.
[71] SUD X, Nr. 45.
[72] Vgl. Geschichte Niedersachsens Bd. II.1, S. 789 f.
[73] Vgl. Bege 1944, S. 168; StAWf, VII A Hs 65, „K 9".
[74] Vgl. Abschnitt 3..4.1.
[75] Vgl. Böttcher 1913, S. 259 ff.
[76] Vgl. Pischke 1987, S. 97, 109.
[77] StAWf,, 63 Urk Nr. 101.
[78] Chroniken nieders. Städte: Braunschweig. Bd. 2; S. 35 (Aug. 1413).
[79] Ibid., S. 67 (März 1414), S. 71 (Sept. 1414).
[80] Vgl. Berg 1943, S. 84.

81 StAWf, 63 Urk Nr. 96.
82 Vgl. Bege 1844, S. 169 f.
83 StAWf, 63 Urk Nr. 112.
84 Vgl. zum Folgend. auch: Averkorn 1997, S. 37 f.
85 Vgl. Bege 1844, S. 167.
86 Ibid. S. 168 (Der gemeinte Ebf. kann nicht Erich gewesen sein, wie Bege behauptet.)
87 UB HHalb 4, Nr. 3186.
88 UB HHalb 4, Nr. 3283.
89 UB HHalb 4, Nr. 3240; UB Halb 2, 723.
90 Die Bischofsstadt Halberstadt, 1991, S. 16.
91 UB HHalb 4, Nr. 3259.
92 Böttcher 1913 S. 259 ff.
93 Ibid., S. 263, Leichenpredigt für Wolf Gebhard von Warberg (Früh Nr. 6999).
94 Vgl. zum Folgenden auch Averkorn 1997, S. 43 f.
95 Vgl. Schwarz 1994 S. 35.
96 Berg 1943, S. 84 ohne Beleg.
97 Böttcher 1913, S. 297.
98 Vgl. Berg 1943, S. 84.
99 Böttcher 1913, S. 298. Vergleiche auch zur folgenden Darstellung Böttcher 1913.
100 Ibid., S. 300 f.; UB HHalb. 2, Nr. 959: Reg.
101 Vgl. Böttcher 1913, S. 311.
102 Smalian Manuskript, S. 95.
103 Die Bischofsstadt Halberstadt, 1991, S. 19.
104 Berg 1943, S. 84.
105 UB Saldern II, Nr. 1696.
106 Vgl. Götting 1973, S. 373; UB Wallmoden S. 111/112.
107 StAWf, 63 Urk Nr. 228.
108 StAWf, 63 Urk Nr. 107.
109 StAWf, 63 Urk Nr. 115.
110 StAWf, 63 Urk Nr. 116.
111 StAWf, 63 Urk Nr. 119.
112 StAWf, 63 Urk Nr. 118, 121, 119, 122, 124.
113 StAWf, 63 Urk Nr. 125.
114 Freytag v. Loringhoven 1961 Stammtafel 72.
115 StAWf, 63 Urk Nr. 141, 142, 149, 153, 154, 162, 163, 164.
116 StAWf, 63 Urk Nr. 140, 159.
117 Geschichte Niedersachsens Bd. II.1, S. 793.
118 Vgl. Bege 1844, S. 171.
119 Vgl. Smalian Manuskript, S. 91.
120 StAWf, 63 Urk Nr. 131.
121 StAWf, 63 Urk Nr. 133.
122 Vgl. Abschnitt 3.4.2.
123 StAWf, VII A Hs 65 (Kopialbuch v. 1491), „G 20", Fol 91.
124 Vgl. Boettcher 1913, S. 300.
125 Berg 1943, S. 56; StAWf, 63 Urk Nr. 170, 171 (1453).
126 StAWf, VII A Hs 65 (Kopialbuch v. 1491), „G 20", Fol 91. Bei der im Kopialbuch angegebenen Jahreszahl 1476 handelt es sich um eine Verschreibung für 1456. Die im Text genannten Namen des Braunschweiger Herzogs Heinrich und des 1458 verstorbenen Halberstedter Bischofs Burchard von Warberg lassen keinen anderen Schluß zu.
127 StAWf, VII HS 65 Kopialbuch, Fol 91.
128 StAWf, 63 Urk Nr. 177.
129 StAWf, 63 Urk Nr. 178, 181.
130 StAWf, 63 Urk Nr. 179 ff.
131 Freytag v. Loringhoven 1961, Stammtafel 72.
132 UB Braunschweig I, S. 238 ff.
133 Mit dieser Auffassung befinden wir uns im Gegensatz zu Berg (1943, S. 85), der meint, daß Burchard seine Ehe mit einer Tochter aus dem Hause derer v. Veltheim erst 1470 eingegangen ist.
134 Stolberg'sche Leichenpredigtsammlung Nr. 22708.
135 StAWf, VII A Hs 65 (Kopialbuch v. 1491), „E III".
136 StAWf, VII A Hs 65 (Kopialbuch v. 1491), „E II".
137 Vgl. Pischke 1987.
138 Vgl. Täubrich 1991, S. 8.
139 UB HHi 7, S. 549 – 554, Nr. 850. Vgl. auch UB Plesse.
140 Die Interpretation Bergs (S. 85), der daraus ableitet, die Warberger Edelherren hätten eben keine eigene Herrschaft besessen, kann ich nicht nachvollziehen.
141 Braunschweigische Hist. Händel I. Teil, P 1030, 1054, 1058.
142 StAWf, 1 Alt Warberg I Nr. 1.
143 Deutsche Reichstagsakten Mittlere Reihe 5.1 S. 1156.
144 StAWf, 63 Urk Nr. 206.
145 StAWf, 63 Urk Nr. 223.
146 StAWf, 63 Urk Nr. 243.
147 StAWf, 63 Urk Nr. 223.
148 Smalian Manuskript S. 89; BuK Helmstedt S. 361.
149 StAWf, 63 Urk Nr. 226.
150 StAWf, 63 Urk Nr. 248.
151 StAWf, 63 Urk Nr. 237 (v. 8. Nov 1485) Vgl. auch 63 Urk 238.
152 Krusch 1893, S. 216.
153 Braunschweigische Händel I S. 294.
154 StAWf, VII A Hs 65 (Kopialbuch v. 1491).
155 StAWf, VII A Hs 65 (Kopialbuch v. 1491), Fol 8.
156 Hahne 1925, S. 239.
157 Vgl. Berg 1943, S. 85. Vgl. zu Margarethe: Mindermann 1996, S. 167.
158 Früh 1967 ff., Nr. 6999: Leichenpredigt für Wolf Gebhard von Warberg.
159 Bege 1844, S. 174.
160 Berg 1943, S. 85. Berg nennt keine Quelle.
161 UB Saldern 2, S. 322 f. Nr. 1809.
162 UB Saldern 2, Nr. 1914.
163 UB Saldern 2, Nr. 1853; UB Göttingen II, Nr. 378, S. 361.
164 Wedekind/Wulf 1996, S. 79, Ziff. 33; Smalian Manuskript, S. 108a.

Teil IV (Seite 104–145)

1 Hutten 1518. Zit in: Borst 1985, S. 174.
2 StAWf, 1 Alt 31 Warberg I Nr. 58: Inventar von 1612.
3 StAWf, VII A Hs 65, „G 29"
4 StAWf, 1 Alt 31 Warberg I Nr. 58: Inventar von 1612.
5 Behrens 1697, S. 24 f.
6 S.o.
7 StAWf, 1 Alt 31 Warberg I Nr. 58: Inventar von 1612, P. 63 (Tür vorm Kniebrecher)
8 StAWf, 1 Alt 31 Warberg I Nr. 58: Inventar von 1612.
9 StAWf, 1 Alt 31 Warberg I Nr. 58: Inventar von 1612.
10 Bege 1844, S.174. Ein Beleg fehlt.
11 StAWf, Urk 63 Nr. 257 ff.
12 UB Braunschweig I, S. 268, Nr. 118.
13 Vgl. Samse 1940, S. 28, 189.
14 StAWf, 4 Urk 1 Nr.2. Erneuert am 13.03. 1521 in StAWf, 4 Urk 1 Nr. 3.
15 Vgl. Smalian Manuskript, S.108 b.
16 Vgl. Kunstdenkmäler Helmstedt, S. 289.
17 UB Braunschweig I, S. 268, Nr. 118.
18 Deutsche Reichstagsakten Mittlere Reihe 5,1 T.2, S. 1156.
19 UB Saldern 2, Nr. 1853; UB Göttingen II, Nr. 378, S. 361.
20 Mengershausen 1831, S. 159.
21 Braunschweigische Händel, P. 232.
22 Täubrich 1991, S. 30 f.
23 Vgl. ibid. S. 30 Fn 41.
24 Vgl. Bege 1844, S. 175.
25 StAWf, 63 Urk Nr. 284.
26 StAWf, 1 Alt 31 Warberg II Nr. 21, P. 7 f.
27 StAWf, 63 Urk Nr. 278.
28 Wehking/Wulf, 1996, S. 79 Ziff 33.
29 StAWf, 63 Urk Nr. 299.
30 StAWf, 1 Alt 31 Warberg II Nr. 65.
31 Vgl. Wehking/Wulf 1996, S. 78, 79, 144.
32 StAWf 63 Urk Nr. 278.
33 StAWf 63 Urk Nr. 255.
34 Sello 1892, S. 82.
35 Vgl. Harenberg, dipl. hist Gand. Tafel XXXV Nr.; Vgl. Siebmacher Bd 21.
36 Vgl. Stolberg'sche Leichenpredigtsamm-lung, Nr. 22707 (Antonius v. W.), Nr. 22708 (Wolf Gebhard v. W.), Nr. 17988 (Marie v. W.).
37 Kurze Darstellungen dieser Auseinandersetzung finden sich u.a. bei Täubrich 1991, S. 40–76, Hartmann 1990, Brüdermann 1995/97.
38 Vgl. Behrens 1697, S. 25.
39 Vgl. Havemann II., S. 36, Fn3.
40 Vgl. Roßmann 1908, S. 322, 568.
41 Vgl. Täubrich 1991, S. 56 u. Fn 201.
42 Roßmann 1908, S. 398.
43 Vgl. Roßmann 1908, S. 454 f, 621.
44 Vgl. Roßmann 1908, S. 1105.
45 Täubrich 1991, S. 167.
46 Täubrich 1991, S. 99 u. ibid. Fn 156.
47 Vgl. Bege 1844, S. 175.
48 Riedel A 15, S. 521.
49 Vgl. Wehking/Wulf: 1996, S. 78.
50 Vgl. Bege 1844, S. 174.
51 Mohrmann 1995, S. 86.
52 Vgl. Täubrich 1991, S.186.
53 Bege 1844, S.175 bezieht sich u.a. auf Rehtmeiers Chronik II, S. 888; vgl. Berg S. 85.
54 Der Primogeniturvertrag ist u.a. abgedruckt in: Hortleder 4. Buch, 31. Kapitel S. 1622 – 1632.
55 UB Bovenden Nr. 621.
56 StAWf, 1 Alt 8 Nr. 75.
57 StAWf, 6 Alt 20, P. 31.
58 Vgl. Abschnitt 4.2.
59 SUD I, S.170/ 1318.
60 Vgl. z.B. Moderhack 1981, S. 18.
61 S.u.
62 Vgl. Mindermann 1996, S. 167.
63 Jacobs 1874, S. 20 f.
64 Ibid., S. 16.
65 Vgl. ibid. S. 19, 16, 46.
66 StAWf, 1 Alt 31 Warberg I Nr 1.
67 StAWf, 1 Alt 8 Nr. 75.
68 Riedel A 15, S. 521.
69 Riedel B 6, S. 408.
70 StAWf, Urk 63 Nr 298.
71 Leichenpredigt für Marie v. Plotho geb. v. Warberg: Stolberg'sche Leichenpredigtsammlung, Nr. 17988.
72 Vgl. Siebmacher Bd. 14 u. 19.
73 Vgl. Bege 1844, S. 175; StAWf, 63 Urk Nr. 304.
74 StAWf, 1 Alt 8 Nr. 92, P. 7.
75 Vgl. Mohrmann 1995, S. 88.
76 Vgl. Havemann II, S. 229.
77 Vgl. Spieß I, S. 78.
78 Vgl. ibid.
79 StAWf, 6 Alt 25.
80 StAWf, 1 Alt 8 Nr 75.
81 Vgl. Kaiser 1896, S. 166.
82 StAWf, 63 Urk Nr. 307.
83 Vgl. 1 Alt 31 Warberg I Nr. 3, P. 8 ff. (Supplikation der Gfin. v. W.).
84 Vgl. ibid., P. 22.
85 Vgl. u.a. StAWf, 1 Alt 31 Warberg I Nr. 3.
86 StAWf, 1 Alt 31 Warberg I Nr. 3 P 8 ff.
87 Vgl. Friedrich 1998, S. 14 f.
88 Brandis 1902, S. 66.
89 Grüter 1994, S. 245
90 StAWf, 6 Alt 20 Nr. 1256 - 1260.
91 StAWf, 1 Alt 31 Warberg I Nr. 3, P 8 ff.
92 S.o.

93 StAWf ,1 Alt 8 Nr. 92, P. 7.
94 Korrespondenz 4, Nr. 306.
95 StAWf, 1 Alt 31 Warberg I, P 33 ff.
96 StAWf, 1 Alt 31 Warberg I, P. 95 ff.
97 StABs, B III 1, 25-1 fol 513 ff.
98 StABs, A I Nr. 1495.
99 Braunschweigische Händel P. 473 f.
100 Vgl. Grüter 1994, S. 249.
101 StABs, B III 1 25 – 1 fol. 170 f.
102 Havemann 2, S. 265, Fn 3.
103 StAWf, 6 Alt 37, 38, 42.
104 Oldekop 1891, S. 292.
105 Korrespondenz 4, Nr. 627.
106 Korrespondenz 3, Nr. 906.
107 Riedel A IX, S. 305 f.
108 StAWf, 1Alt 8. Nr. 92 P. 12 ff.
109 Vgl. Born 1960, S. 27.
110 Schulte 1987, S. 484
111 Oldekop 1891, S. 314.
112 Korrespondenz 5 Nr. 429 a.
113 Oldekop 1891, S. 323.
114 StAWf, 1 Alt 8 Nr. 75.
115 Brandis 1902, S. 79.
116 StAWf 6 Alt 56.
117 Spieß 1966, S. 96.
118 Vgl. ibid.
119 Vgl. Oldekop 1891, S. 336 f.; Bertram II S. 184 f.
120 Brandis 1902, S. 84.
121 StAWf, 1 Alt 8 Nr 125, P 43 ff.
122 StAWf, 1 Alt 8 Nr 125, P 180.
123 StAWf. 1 Alt 8 Nr. 125, P. 82 – 91 (Gegenfragstücke); hier P 86, 88, 91.
124 StAWf 1 Alt 8 Nr. 92 P. 20 ff.
125 StAWf, 63 Urk 316.
126 StAWf, 1 Alt 31 Warberg I, Nr. 3, P 46 ff.
127 Vgl. Kraschewski 1978.

128 StAWf, 1 Alt 31 Warberg II Nr. 28.
129 StAWf, 63 Urk 31 Nr. 317.
130 Rehtmeiers Chronik I, S 962; Sack 1869, S. 77.
131 Vgl. Samse 1940, S. 248; StAWf, 1 Alt 31 Warberg I Nr. 17.
132 Vgl. Krusch 1894, S. 135, 137.
133 Vgl. Bege 1844, S. 177.
134 Vgl. zu diesen Angaben auch die Leichenpredigt für Maria. Die Tochter Elisabeth wird auch in StAWf, 1 Alt 31 Nr. 30, P. 110, 120 ff., u.a. einer Bittschrift vom 17.02. 1583 genannt.
135 StAWf, 1 Alt 31 Warberg I Nr. 4.
136 StAWf, 1 Alt 31 Warberg I Nr. 8.
137 Braunschweigische Händel I, S. 314.
138 Vgl. Bege 1844, 176.
139 Opgenoorth 1963, S. 189.
140 Vgl. ibid, S. 190.
141 Vgl. Smalian 1958, S. 4.
142 Vgl. Smalian 1958, S. 9.
143 StAWf, 63 Urk Nr. 323.
144 StAWf, 63 Urk Nr. 322 a.
145 StAWf, 63 Urk Nr. 321.
146 StAWf, 1 Alt 31 Warberg I Nr. 7, 9.
147 StAWf, 1 Alt 31 Warberg I Nr. 30, Brief vom 17. Febr. 1583.
148 Vgl. Samse 1940, S. 253, Nr. 83.
149 Vgl. Bodemann 1890, S. 186, 190 f.
150 StAWf, 1 Alt 31 Warberg I Nr. 17.
151 Vgl. Kunstdenkmäler Helmstedt S. 289. Eine Kreditaufnahme läßt ihn allerdings noch am 16. April 1582 am Leben sein. Vgl. oben StAWf 63 Urk Nr. 322 a. Welche der Angaben falsch ist, läßt sich derzeit nicht klären. Das Epitaph läßt heute zumindest die Datierung nicht mehr erkennen.

Teil V (Seite 146–176)

1 Görges/Spehr 1881, S. 284 f.
2 Kronenberg 1962, S. 32.
3 Vgl. Götting 1973, S. 344.
4 Ibid., S. 131.
5 Ibid., S. 344.
6 Ibid., S. 345. Eine Beschreibung der Untersuchung findet sich auch bei dem Hildesheimer Bürgermeister Brandis, der ein Augenzeuge war. (Brandis 1902, S, 251 f.)
7 Kronenberg 1962, S. 33 f.
8 StAWf, 11 Alt Gand. Fb. 1, III, 11. Zit nach Kronenberg 1962, S. 36.
9 Kronenberg 1962, S. 36.
10 Götting 1973, S. 344 f.
11 StAWf, 1 Alt 31 Warberg I Nr. 58 (Inv. 1612).
12 Vgl. Abschnitt 4.4
13 Vgl. Album Academiae Helmstadiensis 1926, S. 37, Nr. 120 (1582)
14 Vgl. ibid.

15 StAWf, 1 Alt 31 Warberg I, Nr. 30, P. 45.
16 StAWf, 1 Alt 31 Warberg I, Nr. 30, P. 120 ff.
17 StAWf, 1 Alt 31 Warberg I, Nr. 30, P. 216 – 225.
18 StAWf, 1 Alt 31 Warberg I, Nr. 30, P. 216.
19 StAWf, 1 Alt 31 Warberg I, Nr. 30, P. 142.
20 StAWf 63 Urk Nr. 325.
21 StAWf 63 Urk Nr. 324.
22 Vgl. Bege 1844, S. 177.
23 Vgl. ibid.
24 Vgl. ibid.
25 StAWf, 63 Urk Nr. 326.
26 Vgl. Opgenoorth 1963, S. 192; Kleinau 1967, S. 610.
27 StAWf, 63 Urk Nr. 329.
28 StAWf, 63 Urk Nr. 328; vgl. StAWf, 1 Alt 31 Warberg I Nr. 30 P. 142.
29 StAWf, 1 Alt 31 Warberg I, Nr. 58 (Inventar 1612).

[30] Leichenpredigt für Antonius d. J. von Warberg: Stolberg'sche Leichenpredigtsammlung Bd IV, 2. Teil Leipzig 1935, Nr. 22707

[31] Merian 1654.

[32] StAWf, 1 Alt Warberg I Nr. 30 P. 216 – 225, (Inventar v. 1583); StAWf, 1 Alt Warberg I Nr. 58 (Inventar v. 1612); StAWf, 2 Alt 4837 (Inventar v. 1645). Die folgenden Ausführungen spiegeln den derzeitigen Wissensstand wider. Eine bauhistorische Untersuchung ist für den Bereich der Unterburg bislang nicht erfolgt. Erst eine solche Untersuchung der heute noch vorhandenen architektonischen Überreste aus der Zeit vor 1650, könnte die Richtigkeit der Ausführungen zu diesem Bereich der Burg allen Zweifeln entreißen.

[33] StAWf, 4 Alt 2 Warberg Nr. 3366 (Inventar v. 1659).

[34] StAWf, 1 Alt Warberg I Nr. 58 (Inventar v. 1612).

[35] StAWf, 2 Alt 4837 (Inventar v. 1645).

[36] StAWf, 4 Alt 6 Nr. 2155 (Bericht vom 13. Juni 1655).

[37] Brandis 1902, S. 505

[38] Rode, Manuskript, S. 111.

[39] Müller/Baumann 1988, S. 162 f.

[40] Müller 1987, S. 99 ff.

[41] Hartmann 1997, S. 82.

[42] Krieger 1967, S. 97 f.

[43] Ibid.

[44] Müller/Baumann 1988, S. 264 f.

[45] Ibid., S. 126.

[46] Ibid.

[47] Ibid.

[48] Ibid. S. 162.

[49] Vgl. StAWf, Urk 63 Nr. 333.

[50] StAWf, Urk 63 Nr. 332.

[51] StAWf, Urk 63 Nr. 335a.

[52] StAWf, Urk 63 Nr. 336.

[53] StAWf, Urk 63 Nr. 338.

[54] StAWf, Urk 63 Nr. 338, 339.

[55] Vgl. Berg 1943, S. 87. Buk Helmstedt, S. 290.

[56] Leichenpredigtsammlung des Stadtarchivs Braunschweig: Nr. 1757 Dr. Heinrich Gebhard genannt Wesener.

[57] Berg 1943, S. 87.

[58] Vgl. Bege 1844, S.142, 177 f.

[59] StAWf, Urk 63 Nr. 344.

[60] Ibid. Vgl. Smalian Manuskript S. 139.

[61] Vgl. Smalian Manuskript S. 149 a.

[62] Smalian Manuskript S. 150.

[63] Abgedruckt in: Braunschweig / Brunswiek S. 420 f.

[64] Leichenpredigt für Wolf Gebhard von Warberg: Stolberg'sche Leichenpredigtsammlung Bd IV, 2. Teil Leipzig 1935, Nr. 22708; vgl. Roth Leichenpredigten R 6326.

[65] Roth Leichenpredigten R 6326.

[66] Ibid.

[67] StAWf 4 Alt 2 Warberg 3365 (Teilungsvorschlag von 1540).

[68] Warberger Kirchenbuch zitiert bei Smalian Manuskript, S. 150. Das von Bege (Bege 1844, S. 142) angegebene Sterbedatum dieses Sohnes (16.02.1672) ist anscheinend das Ergebnis einer Verwechslung mit der Überführung seines Vaters nach Warberg.

[69] Vgl. Bege 1844, S. 142; Rode Manuskript, S. 104. Für die Aussagen über Beta Catarina fehlen Belege.

[70] Vgl. Die Kunstdenkmale des Kreises Helmstedt., S. 245.

[71] Smalian Manuskript, S. 141.

Ausblick (Seite 177 – 179)

[1] StAWf, 4 Alt 2 Warberg Nr. 3366.

Abkürzungen

DUB	Urkundenbuch der Stadt Hildesheim
Korrespondenz	Politische Korrespondenz des Herzogs und Kurfürsten Moritz von Sachsen
StABs	Stadtarchiv Braunschweig
StAHi	Stadtarchiv Hildesheim
StAWf	Staatsarchiv Wolfenbüttel
SUD	Urkundenbuch zur Geschichte der Herzöge von Braunschweig und Lüneburg
UB	Urkundenbuch
UB H Hi	Urkundenbuch des Hochstifts Hildesheim
UB H Halb	Urkundenbuch des Hochstifts Halberstadt

Literatur

Arbeitsgruppe Altstadt [= Haupt, D., Schuhmacher, M.]: Burg Warberg – Oberburg. Bauhistorische Untersuchung und Schadenskartierung – Teil 1 - . Braunschweig/Warberg 1995.

Arbeitsgruppe der Universität Braunschweig [= Diepelt, E. u.a.]: Wasserburg Warberg. Turm u. erhaltener Teil des Herrenhauses. Aufgemessen im August und September 1962. Braunschweig 1962.

Averkorn, Raphaela: Die Bischöfe von Halberstadt in ihrem kirchlichen und politischen Wirken und ihre Beziehung zur Stadt von den Anfängen bis zur Reformation. In: Berg, Dieter [Hg.]: Bürger, Bettelmönche und Bischöfe in Halberstadt. Werl 1997, S. 1 – 79.

Ballenstedt, Johann Georg: Geschichte der Stadt Schöningen und ihrer umliegenden Gegend. Schöningen 1809.

Bege, Carl: Geschichten einiger der berühmtesten Burgen und Familien des Herzogthums Braunschweig. Wolfenbüttel 1844,

Berg, Arnold, Die Herren von Werberg. Archiv für Sippenforschung. 20. Jg. 1943, Heft 3/4, S. 53 – 56, 82 – 87.

Bertram, Adolf: Die Bischöfe von Hildesheim. Hildesheim 1896.

Ders.: Geschichte des Bisthums Hildesheim. 3 Bde. Hildesheim u.a. 1899, 1916, 1925.

Bode, Georg: Herkunft und Heimat Gunzelins von Hagen des ersten Grafen von Schwerin. (Quellen und Forschungen zur Braunschweigischen Geschichte 2) Wolfenbüttel 1911, S. 1 – 76.

Bodemann, Eduard: Die Verheiratung der Prinzessin Sophie Hedwig von Braunschweig-Wolfenbüttel 1577 und deren Briefwechsel mit ihrem Vater, dem Herzog Julius 1577 – 1585. In: ZHVN 1890, S. 181 – 216.

Boettcher, Wilhelm: Neue Halberstädter Chronik von der Gründung des Bistums i. J. 804 bis zur Gegenwart, Halberstadt 1913.

v. Boetticher, Manfred, van den Heuvel, Christine [Hg.]: Geschichte Niedersachsens. Bd. 3. Teil 1. Politik, Wirtschaft und Gesellschaft von der Reformation bis zum Beginn des 19. Jahrhunderts. Hannover 1998.

v. Boetticher, Annette: Gütererwerb und Wirtschaftsführung des Zisterzienserklosters Riddagshausen bei Braunschweig im Mittelalter. Braunschweig 1990.

Born, Karl Erich: Moritz von Sachsen und die Fürstenverschwörung gegen Karl V. In: HZ 191. 1960, S. 18 – 66.

Borst, Arno: Lebensformen im Mittelalter. Frankfurt, Berlin, Wien 1985.

Braune, Michael: Warberg, die „Neue Burg". In: Führer zu archäologischen Denkmälern in Deutschland. Das Braunschweiger Land. Nr. 34. Stuttgart 1997, S. 264 – 267.

Brüdermann, Stefan: Chorographia der Hildesheimischen Stiftsfehde von Johannes Krabbe 1591. Landesvermessung und Geobasisinformation Niedersachsen und Niedersächsisches Hauptstaatsarchiv Hannover [Hg.]. Hannover1995/97.

Bürger, Bettelmönche und Bischöfe in Halberstadt. Berg, Dieter [Hg.]. Werl 1997.

Die Kunstdenkmale des Kreises Helmstedt. Bearb. Von P. J. Meier (= Kunstdenkmälerinventare Niedersachsens Bd. 6)

Deeters, W.: Findbuch zum Bestand Reichskammergericht und Reichshofrat 1489 – 1806 (6 Alt). (Veröffentlichungen der Niedersächsischen Archivverwaltung: Inventare und kleinere Schriften des Staatsarchivs in Wolfenbüttel 2). Göttingen 1981.

Ebhard, Bodo: Der Wehrbau Europas im Mittelalter. 3 Bde. Würzburg 1998.

Fenske, Lutz: Zur Geschichte der Grafen von Regenstein vom 12. bis zur Mitte des 14. Jahrhunderts. In: Harz-Zeitschrift 45. Jg. Teil I (= 126. Jahrgang der Zeitschrift des Harz-Vereins für Geschichte und Altertumskunde. Teil 1) Braunschweig1993, S. 7 – 34.

Freytag v. Loringhoven, Frank Baron: Europäische Stammtafeln. Stammtafeln zur Geschichte der europäischen Staaten. Band IV. Marburg 1961.

Früh, Gustav u.a.: Die Leichenpredigten des Stadtarchivs Braunschweig. 10 Bde. Hannover 1976 – 1990.

Friedrich, Verena: Burg Warberg. Passau 1997.

Dies.: Die obere Burg zu Warberg – ein Zeugnis ostfälischer Adelskultur der Renaissance. Versuch einer kunsthistorischen Einordnung. Vortragsmanuskript. 1998.

Gittel, Udo: Die Aktivitäten des Niedersächsischen Reichskreises in den Sektoren „Friedenssicherung" und „Policey" (1555 – 1682). Hannover 1996.

Görges, Wilhelm, Spehr, Ferdinand: Vaterländische Geschichten und Denkwürdigkeiten der Lande Braunschweig und Hannover. Bd. 1. Braunschweig 1881.

Görges, Wilhelm, Spehr, Ferdinand, Fuhse, Franz: Vaterländische Geschichten und Denkwürdigkeiten der Lande Braunschweig und Hannover. Bd. 1. Braunschweig 1925.

Goetting, H.: Das Bistum Hildesheim I. Das reichsunmittelbare Kanonissenstift Gandersheim. Berlin u.a. 1973.

Grüter, Maria Elisabeth. „Getruwer Her, Getruwer Knecht". Zur Politik der Stadt Braunschweig im Spannungsfeld von Kaiser, Reich und Landesfürst in der Mitte des 16. Jahrhunderts. In: Sicken, Bernhard (Hrsg.): Städteforschung A 35: Herrschaft und Verfassungsstrukturen im Nordwesten des Reichs. Köln 1994.

Hahne, O.: Ordensritterburgen und Adelssitze am Elm. In: Görges, Wilhelm, Spehr, Ferdinand, Fuhse, Franz: Vaterländische Geschichten und Denkwürdigkeiten der Lande Braunschweig und Hannover. Bd. 1. Braunschweig 1925. S. 232 – 242.

Hartmann, Hans: Die Hildesheimer Stiftsfehde 1519 – 1523. Kleiner Ausstellungskatalog. Hildesheim 1990.

Ders., u.a.: Ochtersum. Vom Stiftsdorf zum Stadtteil. Ein Beitrag zur Entwicklungsgeschichte des Umlandes der Stadt Hildesheim. Hildesheim 1997.

Hassebrauk, Gustav: Heinrich der Jüngere und die Stadt Braunschweig 1514 – 1568. In: Jahrbuch des Geschichtsvereins für das Herzogtum Braunschweig 5. 1906, S. 1 – 61.

Hassel, G. Bege, K.: Geographisch=statistische Beschreibung der Fürstenthümer Wolfenbüttel und Blankenburg.

Havemann, Wilhelm: Geschichte der Lande Braunschweig und Lüneburg. 3 Bde. Göttingen 1855 – 57.

v. Heinemann, Otto: Geschichte Braunschweigs und Hannovers 3 Bde. Braunschweig 1884 – 1892. (Nachdruck Hannover 1974).

Hensel, Wilhelm: Hermann von Werberg. Studie über sein Leben und sein Wirken in der Mark Brandenburg. In: Neuköllner Heimatverein e.V. Mitteilungsblatt. Nr. 18. Berlin-Neukölln 1960, S. 281 – 293.

Heine, Hans-Wilhelm: Burgen der salischen Zeit in Niedersachsen. Ein Überblick. In: Böhme, H.W. (Hrsg.) Burgen der Salierzeit. Teil 1: In den nördlichen Gebieten des Reiches. Römisch-Germanisches Zentralmuseum, Monographien, Bd. 25. Sigmaringen 1991, S. 45 – 47.

Ders.: Warberg, die „Alte Burg" im Elm. In: Führer zu archäologischen Denkmälern in Deutschland. Das Braunschweiger Land. Nr. 34. Stuttgart 1997, S. 259 – 264.

Heinrich der Löwe und seine Zeit. Herrschaft und Repräsentation der Welfen 1125 – 1235. Katalog der Ausstellung Braunschweig 1995. Luckhardt. J., Niehoff, F. (Hg.), Biegel, G. (Bd. 3), Bd. 1–5 München 1995.

Hucker, Bernd Ulrich: Friedrich II. von Sommerschenburg, Pfalzgraf von Sachsen, Reichsfürst und Klostergründer. In: Römer, Christof (Hg.): Das Zisterzienserkloster Marienthal bei Helmstedt, München 1989, S. 114 – 126.

Ders.: Kaiser Otto IV, Hannover 1990.

Jacobs, Ed.: Die Stolbergische Hochzeit zu Wernigerode im Juni 1541. In: ZdHzV Bd. 7, 1874, S. 1 – 50.

Ders.: Die Plünderung des Klosters zur Klus durch die v. Warberg im markgräflichen Kriege 1553. In: ZdHzV Bd. 11 S. 482 – 486.

Ders.: Herzog Julius als Student und gehuldigter Regent. In: ZdHzV Bd.2 Teil 4, S. 40 – 94.

Jordan, Karl: Heinrich der Löwe. München 1995.

Kayser, Karl: Die reformatorischen Kirchenvisitatonen in den welfischen Landen 1542 – 44. Göttingen 1896.

Koken, Hermann: Die Braunschweiger Landstände um die Wende des 16. Jahrhunderts unter den Herzögen Julius und Heinrich Julius 1568 – 1613 im Herzogtum Braunschweig-Wolfenbüttel. [Diss.] Braunschweig 1914.

Kleinau, Hermann: Geschichtliches Ortsnamensverzeichnis des Landes Braunschweig. Hildesheim 1967.

Kleinpaul, Johannes: Wie unsere Vorfahren Besitz ergriffen. In: Der Grenzbote Nr. 29, 1915.

Kraschewski, Hans-Joachim: Wirtschaftspolitik im deutschen Territorialstaat des 16. Jh. Herzog Julius von Braunschweig-Wolfenbüttel (1528 – 1589). Köln/Wien 1978.

Krieger, Heinz-Bruno: Elmsagen. Ein Beitrag zur Volkskunde des Elmgebietes. Braunschweig-Schöppenstedt 1967.

Kronenberg, Kurt: Verfallene Ritterburgen um Gandersheim. Bad Gandersheim 1962.

Ders.: Die Reformation des Reichsstiftes Gandersheim durch Herzog Julius. In: Jb. d. Ges. f. Nds. KiGesch. 66 (1968), S. 81 – 106.

Krusch, Bruno: Die Entwicklung der Herzoglich Braunschweigischen Centralbehörden, Canzler, Hofgericht und Consistorium bis zum Jahre 1584. In: Zs. d. Hist. V. f. Nds. 1893, S. 201 – 315, u. 1894, S. 39 – 179.

Krumwiede, Hans-Walter: Zur Entstehung des landesherrlichen Kirchenregiments in Kursachsen und Braunschweig-Wolfenbüttel. (Studien zur Kirchengeschichte Niedersachsens 16) 1967.

Kurd, Gustav C.: Deutsche Studenten in Bologna 1289 – 1562. O.O. 1899.

Lange, Ulrich: Landtagsausschüsse in Braunschweig-Wolfenbüttel. Moderne Formen landständischer Repräsentation im 16. Jahrhundert. In: Braunschweiger Jahrbuch 65, 1984, S. 79 – 97.

Lübbing, Herman, Mundhenke, Hubert: Deutscher Planungsatlas. Band II Niedersachsen und Bremen. 0.0.1961.

Matthes, Dieter: Der braunschweigische Primogeniturvertrag von 1535 und die Gefangenschaft Herzog Wilhelms. In: Braunschweiger Jahrbuch 47, 1966, S. 5 – 51.

Meier, Rudolf: Die Domkapitel zu Goslar und Halberstadt in ihrer persönlichen Zusammensetzung im Mittelalter (mit Beiträgen über die Standesverhältnisse der bis zum Jahre 1200 nachweisbaren Hildesheimer Domherren). Göttingen 1967.

Mindermann, Arend: Adel in der Stadt des Spätmittelalters. Göttingen und Stade 1300 bis 1600. Bielefeld 1996.

Moderhack, Richard: Abriß der Braunschweiger Stadtgeschiche. In: Festschrift zur Ausstellung Brunswiek 1031. – Braunschweig 1981. Spies, Gerd [Hg.] Braunschweig 1981, S. 1 – 58.

Mohrmann, Wolf-Dieter: Vater-Sohn-Konflikt und Staatsnotwendigkeit. Zur Auseinandersetzung zwischen den Herzögen Heinrich d. J. und Julius von Braunschweig-Wolfenbüttel. In: Brsg. Jb. Bd. 76 (1995), S. 63 – 100.

Ders.: Braunschweig. Die Stadt, der Fürst und das Reich im 16. Jahrhundert. In: Brunswiek 1031 Braunschweig 1981.Folgeband zur Festschrift. Braunschweig 1981. S. 61 – 71.

Moll, Margarete: Die Ritterbürtigen im Braunschweiger Lande. In: Zeitschrift des Historischen Vereins Niedersachsen. 80. Jg., 1915, S. 216 – 228.

Montz, Georg: Die Matrikel der Universität Jena. Bd. I. 1548 bis 1652, Jena 1944.

Müldner, Gundula: Die Alte Burg Warberg im Elm, Ldkr. Helmstedt. Magisterarbeit vorgelegt der Philosophischen Fakultät der Rheinischen Friedrich-Wilhelms-Universität zu Bonn. 1999.

Müller, Werner, Baumann, Günther E.H.: Kreuzsteine und Steinkreuze in Niedersachsen, Bremen und Hamburg. Hameln 1988.

Neukirch, Albert: Der niedersächsische Kreis und die Kreisverfassung bis 1542. Leipzig 1909.

„Die Bischofsstadt Halberstadt vor 500 Jahren" – Informationen zur Sonderausstellung – In: Nordharzer Jahrbuch Bd. XVI. Halberstadt 1991.

Oelschlegel, Günter: Die Neue Burg Warberg. In: Berichte zur Dekmalspflege in Niedersachsen. Heft 3. 1999, S. 133 f.

Opgenoorth, Ernst: Die Ballei Brandenburg des Johanniterordens im Zeitalter der Reformation und Gegenreformation. Würzburg, 1963.

Pape, August: Topographischer Atlas des Königreichs Hannover u. Herzogtums Braunschweig. Hannover 1842/43. Nachdruck: Landesvermessung und Geobasisinformation Niedersachsen, o. O., o. J.

Patze, Hans: Die welfischen Territorien im 14. Jahrhundert. In: Der deutsche Territorienstaat im 14. Jahrhundert (Vorträge und Forschungen 14). 1971, II, S. 7 – 99.

Ders.: Geschichte Niedersachsens. Bd.1. Grundlagen und Frühes Mittelalter. Hildesheim 1981.

Patze, Hans: Die Burgen im deutschen Sprachraum. 2 Bde. (Vorträge und Forschungen 19) Sigmaringen 1976.

Petke, Wolfgang: Kanzlei, Kapelle und königliche Kurie unter Lothar III. (1125 – 1137) Köln 1985.

Pischke, Gudrun: Die Landesteilungen der Welfen im Mittelalter. Hildesheim 1987.

Puhle, M.: Die politischen Beziehungen zwischen dem Braunschweiger Hof und dem Erzbistum Magdeburg zur Zeit Heinrichs des Löwen und Ottos IV. In: Heinrich der Löwe und seine Zeit. Herrschaft und Repräsentation der Welfen 1125 – 1235. Katalog der Ausstellung Braunschweig 1995. Bd. 2, S. 149 – 158.

Raabe, Christiane: Die frühe Besitz- und Wirtschaftsgeschichte des Klosters Mariental. In: Römer, Christof (Hrsg.): Das Zisterzienserkloster Mariental bei Helmstedt, München1989, S. 127 – 136.

Dies.: Die Äbte von Mariental. In: Braunschweiger Jahrbuch 78, 1997, S. 35 – 63.

Römer, Christof: Wolfenbüttel und Halberstadt unter Herzog Heinrich Julius im Rahmen der mitteleuropäischen Konstellationen 1566 – 1613. In: Brosius, D., Last M. (Hrsg): Beiträge zur Niedersächsischen Landesgeschichte. Hildesheim 1984.

Ders.: (Hrsg.): Das Zisterzienserkloster Mariental bei Helmstedt. München 1989.

Ders.: Warberg – Die Turmburg im Rahmen der Baugeschichte. Quellen und historisches Umfeld. [Unv. Ms.] Braunschweig 1995.

Roloff, E. A.: Warberg und die Herren von Warberg. In: Unser Elm. 1952. Ein Jahresweiser für das Asse-, Elm- und Lappwaldgebiet. Ohlendorf, Heinz (Hrsg.) Schöppenstedt-Braunschweig 1952, S. 45 – 48.

Samse, Helmut: Die Zentralverwaltung in den südwelfischen Landen vom 15. bis zum 17. Jahrhundert (Quellen und Darstellungen zur Geschichte Niedersachsens, Band 49), Hildesheim u. Leipzig 1940.

Schäfer, Dieter: Das Pädagogium illustre in Gandersheim. In: Jb d. Ges. f. Nds. Ki. Gesch. 64 (1966), S. 97 – 128.

Schrader, Franz: Anhalt. In: Schindling, A., Ziegler, W. [Hg.]: Die Territorien des Reichs im Zeitalter der Reformation und der Konfessionalisierung. 2. Der Nordosten. Münster 1993, S. 88 – 101.

Schubert, Ernst [Hrsg.]: Geschichte Niedersachsens. Band 2 Teil 1. Politik, Verfassung, Wirtschaft vom 9. bis zum ausgehenden 15. Jahrhundert. Hannover 1997.

Schulte, Guenther: Niederdeutsche Hansestädte in der Spätzeit Kaiser Karl V. Bündische Städtepolitik zwischen Schmalkaldischem Krieg und Passauer Vertrag. Münster 1987.

Schultz, Hans-Adolf: Die Burgen zu Warberg. Burgen und Schlösser des Braunschweiger Landes. Braunschweig 1962.

Ders.: Erster Bericht über die Ausgrabungen der Burg Warberg 1962/63. In: Braunschweiger Jahrbuch 45 (1964), S. 14 – 28.

Ders.: Grabungen auf der Burg Warberg (Elm). Nachrichten aus Niedersachsens Urgeschichte 34. 1965 a, S. 126 f.[a]

Ders.: Die Keramik der Burg Warberg im Elm, Kreis Helmstedt. Neuere Ausgrabungen und Forschungen in Niedersachsen 2. 1965, S. 253 – 260.[b]

Ders.: Burgen und Schlösser des Braunschweiger Landes. Braunschweig 1980.

Schwarz Ulrich: Ludolf Quirre In: Braunschweiger Jahrbuch (1994).

Sello, Georg: Das oldenburgische Wappen. In: Jb. f. d. Gesch. d. Herzogtums Oldenburg 1 (1892), S. 56 – 100.

Sicken, Bernhard [Hg.]: Herrschaft und Verfassungsstrukturen im Nordwesten des Reiches. Köln u.a. 1994.

Spier, Heinrich: Harzburg Regesten 3. Teil. In: ZdHzV. 29. Jg. Goslar 1974

J. Siebmacher's großes Wappenbuch. Reprografischer Nachdruck. Neustadt a.d. Aisch 1972 ff. Bde. 6, 14, 19, 21.

Smalian, Friedrich: Warberger Heimatbuch. Unveröffentlichtes Manuskript, o.O., o.D.

Ders.: 400 Jahre evangelische Kirchengemeinde zu Warberg. Warberg 1958 [vervielfältigtes Manuskript].

Spieß, Werner: Braunschweig im Nachmittelalter. 1. Halbband. Braunschweig 1966.

Strauß, Ulrike. Das ehemalige Augustinerchorfrauenstift Marienberg bei Helmstedt. Beiträge zu seiner Geschichte bis zur Reformation (Beihefte zum Braunschweiger Jahrbuch Bd. 1).Wolfenbüttel 1983.

Streich, Gerhard: Klöster, Stifte und Kommenden in Niedersachsen vor der Reformation. Hildesheim 1986.

Täubrich, Rainer: Herzog Heinrich der Jüngere von Braunschweig-Wolfenbüttel (1489-1568). Leben und Politik bis zum Primogeniturvertrag von 1535. Braunschweig 1991.

Voges, Theodor: Sagen aus dem Lande Braunschweig. Braunschweig 1895.

Wehking, Sabine, Wulf, Christine: Die Inschriften und Grafitti des Klosters Mariental. In: Braunschweiger Jahrbuch 77 (1996). S. 47 – 150.

Zedler, Johann Heinrich: Großes vollständiges Universallexikon. Bd. 1 – 61. Halle Leipzig 1732 – 1754. Nachdr. Graz 1961 – 64.

Zillmann, Sigurd: Die welfische Territorialpolitik im 13. Jahrhundert (1218 – 1267). Braunschweig 1975.

Gedruckte Quellen:

Behrens, Conrad Barthold: Beschreibung des hochwohlgebohrnen Hauses der Herren von Steinberg. Von neuen kürtzlich zusammen getragen und nebst einem Anhang anderer vornehmer adelicher Stammregister zu fernerer Außführung vorgestellt. Hannover und Wolfenbüttel 1697.

Joachim Brandis' des Jüngeren Diarium ergänzt aus Tilo Brandis' Annalen 1528 – 1609. Buhlers, M. [Hg.]. Hildesheim1902. (Nachdruck Hildesheim 1994).

Henning Brandis Diarium. Hildesheimische Geschichten aus den Jahren 1471 – 1528. Haenselmann, Ludwig [Hg.]. Hildesheim 1896. (Nachdruck Hildesheim 1994).

Braunschweigische Händel [Kurztitel]: Außführlicher warhaffter Historischer Bericht/ die Fürstliche Land und Erbstadt Braunschweig/ auch der Herzogen zu Braunschweig und Lüneburg Wolffenbüttelschen Theile darüber habende Landesfürstliche Hoch: Obrig: und Gerechtigkeit ... betreffend. (4 Bde) 1608.

Codex diplomaticus brandenburgensis. Riedel, Adolf Friedrich u.a. [Hg.]. Berlin 1838 – 63.

Die Chroniken der niedersächsischen Städte. Braunschweig. Bd. 1, 2, 3.1 Historische Kommission bei der Bayrischen Akademie der Wissenschaften [Hg.]Leipzig, Stuttgart 1868, 80, 1928.

Heinrici Meibomii Chronicon archiepisiopi Magdeburgense, ed. H. Meibom jun.. Rerum Germanicarum tomi III, tom II. Helmstedt 1688, P. 269 – 371.

Conradi Bothonis Chronicon Brunsvicensium Pictoratum. Dialecto Saxonica Conscriptum, cur. G.W. Leipnitz. Scriptorum Brunsviesia Illustratum, Tom III. Hannover 1711, P. 277 – 425.

Chroncon Pricipum Brunsvicesiu Rhytmicum. Braunschweigische Reimchroni. Weiland, L. [Hg.]. In: MGH Deutsche Chroniken II. Hannoer 1877, S. 430 – 574.

Heinrici Meibomii Chronicon Marienthalense, ed H. Meibom jun., Rerum Germanicarum tomi III, tom III. Helmstedt 1688 P. 245 – 286.

Heinrci Meibomii Chronicon Riddagshusene, ed H. Meibom jun., Rerum Germanicarum tomi III, tom III. Helmstedt 1688. P. 335 – 438.

Chronicon Hildesheimense. MGH SS Tom VII.

Deutsche Reichstagsakten. Mittlere Reihe. 5,1 T.2. Göttingen 1981.

Gesta archiepiscoporum Magdeburgensium In: MGH SS Tom XIV.

Hortleder, Friedrich: Der Römischen Kayser ... Handlungen. 3 Bde. Gotha 1645.

Lenz: Historische Abhandlung von den edlen Herren von Warberge. In: Hannoverische Gelehrte Anzeigen vom Jahre 1751, 37. und 38. Stück, S. 471 – 484.

Lentzen, S.: Diplomatische Stifts- und Landeshistorie von Magdeburg. Cöthen, Dessau 1756.

Ders.: Diplomatische Stifts- und Landeshistorie von Halberstadt. Halle 1749.

Letzner, Johann: Kurze ... Beschreibung des ... Stifftes Königs-Lutter .... Wolfenbüttel 1715.

Mengershausen, Hans: Hans von Mengershausen, einer von den nach Herzog Otto Cocles Niederlegung des Regiments den Johann von Falkenberg durch die Stände beigeordneten Midlandvoegten, nebst einige von diesem Manne aufgezeichnete Notizen. In: Vaterländisches Archiv, 1831, Heft 3.

Merian, M.: Topographia und eigentliche Beschreibung der vornembsten Städe, Schlösser auch anderer Plätze und Örter in den Herzogthümer Braunschweig und Lüneburg und denen dazu gehörende Graffschafften, Herschafften und Landen. 1654.

Chronik des Johann Oldekop. Eulig, K. [Hg.]. Tübingen 1891.

Politische Korrespondenz des Herzogs und Kurfürsten Moritz v. Sachsen. Bd. 1 – 5. Wartenberg, G., Hermann, J. [Hg.]. Berlin, Leipzig 1978 ff.

Pomarius, J.: Cronica der Sachsen und Niedersachsen. Wittenberg 1558.

Regesten der in Niedersachsen und Bremen überlieferten Papsturkunden 1198 – 1503. Schwarz, Brigide [Bearb.]. Hannover 1993.

Regesta archiepiscopatus Magdeburgensis. Mülverstedt G.A. v. [Hg.]. 4 Bde. Magdeburg, Leipzig 1876 – 1886.

Das Register der welfischen Herzöge Bernhard und Heinrich für das Land Braunschweig 1400 – 1409 (- 1427). Schwarz, Ulrich [Bearb.]. Hannover 1998.

Die Regesten des Geschlechtes von Wallmoden. Duerre, H. [Bearb.] 1892.

Rethmeier, Philipp Julius: Braunschweig-Lüneburgische Chronica. T. 1 – 3. Braunschweig 1722.

Rossmann, Wilhelm: Die Hildesheimer Stiftsfehde (1519 – 1523). Hildesheim 1908.

Roth, F.: Restlose Auswertung von Leichenpredigten und Personalschriften für genealogische Zwecke. Bd. 1 – 10. 1959 – 80.

Asseburger Urkundenbuch. Urkunden und Regesten zur Geschichte des Geschlechtes Wolfenbüttel-Asseburg und seiner Besitzungen. Dritter Teil bis zum Jahre 1500. Graf Egbert von der Asseburg [Hg.]. Hannover 1905.

Urkundenbuch zur Geschichte der Herren von Bovenden. Dolle, Josef [Bearb.]. Hannover 1992.

Urkundenbuch zur Geschichte der Herzöge von Braunschweig und Lüneburg. Teil 1 – 11. Sudendorf H. [Hg.]. Hannover 1859 – 83.

Urkundenbuch Braunschweig Bd. I Hänselmann, Ludwig [Hg.]. Braunschweig 1873.

Urkundenbuch der Stadt Braunschweig Bd. 1 - 6. Hänselmann, Ludwig, Mack, Heinrich, Garzmann, Manfred [Hg.], Braunschweig, Berlin, Hannover 1873, 1900,1905, 1912, 1994, 1998.

Urkundenbuch der Stadt Goslar und der in und bei Goslar belegenen geistlichen Stiftungen. 5 Bde. Bode, Georg, Hölscher, U. [Bearb.] Halle, Berlin 1893 – 1922.

Urkundenbuch der Stadt Göttingen. Schmidt, Gustav [Hg.] 2 Bde. Göttingen 1863, 67.

Urkunden der Stadt Göttingen aus dem XVI. Jahrhundert. Beiträge zur Geschichte von Braunschweig Lüneburg. 1500 – 1533. Hasselblatt, A., Kestner, G. [Hg.]. Göttingen 1881.

Urkundenbuch des Hochstifts Halberstadt und seiner Bischöfe. Teil 1 – 4. Schmidt, G. [Hg.] Leipzig 1883 (Nachdruck Osnabrück 1965).

Urkundenbuch des Hochstifts Hildesheim. Teil 1 Janicke, K. [Hg.], Teil 2 – 6. Hoogeweg, H., [Hg.]. Hildesheim 1896 – 1911.

Urkundenbuch der Stadt Hildesheim. Teil 1 – 8. Doebner, Richard [Hg.]. Hildesheim 1881 – 1901.

Urkundenbuch der Stadt Lüneburg. Bd. 1. Volger, W.F. [Bearb.] Hannover 1872.

Urkundenbuch des Erzstifts Magdeburg. Israel, Friedrich, Möllenberg, Walter [Bearb.]. Magdeburg 1937.

Urkundenbuch des Augustinerchorherrenstifts Marienberg bei Helmstedt. Jarck, H.R. [Bearb.] Hannover 1998.

Urkundenbuch zur Geschichte der Herrschaft Plesse (bis 1300). Dolle, Josef [Bearb.]. Hannover 1998.

Urkunden der Familie von Saldern. 2 Bde. Grotefend, Otto [Bearb.]. Hildesheim, Leipzig 1932, 1938.

Zimmermann, Paul: Album Academiae Helmstadiensis. Bd.1: 1574 – 1636. Hannover 1926.

Stolbergsche Leichenpredigt Sammlung (Herzog Anton Ulrich Bibliothek) Nr. 22707, Anton Freiherr von Warberg (d. J.), Nr. 17988, Marie Freiin v. Warberg, Nr. 22708, Wolf Gebhard Freiherr von Warberg.

An ungedruckten Quellen wurden benutzt:

Niedersächsisches Staatsarchiv Wolfenbüttel (StAWf):
4 Urk
63 Urk
1 Alt 8
1 Alt 31 Warberg I, Warberg II
1 Alt 22
2 Alt
4 Alt 2 Warberg
4 Alt 6
6 Alt 20, 25, 56
11 Alt Gand. Fb 1, III
76 NeuFb 2
VII A Hs 80a: Pini, Paul: Die Geschichte der Edlen von Warberg am Elm (unv. Manuskript vor 1981)
VII A Hs 65: Kopialbuch v. 1491
VII A Hs 76/77: Wahnschaffe, Friedrich Wilhelm: Beiträge zur Geschichte der Edelherren von Warberg [Ms.]
Stadtarchiv Braunschweig (StABs):
A 1
B III 1
Landesbibliothek Wolfenbüttel (LbWf)
Handschriften:
25.55 Novi: Geschichte der Burg Warberg (1 r – 77 v)
25.56 Novi: Warberg (38 r ff.)
47 Novi: Edle Herren von Warberg (150 r ff.)

Erläuterungen einiger Begriffe

Allod, Allodialbesitz

Eigengut, Besitz der keinem Lehensverhältnis unterworfen war, auch Sonnenlehen. Der Besitz war frei von Abgaben.

Amt

Der Einzug sämtlicher dem Landesherren zustehenden Dienste und Abgaben erfolgte spätestens seit dem 14. Jahrhundert zunehmend durch Amtleute und nicht mehr durch Ministeriale. Zu den Einkünften gehörten grund- und leibherrliche Einnahmen aus Pachten, Abgaben, Zinsen sowie Dienste von Liten und Freimeiern usw. Hinzu kommen noch Geleitzölle sowie Gerichtsabgaben, Bannbußen und Strafgelder, die dem Amtmann wegen der Ausübung grundherrlicher Gerichtsgewalt über die abhängigen Bauern der Amtsgüter seines Aufsichtsbereiches, der Übernahme der Blutgerichtsbarkeit und der Oberaufsicht über die niedere Gerichtsbarkeit seines Amtsbereiches zukame. Im Mittelpunkt des Amtes stand das Amtshaus, im Mittelalter eine Burg. Ämter werden früh Pfand und Handelsobjekt.

Anwartschaft	Anrecht auf die Übernahme eines Besitzes mit all den daran haftenden Rechten und Verpflichtungen nach dem Tod des bisherigen Inhabers.
Ballei	beim Johanniterorden ein mehrere Kommenden umfassender Bezirk.
Bede	Steuer.
Belehnung	Erneuerung eines Lehensverhältnisses, z.B. wenn der Lehensherr verstorben war.
Edelherren	Angehörige uradliger Freiengeschlechter. E. nahmen meist einen Grafentitel an.
Eigenleute	einem Leibherren gehörende persönlich unfreie Menschen.
Eigenkirche	vom Kirchenherren resp. seinen Vorfahren gestiftete Kirche oder Kapelle. Der Geistliche wurde von Kirchenherren eingesetzt, eine Bestätigung durch einen Bischof oder Abt mußte erfolgen.
Epitaph	Grabmal. Seit der Mitte des 14. Jh. aufrecht stehender Grabstein mit figürlicher Darstellung des Verstorbenen.
Fähnlein Landsknechte	seit Ende des 15. Jahrhunderts unterste von einem Hauptmann geführte Einheit der Infanterie, die im 16. Jh. etwa 300 Mann umfaßte.
Fronhof	Mit persönlich unfreien Bauern betriebener landwirtschaftlicher Komlex.
Grafschaft	comitat. Herrschaftsbereich, in dem ein mit Königsbann ausgestatteter Inhaber der Blutgerichtsbarkeit über die Freien dieses Bereiches richterliche und fiskalische Befugnisse besaß. Auch die Ausübung dieser Grafenrechte.
Hakenbüchse	Mit einem Haken gegen den Rückstoß versehene Schußwaffe des 15./16. Jahrhunderts.
Häuser	Burgen / Amtshäuser.
Hellwege	bis ins Frühmittelalter zurückreichende sehr alte Straßen, die feuchte überschwemmungsgefährdete Talniederungen mieden und möglichst Flußterrassen oder flache Höhenrücken benutzten.
Herrenmeister	späterer Titel des Oberhauptes der 1319 vom Johanniterorden abgetrennten Ballei Brandenburg.
Hofrichter	dem Hofgericht eines Landesherren vorsitzender Richter.
Hufe	Landstück von etwa 30 Morgen.
Immunitätsgebiet z.B. eines Klosters	Gebiet in dem die Befreiung von jeder finanziellen und gerichtlichen Abhängigkeit den ordentlichen Beamten gegenüber galt. Die Gerichtsbarkeit wurde durch einen eigens vom König (möglicherweise unter Mitwirkung des Klosters) dazu bestimmten Vogt ausgeübt.
Interdict	kirchliche Strafmaßnahme, durch die u.a. der Empfang der Sakramente und die Abhaltug von Gottesdiensten usw. untersagt war.
Kothof	mit zumeist einer Hufe Landes ausgestatteter Hof. Die Ernährung der Familie erforderte zumeist die zusätzliche Ausübung eines Landhandwerkes.
Komtur	Vorsteher von Besitzungen eines Ritterordens.
Kommende	Besitzung eines Ritterordens.
Landschaft	Ständevertretung. Umfaßte meist die zu Ständen zusammengeschlossenen Gruppen der Adligen, der Geistlichen und der Städte eines Territoriums.

Landbede	Steuer des Landesherren. Sie lag meist auf Grundbesitz. Ritter und Geistliche waren ganz oder teilweise von der Zahlung ausgenommen.
Landfrieden	Friedensgarantie, die zeitlich befristet war, und nur bestimmte genannte Personengruppen und Orte umfaßte. Ein großer Fortschritt in Zeiten „adliger Anarchie", in denen es noch kein staatliches Gewaltmonopol gab.
Lehen	Von einem Lehensherren übertragene Güter und Rechte mit der Verpflichtung diesem Heerfolge zu leisten.
Liten, Laten	persönlich unfreie Bauern.
Motte	Turmhügelburg. Wohn-/Wehrturm, der auf einem künstlich aufgeschütteten Hügel errichtet war.
Minsteriale	persönlich unfreie Dienstleute eines (meist hochgestellten) Leibherren, der sie zur Verwaltung seiner Güter einsetzte, sie aber auch zu Kriegsdiensten und anderen Aufgaben heranziehen konnte. Die Ministerialen verschmolzen im Verlauf des Mittelalters mit den persönlich freien Rittern zu einem Stand.
Pfandlehen	anstelle einer geschuldeten Summe als Pfand zu Lehen gegebenes Gut.
Rat	Rat und Diener. Vom späten Mittelalter bis ins 17. Jahrhundert Bezeichnung für Adlige und Ritter, die sich dem Dienst eines Landesherren als dessen Räte/Ratgeber und Beamte widmeten. Zunächst setzten sich die Räte meist aus Geldgebern des jeweiligen Landesfürsten zusammen. Im 16. Jahrhundert werden sie zunehmend durch qualifizierte Fachleute ersetzt.
Reichstag	seit Ende des 15. Jahrhunderts Bezeichnung für die Versammlung der deutschen Reichsstände.
Reichsunmittelbarkeit	Fehlen jeder Abhängigkeit einem Landesherren gegenüber. Reichsunmittelbare unterstanden unmittelbar dem König.
Reisige/reisige Pferde	bewaffnete Dienstleute, Reiter / deren Pferde.
Ritterschaft	die Ritter als Stand.
Rittmeister	im 16. Jahrhundert dem Hauptmann entsprechender Offizier an der Spitze eines etwa 100 Berittene umfassenden Fähnleins Reiter.
Sedisvakanz	Eine S. entsteht, wenn der Sitz eines Amtsinhabers aus welchen Gründen auch immer nicht besetzt ist.
Sonnenlehen	Eigengut, Besitz, der keinem Lehensverhältnis unterworfen war.
Vogtei	das Recht in einem bestimmten Bereich die Gerichtsbarkeit auszuüben und die Besitzungen des Grundherren zu verwalten. Das Amt eines Vogts wird im Verlauf des Mittelalters erblich. Vgl. Immunität.
Zehnt	Der zehnte Teil des Ertrages der auf einem Grundstück angepflanzten Früchte, auch der Tiere oder ihrer Produkte: Tierzehnt. Ursprünglich zum Unterhalt der Kirche gedacht, wurde er von dieser bald als Handelsobjekt eingesetzt und verkauft oder verpfändet.

Personenregister

Stollberg, Wolfgang Gf. v. 124
-, Elisabeth Gfin. v. 149
Swalenberg,Hans Bg, zu Bs 93
Syerleven, Nicolaus, Burgmann der Eh. v. Warberg 47

T Thüringen, Hermann Landgraf v. 22 (1200)
-, Ludwig III. Landgraf v., 58
<u>Trier, Bischöfe von</u>
-, der 22
Trott, Eva v., Geliebte Heinrichs d.J. 146, 150

U Ummendorf, Arnold v., Burgmann der Eh. v. Warberg 46, 47

V Valkenberg, Joahann v., Rittmeister der rebellierenden braunschw. Ritter 135
Vechlen, Matthies v., Vormund Antonius d.J. v. Warberg 151
Veltheim, die v. 85, 93, 104, 143
-, Heinrich v. 86
-, Guntzel v. 97
-, Cord v. 112, 117
-, Achatz v. 144
<u>Verden, Bischöfe von</u>
-, Rudolf 22
Voget, Brun, Rittmeister der rebellierenden braunschw. Ritter 135

W Wackersleben, Berthold v. (1290) Burgmann der Eh. v. Warberg 45, 46
-, Wasmodus v., Burgmann der Eh. v. Warberg 46, 47
Warberg, Theoderich v. = Dietrich v. Rode 41 (?)

Warberg, Edle v.

a) <u>Edle von Hagen/Warberg vor der Aufteilung in zwei Linien</u>
Edle von Hagen
-, Eckehard 24, 25, 27, 28, **29/30**, 40, 41
-, Gunzelin v. Hagen Gf. zu Schwerin 14, 28, **29/30**
-, Konrad I. v. Hagen 28, 40
-, Kunigunde v. Hagen, Tochter Olhildis 26, 40
-, Lukhardis v. Hagen, Tochter Olhildis 26, 40
-, Odilhildis/Olhildis v. Hagen 26, 28, 40
-, Othilhildis, Schwester Konrads I. von Hagen 28
Edle von Warberg
-, Adelheid, geb. Gfin. v. Schladen 40, 44, 48
-, Arnold, Dh. Hildesheim 40, 44, 48, 56
-, Bia, verh. Gfin. v. Regenstein 40, 44, 48
-, Bernhard, Dt. Ordensherr 40, 41, 44
-, Heinrich, Brandenburgischer Truchsess 52
-, Hermann I. (v. Hagen) 24, 26, 27, 28, 40
-, Hermann II. 40, **42 - 44**
-, Hermann III. (auf Sommerschenburg) 40, **44 - 50**, 51, 52, 99
-, Konrad II. (v. Hagen) 243, 26, 27, 28, 39, 40
-, Konrad III. **39 - 42**, 48
-, Konrad IV. (auf Warberg) 40, **44 - 50**
-, Kunigunde verh. v. Plotho 40, 44
-, Lukhardis, verh. v Barby 40, 44, 48
-, Lutgardis geb. v. Dorstadt, Gemahlin Hermanns II. 40, 42, 44, 48
-, Mechthild, Priorin Kl. Marienberg 40, 44, 49
-, Otto II., Abt v. Werden Helmstedt 50
-, Richardis verh. v. Asseburg 40
-, Wilberg geb. Gfin. v. Wernigerode, Gemahlin Hermanns III. 40, 59

b) <u>Warberg, Edelherren von (auf Warberg)</u>
-, Agnes (1470), Küsterin Gandersheim 76, 92

Abbildungsnachweis

Titelbild:
Kunstverlag Peda, Passau, Friedrich 1997.

Abb. S. 36, 37, 59, 67, 70, 83, 91, 96, 102, 106, 140, 141, 142, 163, 170, 176:
Bundeslehranstalt Burg Warberg/privat.

Abb. S 51 (StAWf 63 Urk. Nr. 13), 80 (StAWf 63 Urk. 31), 110 (StAWf 4 Urk. 1 Nr. 2),
113 (StAWf 1Alt 31 Warberg II Nr. 65), 123 (StAWf 1 Alt 31 Warberg I Nr. 1):
Staatsarchiv Wolfenbüttel.

Abb. S. 40, 73, 76, 105, 108, 118, 155, 158: Hans Hartmann.

Abb. S. 10: Pape 1842/1843, Blatt Fallersleben/Schöppenstedt.

Abb. S. 14: Siebmacher Bd. 21 S. 178, Abb. 116.

Abb. S. 18: Nach Schultz 1965, S. 255.

Abb. S. 19: Müldner 1999, S. 21.

Abb. S. 20: Landesmuseum Braunschweig.

Abb. S. 23: Schultz 1964, S. 25.

Abb. S. 30, 45: Bode 1911, Anlage II, VII.

Abb. S. 49: Deutscher Kunstverlag, München Berlin.

Abb. S. 55: Herzog Anton Ulrich Museum Braunschweig.

Abb. S. 66: Arbeitsgruppe Universität Braunschweig 1962.

Abb. S. 78: Vossberg 1868.

Abb. S. 88: Urkundenbuch des Hochstifts Halberstadt. Teil 4. 1883, Abb. 175.

Abb. S. 133: Pomarius 1588.

Abb. S. 143: Kunstverlag Peda, Passau, Friedrich 1997, S. 11.

Abb. S. 154, 177: Merian 1654, Tafel 139.